安陽隋張盛墓

张得水
主编

文物出版社

图书在版编目（CIP）数据

安阳隋张盛墓 / 张得水主编．-- 北京：文物出版社，2024.12．-- ISBN 978-7-5010-8549-1

Ⅰ．K878.85

中国国家版本馆 CIP 数据核字第 2024TJ5796 号

安陽隋張盛墓

主　　编：张得水

责任编辑：郑　彤
责任印制：王　芳

出版发行：文物出版社
社　　址：北京市东城区东直门内北小街 2 号楼
邮　　编：100007
网　　址：http://www.wenwu.com
邮　　箱：wenwu1957@126.com
经　　销：新华书店
印　　刷：北京雅昌艺术印刷有限公司
开　　本：889mm×1194mm　1/16
印　　张：16
版　　次：2024 年 12 月第 1 版
印　　次：2024 年 12 月第 1 次印刷
书　　号：ISBN 978-7-5010-8549-1
定　　价：480.00 元

《安阳隋张盛墓》编委会

主任

王九位　马萧林

委员

史自强　石晓霆　刘　康　张得水
武　玮　林晓平　单晓明　信木祥
郭灿江　徐　雷　葛聚朋　翟红志

《安阳隋张盛墓》编撰人员名单

主编

张得水

撰写

张得水　武　玮　王　琼　朱宏秋
向　祎　袁佳音　郭灿江　徐　蕊
金　锐

摄影

孙海涛　牛爱红

绘图

李　凡

序

安阳隋张盛墓于1959年由中国科学院考古研究所安阳发掘队发掘，至今已有65载。

65年前的5月，为了配合豫北纱厂的基础设施项目建设，这座尘封地下一千多年的隋代砖室墓惊现于世。墓主为隋故征虏将军、中散大夫张盛，享年93岁，一生经历北魏、东魏、北齐、北周、隋五代。墓葬出土随葬品192件，尤以各类陶瓷俑像为大宗，为研究隋代的社会生活、制度、丧葬礼仪等提供了丰富的实物资料。1962年8月24日，中国社会科学院考古研究所安阳工作队、安阳市博物馆、河南省博物馆三方经办，张盛墓所出文物被借调至河南省博物馆，从此成为河南省博物馆（今河南博物院）的重要收藏。

65年来，张盛墓出土的文物一直是重要的馆藏展品，曾经入选“河南古代文化之光”“中原文明之光”“泱泱华夏 择中建都”“河南音乐文物展”等大型展览，亦曾作为中原文化的代表文物，分赴日本、美国、丹麦、意大利、比利时、拉脱维亚、卢森堡等国以及我国多家博物馆参加展览。2021年，以张盛墓出土的女乐舞俑群为原型的《唐宫夜宴》小姐姐们火爆出圈，更是引发了博物馆打卡热潮。

半个多世纪以来，围绕张盛墓展开的研究从未停止，它是研究北朝至隋历史文化的重要实物资料，相关研究成果涉及隋代墓葬制度、白瓷起源、伎乐俑与隋代乐舞、服饰、围棋、僧俑与佛教、生产生活用具等各个方面。但是由于各种原因，张盛墓的资料仅见于考古简报《安阳隋张盛墓发掘记》（《考古》1959 年第 10 期），限于篇幅，该简报未能将每件文物一一详述，此乃学术资料整理之憾事。

65 年后的今天，河南博物院成立专项课题组，由副院长张得水研究员牵头，对院藏张盛墓出土的文物进行全面整理，以期将这批资料完整、系统地公布出来。课题组重新测量文物尺寸，拍摄高清图片；三维扫描重点文物，并且绘制线图；还选取了代表性瓷器和彩绘陶俑，进行原位无损分析。

在充分整理院藏张盛墓资料的基础上，课题组对张盛墓的发掘与研究进行了综合研究。从考古学的视角，梳理了安阳地区的隋代墓葬资料；以墓志为研究对象，探讨墓主人夫妇的世系源流；考察丧葬模型明器，揭示隋代文化生活的方方面面；分析、归纳俑像百态，探究其工艺源头；以白釉瓷为切入口，追溯中国白瓷之起源；结合文物和史料，探寻胡音清乐；分析张盛墓出土陶俑的服饰，指出其处于从北朝向唐代过渡阶段；问释于世，细究目前所见最早之随葬僧俑……

字句点滴，凝聚心血。《安阳隋张盛墓》一书终将付梓，欣然作序，为之记。

马萧林

2024 年 12 月

目录

上篇

安阳隋张盛墓出土文物整理

下篇

研究文章

上篇

安阳隋张盛墓出土文物整理

一

安阳隋张盛墓的发掘与研究综述

二

安阳隋张盛墓出土文物

张得水

安阳隋张盛墓的发掘与研究综述

安阳隋张盛墓位于安阳市殷都区豫北纱厂（豫北棉纺织厂）附近，1959年由中国科学院考古研究所安阳发掘队发掘，至今已有65年的时间。

安阳市豫北纱厂一带是殷墟东北部的重要区域。自20世纪50年代起，伴随豫北纱厂的基础设施建设，考古队在此先后进行了4次考古发掘，除了发现殷墟遗存，还发现了丰富的晚期遗存。1959年5月，中国科学院考古研究所在豫北纱厂外北侧的第二区发现了隋代张盛墓。发掘队对出土文物进行了整理，同年10月在《文物》上发表《安阳隋张盛墓发掘记》（下文简称“发掘简报”），及时报道了该墓的发掘成果。

张盛墓是一座有确切纪年的隋代砖室墓。据出土墓志记载，墓主为隋故征虏将军、中散大夫，葬于开皇十五年（595年）。墓葬呈近南北向“甲”字形，由斜坡墓道、甬道、耳室、墓室四部分组成。斜坡墓道长6.42、宽0.9～1.02米，甬道长1.4、宽0.9、高1.3米，砖砌券顶，甬道外用砖封堵。甬道两侧各有一个耳室。墓室砖砌，平面为圆角方形，长2.8、宽2.9米。靠墓室北壁砌有棺床，长1.98、宽1.1～1.3、高0.34米。棺木已朽，仅在棺床上发现十余枚铁钉。发现两具人骨，头东足西。张盛墓出土的随葬品极丰富，据统计有192件[1]，包括各类陶瓷俑像95件，瓷器类的壶、坛、瓶、罐、三足炉、三足盘、博山炉、灯、盂、钵、盆、碗、盒等52件，另有1件铜镜和墓志1方，其他还有陶瓷质地的各种生活模型。95件各类陶瓷俑像中，有白釉黑彩瓷侍吏俑2件、白釉瓷武士俑2件、白釉黑彩瓷镇墓兽2件、彩绘陶仪仗俑35件（其中包括25件陶幞头男俑、10件陶双髻女俑）、彩绘陶伎乐俑8件、彩绘陶舞俑5件、彩绘陶侍女俑27件、彩绘陶胡俑2件、彩绘陶僧俑2件，另有陶牛1件、家畜家禽9件。由于墓室较深，墓底距地表约5.2米，许多器物没于水中，出土时它们的具体位置已无法判别。发掘简报分别按俑类、生活用具类、日用器物模型、墓志等进行介绍[2]。

张盛墓出土的这批文物随即在安阳博物馆展出。著名考古学家安志敏在其1959年10月18日的日记中写道：“午前与钟少林、徐锡台同志去袁坟安阳博物馆，馆内殷墟文物不多，以我们所发掘的张盛墓遗物最为出色，瓷俑有带釉和不带釉两种，种类复杂，极为重要，有加以整理的必要。”[3]1962年8月24日，中国科学院考古研究所安阳工作队、安阳市博物馆、河南省博物馆三方经办，张盛墓出土文物被调拨至河南省博物馆，从此成为河南省博物馆（今河南博物院）的重要收藏。

60多年来，这批文物通过一系列展览进入人们的视野。在河南博物院举办的“河南古代文化之光”“中原文明之光”“泱泱华夏　择中建都”“河南音乐文物”等展览，均有张盛墓精品文物出展。尤其是“泱泱华夏　择中建都”大型基本陈列，张盛墓出土的镇墓兽、门吏俑、仆侍俑群、伎乐俑群、僧俑、胡俑、白瓷围棋盘等悉数展出。据统计，张盛墓出土文物曾分别赴日本、美国、丹麦、意大利、比利时、拉脱维亚、卢森堡等国家以及我国多家博物馆展出，累计展出40多场次（表一）。

表一　张盛墓出土文物参展情况一览表

展览时间	展地及展览名称	参展文物
1973～1975年	日本东京、京都等“中华人民共和国出土文物展”	白釉仓、围棋盘等
1984年	日本“中国历代陶俑展”	白釉黑彩侍吏俑、镇墓兽

续表

展览时间	展地及展览名称	参展文物
1987 ~ 1988 年	美国费城、克利夫兰、洛杉矶“中国历代陶俑展”	白釉黑彩侍吏俑等
1991 年	本院“河南省博物馆馆藏文物精萃展览”	四环足盘等
1993 年	丹麦科灵市“东方文明瑰宝展”	白釉黑彩侍吏俑等
1998 年	日本“大黄河文明展”	白釉黑彩侍吏俑、武士俑等
1998 年	本院“河南古代文化之光”展	镇墓兽、围棋盘等
2002 年	上海博物馆“国际白瓷学术研讨会”	贴花壶等 6 件
2004 年	比利时“中国古代动物艺术 ——来自河南博物院的珍宝展”	镇墓兽、龙柄象首壶等
2005 年	日本“走向盛唐”展	四环足盘等
2007 年	开封市博物馆“河南馆藏文物精品展”	武士俑
2008 年	本院“河南古代文化之光”展	白釉黑彩侍吏俑等
2009 年	本院“中原文物瑰宝展”“中原文明之光”	白釉黑彩侍吏俑等
2010 年	日本东京、九州、奈良三大国立博物馆 “华夏文明之源——河南文物珍宝展”	白釉黑彩侍吏俑等
2012 年	本院“华夏文明之源——河南文物珍宝展”	白釉黑彩侍吏俑等
2014 年	南京博物院“中国古代体育文物展”	围棋盘
2015 年	深圳博物馆“盛世侧影 ——河南博物院藏汉唐文物精品展”	陶僧俑、陶念珠等
2015 年	意大利威尼斯宫博物馆“中国盛世的核心 ——河南博物院收藏汉唐文物精品展”	镇墓兽、彩绘坐部伎乐俑、粮食加工工具陶模型、陶僧俑、陶念珠、白釉黑彩人面镇墓兽等
2015 年	中国园林博物馆“中国屋檐下 ——河南博物院古代建筑明器展”	陶僧俑

续表

展览时间	展地及展览名称	参展文物
2015年	赴南宋官窑博物馆“和韵天下——中原古代音乐文物展”	彩绘坐部伎乐俑
2015年	浙江自然博物馆“生命·超越——中原文化中的动物映像展”	陶鹤、陶鸭、陶哺乳猪、陶卧狗、陶蹲狗、陶雄鸡、陶雌鸡、白釉龙柄象首壶等
2016年	甘肃省博物馆“丝绸之路对话与交流——十三省区市馆藏文物精品展”	绘彩胡俑
2017年	洛阳博物馆“丝路与中原展”	绘彩胡俑
2017年	常州博物馆“中华文明之光展”	粮食加工工具陶模型、武士俑等
2017年	拉脱维亚国家博物馆“丝路瑰宝展”	彩绘捧壶侍女俑、彩绘持盆侍女俑、彩绘捧香熏侍女俑、彩绘托盘侍女俑
2017年	美国凤凰城乐器博物馆“中原音乐文物瑰宝——来自河南博物院的远古和声展”	彩绘坐部伎乐俑
2017年	天津博物馆“体育文物展”	围棋盘
2017年	福建博物院“文明的血脉——河南博物院文物精品展”	粮食加工工具陶模型、白釉武士俑等
2018年	广州西汉南越王博物馆“中国屋檐下——中国古代建筑明器展”	陶僧俑、瓷仓
2018年	卢森堡国家考古、历史与艺术博物馆“华夏文明之源——河南文物珍宝展”	白釉龙柄象首壶、彩绘托盘侍女俑、彩绘捧壶侍女俑、彩绘提瓶侍女俑、彩绘捧香熏侍女俑、彩绘捧烛盘侍女俑、彩绘持盘侍女俑、彩绘捧瓶侍女俑、陶哺乳猪、陶卧羊、陶蹲狗、陶卧狗、陶雌鸡、陶雄鸡、陶鸭、陶鹤
2019年	漯河博物馆“中原音乐文物瑰宝展”	彩绘坐部伎乐俑
2019年	安阳博物馆“古都文明展”	白釉黑彩侍吏俑、镇墓兽等5件
2019年	深圳南山博物馆“大象中原——河南古代文明之光展”	武士俑等、粮食加工工具陶模型、陶僧俑、陶仓房
2019年	东莞市博物馆“和韵天下——中原音乐文物瑰宝展”	彩绘坐部伎乐俑

续表

展览时间	展地及展览名称	参展文物
2019 年	三星堆博物馆“黄钟大吕　华夏正声——中原古代音乐文物展”	彩绘坐部伎乐俑
2019 年	台湾高雄佛光山佛陀纪念馆“龙门佛光——河南佛教艺术展”	陶念珠
2019 年	河北博物院“华夏文明之源——河南文物珍宝展”	白釉龙柄象首壶等、彩绘托盘侍女俑、彩绘捧壶侍女俑、彩绘提瓶侍女俑、彩绘捧香熏侍女俑、彩绘捧烛盘侍女俑、彩绘持盘侍女俑、彩绘捧瓶侍女俑、陶哺乳猪、陶卧羊、陶蹲狗、陶卧狗、陶雌鸡、陶雄鸡、陶鸭、陶鹤
2019 年	宁波博物馆“华夏文明之源——河南文物珍宝展”	白釉龙柄象首壶等、彩绘托盘侍女俑、彩绘捧壶侍女俑、彩绘提瓶侍女俑、彩绘捧香熏侍女俑、彩绘捧烛盘侍女俑、彩绘持盘侍女俑、彩绘捧瓶侍女俑、陶哺乳猪、陶卧羊、陶蹲狗、陶卧狗、陶雌鸡、陶雄鸡、陶鸭、陶鹤
2019 年	郑州市博物馆“体育文物展”	围棋盘
2020 年	本院“泱泱华夏　择中建都”	白釉武士俑等
2021 年	江海博物馆“和韵天下——中原音乐文物瑰宝展”	彩绘坐部伎乐俑（其中 2 件出展）
2021 年	盐城博物馆“和韵天下——中原音乐文物瑰宝展”	彩绘坐部伎乐俑（其中 2 件出展）
2022 年	广州海事博物馆“和韵天下——中原音乐文物瑰宝展”	彩绘坐部伎乐俑（其中 2 件出展）
2023 年	哈密博物馆“山河相望　鼎力相助”展	陶马镫、彩绘托凭几侍女俑、彩绘托挟轼侍女俑、彩绘挟褥侍女俑、彩绘持巾侍女俑
2023 年	天津博物馆“和韵天下——中原音乐文物瑰宝展”	彩绘坐部伎乐俑（其中 2 件出展）
2023 年	辽宁省博物馆“和韵天下——中原音乐文物瑰宝展”	彩绘坐部伎乐俑（其中 2 件出展）

随着2021年河南春晚节目《唐宫夜宴》的火爆出圈，唐宫小姐姐的原型——张盛墓出土女乐舞俑群旋即引起观众朋友的注意。舞俑婀娜多姿，伎乐俑手执琵琶、箜篌、筚篥、排箫、横笛等乐器，姿态各异，生动逼真，惟妙惟肖，使观众流连忘返。

然而，由于历史原因，张盛墓的资料仅见于发表在《文物》上的《安阳隋张盛墓发掘记》。发掘简报中对张盛墓的墓葬形制、出土文物进行了介绍，但是限于篇幅，不能将每件文物都详细表述。基于以上原因，河南博物院成立课题组，对院藏张盛墓的资料进行系统整理，尤其对出土文物进行高清摄影，对部分重点文物进行三维扫描，并绘制线图，同时重新测量文物，以期完整、系统地公布相关资料。

墓葬的主人张盛，墓志记其为南阳白水人，出身官宦世家，官至征虏将军、中散大夫，享年93岁，葬于相州安阳城北五里白素乡。其生活的年代比较长，历经北魏、东魏、北齐、北周、隋五代，而且张盛墓随葬品丰富，是研究北朝至隋时期历史文化的重要资料。因此，自张盛墓发掘以来，已有多篇论文发表，涉及隋代的墓葬制度、白瓷的起源、伎乐俑与隋代乐舞、服饰、围棋、僧俑与佛教、生产生活用具等。

1. 关于白瓷的起源

张盛墓随葬品中，瓷器有100余件，除了3件青釉瓷碗，其余均为白釉瓷器。尤其是出土6件大型白釉瓷俑，成为隋墓中的新品种。这批瓷器从釉色上看，白中泛青或白中闪黄，发掘简报将其定为青瓷，后经故宫博物院冯先铭先生鉴定，认为应属白瓷。1985年由河南省博物馆编著、文物出版社和日本讲谈社出版的《河南省博物馆》一书中，称之为“白瓷”。关于这批白瓷的产地，发掘简报的作者根据河北磁县贾壁村发现青瓷窑址，认为张盛墓中的瓷器可能是贾壁窑的产品。马世之根据考古发现的安阳隋代窑址（即相州窑址）及出土瓷器，认为张盛墓出土瓷器是就近在安阳窑烧造的[4]。日本学者小林仁认为，张盛墓瓷俑可能是邢窑产品[5]。杨爱玲结合安阳相州窑的考古调查和发掘成果，认为张盛墓所出瓷器，无论是青瓷器还是白瓷，均为安阳相州窑所烧[6]。李鑫指出，张盛墓及安阳附近隋墓出土的仓、案、凭几、围棋盘、剪、俑等白瓷明器，不见于其他地区，具有明显的区域特色，并且认为，“白瓷起源于隋代以河南相州窑和河北邢窑为代表的豫北冀南地区的观点是可以成立的”[7]。随着相州窑考古工作的不断深入，这一观点越来越得到学界的认可。

2. 关于伎乐俑群

墓中出土的一组13件伎乐俑（包括乐俑8件、舞俑5件）是研究隋代音乐文化的重要资料。张英群认为，8件乐俑手执琵琶、筚篥、箜篌、横笛、排箫、铜钹等，与演奏隋七部乐中的“安国伎”时的乐器接近。舞俑则沿袭了汉魏以来的“巾舞”，其舞姿与文献记载的“巾舞”“白纻舞”相近，表现了我国传统舞蹈“长袖善舞”的特色[8]。马世之则认为，这表现的是隋代九部乐中的“燕乐伎”，它融会边疆和中原内地的音调，形成一个新的音乐品种——燕乐，而且是“堂上坐奏”，坐部伎早在隋代初年已出现，张盛墓出土伎乐群俑是隋代一支具有燕乐风格的官府乐队的缩影[9]。王学敏认为，隋代乐舞中坐奏和立奏之区别已颇为明显，它的渊源可以一直上溯到周代的燕礼[10]。张维、柯黎研究伎乐俑的规模及装束行头，认为它们与唐贞观时期李寿墓的石椁线刻的坐部伎相似，演奏乐器几乎相同，而且都有配合表演的舞伎，张盛墓出土的伎乐俑和舞俑似乎已构成坐部伎加乐舞表演的生动场面，“坐、立部伎”的产生至少可以上溯至隋代[11]。

3. 关于体育文物

隋代张盛墓出土围棋盘、弹棋局、双陆棋盘各

1 件，另有 1 件传统竞技类体育器具——马镫，真实再现了隋代上层社会的体育生活和隋代的体育文化。马世之、邱百明、王永平、蔡杰等人分别对出土的体育文物尤其是白瓷围棋盘进行了探讨。马世之、邱百明认为，张盛墓出土的棋盘是当今世界上现存最古老的十九道围棋盘，它的出土否定了南唐徐铉首创十九道的说法，将十九道围棋盘的历史提前到隋代[12]。王永平指出，围棋在隋唐五代不只是娱乐消遣手段，还具有军事思考价值，从中可以看出时人在棋局上的政治方面的思考[13]。蔡杰认为，张盛墓出土的一件白釉瓷长方形明器，与文献记载的双陆棋盘颇为吻合，为典型的双陆棋盘，它弥补了迄今未见隋代双陆棋盘实物的缺憾，而且为进一步研究隋代双陆棋盘的形制、隋代军事生活和体育文化等方面提供了难得的实物例证[14]。

4. 关于佛教文物

张盛墓出土了身披袈裟的僧俑 2 件，还有白釉瓷熏炉 1 件、瓷钵 1 件、莲花瓣博山香炉 1 件、3 串陶制的佛珠。据马世之分析，佛教文物的出土与隋代佛教盛行的历史背景有关，墓主可能是一个崇信佛教的“法社”成员[15]。刘铭恕认为，用僧俑随葬与当时佛教的门僧制度有关。门僧又称“门师”“家僧”等，他们寄生于官豪势要之家，不仅只为主人做功德、修佛事，还被当作奴仆使用。不仅有现世的门僧，墓中还要有僧人俑像，为逝者修佛事[16]。董亚梅综合研究张盛墓所出佛教用具指出，佛教在经过南北朝时期不断融合发展传播之后，到了隋代，相州地区已成为佛教华严宗教义所传播的地区，张盛所信奉的佛教可能是华严宗[17]。

5. 关于粮食加工工具

张盛墓出土了白陶磨、碓、碾等粮食加工工具的模型明器以及执铲、执箕的彩绘陶劳作女俑，生动地再现了当时的粮食加工场景。邵丹、金玉红等研究，当时常用的粮食加工工具是磨、碓、碾，结合木掀、簸箕、笸箩、扫帚等，对粮食进行脱粒、去壳、清糠，并磨制成粉。这表明，当时的粮食加工技术较为成熟和系统，普及范围较广，这也是隋代精耕细作农业生产的反映[18]。顾永杰、史晓蕾专文介绍河南博物院藏早期粮食加工工具，文中特别提到张盛墓出土的陶碾模型，对了解我国早期碾的形制具有重要价值[19]。

此外，一些研究文章涉及张盛墓隋俑的服饰、隋代甲胄、隋代的镜台与镜架、胡俑等，极大地丰富了我们对隋代社会生活的认识[20]。

总之，隋张盛墓出土的文物尽管多是明器，却为我们提供了研究隋代社会生活、文化、丧葬礼仪等方面的实物资料，尤其是张盛历经五代王朝，见证了王朝兴衰和社会变革，墓主生平本身就是一部历史。张盛墓的发掘已有 60 多年，至今仍有进一步深入研究的必要，一些器物的定名和用途还需要进一步考证。因为张盛史上无载，其郡望世系、仕宦经历还有待解之谜。隋俑中所表现的服饰文化、随葬品中所体现的中原与外域的文化交流与融合、隋代文化对盛唐文化的影响等，均有待深入研究。

注释：

[1] 考古研究所安阳发掘队：《安阳隋张盛墓发掘记》，《文物》1959 年第 10 期。

[2] 考古研究所安阳发掘队：《安阳隋张盛墓发掘记》，《文物》1959 年第 10 期。

[3] 安志敏：《安志敏日记》（1959 年 10 月 18 日），社会科学文献出版社，2020 年。

[4] 马世之：《关于隋代张盛墓出土文物的几个问题》，《中原文物》1983 年第 4 期。

[5] ［日］小林仁：《白瓷的诞生——北朝瓷器生产的诸问题与安阳隋张盛墓出土的白瓷俑》，《中国古陶瓷研究》第十五辑，紫禁城出版社，2009 年。
[6] 杨爱玲：《白瓷的起源与发展——从河南博物院藏白瓷谈起》，《中原文物》2002 年第 4 期。
[7] 李鑫：《白瓷起源问题研究再思考》，《华夏考古》2018 年第 4 期。
[8] 张英群：《安阳隋代张盛墓出土的舞乐俑试探》，《中原文物》1983 年第 4 期。
[9] 马世之：《关于隋代张盛墓出土文物的几个问题》，《中原文物》1983 年第 4 期。
[10] 王学敏：《唐"坐部伎"和"立部伎"考略》，《中原文物》1983 年第 4 期。
[11] 张维、柯黎：《"坐、立部伎"乐舞产生时间新论》，《北京舞蹈学院学报》2008 年第 1 期。
[12] 邱百明：《从安阳隋墓中出土的围棋盘谈围棋》，《中原文物》1981 年第 3 期。
[13] 王永平：《隋唐文物中的围棋》，《文物季刊》1994 年第 4 期。
[14] 蔡杰：《隋张盛墓出土双陆棋盘考辨》，《博物院》2020 年第 6 期。
[15] 马世之：《关于隋代张盛墓出土文物的几个问题》，《中原文物》1983 年第 4 期。
[16] 刘铭恕：《隋唐时代的僧俑和佛教的门僧制》，《中原文物》1985 年第 1 期。
[17] 董亚梅：《安阳隋张盛墓出土佛教用具考》，《中原文物》2019 年第 4 期。
[18] 邵丹、金玉红：《从张盛墓出土的随葬品看隋代粮食加工技术》，《农业考古》2016 年第 4 期。
[19] 顾永杰、史晓蕾：《河南博物院藏早期粮食加工器具研究》，《文物鉴定与鉴赏》2014 年第 9 期。
[20] 杨泓：《中国古代的甲胄（下篇）》，《考古学报》1976 年第 2 期；钱柏泉：《镜台小说》，《考古》1961 年第 2 期；王静：《中国古代镜架与镜台述略》，《南方文物》2012 年第 2 期；杨瑾：《隋代墓葬出土胡人类型与文化渊源初探》，《考古与文物》2019 年第 6 期；张蓉蓉：《从张盛墓看隋代服饰特点》，《河南博物院院刊》2021 年第 1 期。

安阳隋张盛墓出土文物

陶器

瓷器

铜镜

墓志

彩绘陶牛

高 20厘米
长 27厘米

红胎。站姿。昂首，牛角缺失，双目圆睁，嘴紧闭，颈部皮肤下垂，尾下垂贴于左臀部，四肢立于长方形底板之上。以红彩绘出牛鞍。

彩绘车轮（一套2件）

直径 22厘米

白胎。整体呈实心圆饼状，车辋为圆形，中央有纺锤形的毂，在辋和毂之间以黑彩分别绘出辐条15根和18根。

彩绘陶幞头男俑

高 25.5 厘米

白胎。站姿。头戴幞头，略颔首，身穿圆领窄袖长袍，腰系带，足蹬靴，足下有方形底板。右手呈握持状置于右腹部，手中之物已失，左手置于身侧按住腰带。俑的长袍有橙黄彩残迹。

彩绘陶幞头男俑

高 26厘米

白胎。站姿。头戴幞头，身穿圆领窄袖长袍，腰系带，足蹬靴，足下有方形底板。右手呈握持状置于右腹部，手中之物已失，左手置于身侧按住腰带。器表原有彩绘，现已基本脱落。

彩绘陶幞头男俑

• 高 26.5 厘米

• 白胎。站姿。头戴幞头，身穿圆领窄袖长袍，腰系带，足蹬靴，足下有方形底板。右手呈握持状置于右腹部，手中之物已失，左手置于身侧按住腰带。俑的长袍施橙黄彩。

彩绘陶幞头男俑

高　24.8厘米

白胎。站姿。头戴幞头，略颔首，身穿圆领窄袖长袍，腰系带，足蹬靴，足下有方形底板。右手呈握持状置于右腹部，手中之物已失，左手置于身侧按住腰带。俑的长袍有橙黄彩残迹。

彩绘陶幞头男俑

高 26 厘米

白胎。站姿。头略左顾，戴幞头，身穿圆领窄袖长袍，腰系带，足蹬靴，足下有方形底板。右手呈握持状置于右腹部，手中之物已失，左手置于身侧按住腰带。俑的长袍施橙黄彩。

彩绘陶幞头男俑

高 26 厘米

白胎。站姿。头略左顾，戴幞头，身穿圆领窄袖长袍，腰系带，足蹬靴，足下有方形底板。右手呈握持状置于右腹部，手中之物已失，左手置于身侧按住腰带。俑的幞头施黑彩，长袍施橙黄彩。

彩绘陶幞头男俑

• 高 26 厘米

• 白胎。站姿。头戴幞头，身穿圆领窄袖长袍，腰系带，足蹬靴，足下有方形底板。右手呈握持状置于右腹部，手中之物已失，左手置于身侧按住腰带。器表原有彩绘，现已基本脱落。

彩绘陶幞头男俑

• 高 26 厘米

• 白胎。站姿。头略左顾，戴幞头，身穿圆领窄袖长袍，腰系带，足蹬靴，足下有方形底板。右手呈握持状置于右腹部，手中之物已失，左手置于身侧按住腰带。俑的长袍施橙黄彩。

彩绘陶幞头男俑

高 25.5 厘米

白胎。站姿。头略左顾，戴幞头，身穿圆领窄袖长袍，腰系带，足蹬靴，足下有方形底板。右手呈握持状置于右腹部，手中之物已失，左手置于身侧按住腰带。俑的长袍施橙黄彩。

彩绘陶幞头男俑

高 26.5 厘米

白胎。站姿。头略左顾，戴幞头，身穿圆领窄袖长袍，腰系带，足蹬靴，足下有方形底板。右手呈握持状置于右腹部，手中之物已失，左手置于身侧按住腰带。俑的长袍施橙黄彩。

彩绘陶幞头男俑

高 26.5 厘米

白胎。站姿。头戴幞头，身穿圆领窄袖长袍，腰系带，足蹬靴，足下有方形底板。右手呈握持状置于右腹部，手中之物已失，左手置于身侧按住腰带。俑的长袍施橙黄彩。

彩绘陶幞头男俑

高 26 厘米

白胎。站姿。头戴幞头，身穿圆领窄袖长袍，腰系带，足蹬靴，足下有方形底板。右手呈握持状置于右腹部，手中之物已失，左手置于身侧按住腰带。俑的长袍施橙黄彩。

彩绘陶幞头男俑

● 高 25.5 厘米

● 白胎。站姿。头略左顾，戴幞头，身穿圆领窄袖长袍，腰系带，足蹬靴，足下有方形底板。右手呈握持状置于右腹部，手中之物已失，左手置于身侧按住腰带。俑的长袍施橙黄彩。

彩绘陶幞头男俑

高 26 厘米

白胎。站姿。头略左顾，戴幞头，身穿圆领窄袖长袍，腰系带，足蹬靴，足下有方形底板。右手呈握持状置于右腹部，手中之物已失，左手置于身侧按住腰带。器表原有彩绘，现已基本脱落。

彩绘陶幞头男俑

高 25.5 厘米

白胎。站姿。头戴幞头，身穿圆领窄袖长袍，腰系带，足蹬靴，足下有方形底板。右手呈握持状置于右腹部，手中之物已失，左手置于身侧按住腰带。俑的长袍施橙黄彩。

彩绘陶幞头男俑

高 25.4 厘米

白胎。站姿。颔首，头戴幞头，身穿圆领窄袖长袍，腰系带，足蹬靴。右手呈握持状置于右腹部，手中之物已失，左手置于身侧按住腰带。俑的幞头施黑彩，长袍施橙黄彩。

彩绘陶幞头男俑

高 25.3 厘米

白胎。站姿。头略左顾，戴幞头，身穿圆领窄袖长袍，腰系带，足蹬靴。右手呈握持状置于右腹部，手中之物已失，左手置于身侧按住腰带。俑的幞头施黑彩，长袍施橙黄彩。

彩绘陶双髻女俑

高 20.5 厘米

白胎。站姿。头略左倾，梳双髻，面容恬静。身穿交领右衽广袖襦，腰系带，下着裤，足微露，双手交握置于腹部。俑黑发红唇，襦施红彩。

彩绘陶双髻女俑

高 20.5 厘米

白胎。站姿。头略左倾，梳双髻，面容恬静。身穿交领右衽广袖襦，腰系带，下着裤，足微露，双手交握置于腹部。俑黑发红唇，襦施红彩。

彩绘陶双髻女俑

高 20.5 厘米

白胎。站姿。头略左倾，梳双髻，面容恬静。身穿交领右衽广袖襦，腰系带，下着裤，足微露，双手交握置于腹部。俑黑发，襦施红彩。

彩绘陶双髻女俑

高 20.5 厘米

白胎。站姿。头略左倾，梳双髻，面容恬静。身穿交领右衽广袖襦，腰系带，下着裤，足微露，双手交握置于腹部。俑黑发，襦施红彩，现已基本脱落。

彩绘陶双髻女俑

高 20 厘米

白胎。站姿。头略左倾，梳双髻，面容恬静。身穿交领右衽广袖襦，腰系带，下着裤，足微露，双手交握置于腹部。器表原有彩绘，已脱落殆尽。

彩绘陶双髻女俑

高 20.5 厘米

白胎。站姿。头略左倾，梳双髻，面容恬静。身穿交领右衽广袖襦，腰系带，下着裤，足微露，双手交握置于腹部。俑黑发，襦施红彩。

彩绘陶双髻女俑

- 高 20.5 厘米
- 白胎。站姿。头略右顾，梳双髻，面容恬静。身穿交领右衽广袖襦，腰系带，下着裤，足微露，双手交握置于腹部。器表原施有彩绘，现已基本脱落。

彩绘陶双髻女俑

- 高 20.5 厘米
- 白胎。站姿。头梳双髻，面容恬静。身穿交领右衽广袖襦，腰系带，下着裤，足微露，双手交握置于腹部。俑黑发，襦施红彩，现已基本脱落。

彩绘陶双髻女俑

高 20.9 厘米

白胎。站姿。头梳双髻，面容恬静。身穿交领右衽广袖襦，腰系带，下着裤，足微露，双手交握置于腹部。俑黑发，襦施红彩。

彩绘陶双髻女俑

高 20.5 厘米

白胎。站姿。头梳双髻，面容恬静。身穿交领右衽广袖襦，腰系带，下着裤，足微露，双手交握置于腹部。器表原施有彩绘，现已基本脱落。

陶僧俑

高 22厘米

白胎。站姿。为僧人形象，身披袈裟，脚穿履，足下有方形底板。右手持一物，所持之物已残，左手置于右胸口。器表原有彩绘，已基本脱落。

陶僧俑

高 16厘米

白胎。站姿。为僧人形象，身披袈裟，脚穿履，足下有方形底板。右手抬于胸前，执一长柄香炉；左臂垂于身侧，手提一瓶。器表原有彩绘，已基本脱落。

彩绘陶胡俑

高 27厘米

白胎。站姿。头向右后侧回顾，髡发，浓眉，高鼻，络腮胡。身穿翻领窄袖上衣，腰系带，下身着裤，脚穿履，足下有方形底板。右手置于右胸前作握持状，左手置于身侧按住腰带。俑的须发及上衣施橙黄彩。

彩绘陶胡俑

高 26.8 厘米

白胎。站姿。头向左顾，髡发，浓眉，高鼻，络腮胡。身穿翻领窄袖上衣，腰系带，下身着裤，脚穿履。右手置于右胸前作握持状，左手置于身侧按住腰带。俑的须发及靴施橙黄彩。

62.754

彩绘陶捧三足洗侍女俑

● 高 22厘米

● 白胎。站姿。头发上梳盘于头顶，脑后插梳。长圆脸，面带微笑。上身穿窄长袖交领紧身襦，外穿齐胸间色背带长裙，胸前系长绦带垂至膝部，足部微露。双手捧一个三足洗于胸前。洗身为直壁盘形，下有三兽足。俑黑发朱唇，襦裙施红、黄彩。

彩绘陶捧壶侍女俑

- 高 22.5 厘米
- 白胎。站姿。头发上梳盘于头顶，脑后插梳。长圆脸，面带微笑。上身穿窄长袖交领紧身襦，外穿齐胸背带长裙，胸前系长绦带垂至膝部，足部微露。双手捧一壶于胸前，壶上有盖。俑黑发朱唇，襦裙施红、黄彩。

彩绘陶提瓶侍女俑

高 22.5 厘米

白胎。站姿。头略左倾，头发上梳盘于头顶，脑后插梳。长圆脸，面带微笑。上身穿窄长袖交领紧身襦，外穿齐胸背带长裙，胸前系长绦带垂至膝部，足部微露。左手提一瓶于身侧，右手置于胸前。俑黑发朱唇，襦裙施红、黄彩。

彩绘陶捧熏炉侍女俑

高 23 厘米

白胎。站姿。头发上梳盘于头顶，脑后插梳。长圆脸，面带微笑。上身穿窄袖交领紧身襦，袖口遮住双手，外穿齐胸背带长裙，胸前系长绦带垂至膝部，足部微露。双手捧一熏炉于胸前。熏炉略呈腰鼓形，上部有长方形镂空和花形装饰。俑黑发朱唇，襦施红彩。

彩绘陶捧烛盘侍女俑

• 高 22.5 厘米

• 白胎。站姿。头发上梳盘于头顶，脑后插梳。长圆脸，面带微笑。上身穿窄长袖交领紧身襦，外穿齐胸背带长裙，胸前系长绦带垂至膝部，足部微露。双手捧一烛盘于胸前。俑黑发朱唇，襦裙施红、黄彩。

彩绘陶捧烛盘侍女俑

高 23厘米

白胎。站姿。头略左倾，头发上梳盘于头顶，脑后插梳。长圆脸，面带微笑。上身穿窄长袖交领紧身襦，外穿齐胸背带长裙，胸前系长绦带垂至膝部，足部微露。双手捧一烛盘于胸前。俑黑发朱唇，裙施红彩。

彩绘陶捧烛盘侍女俑

- 高 23 厘米
- 白胎。站姿。头发上梳盘于头顶，脑后插梳。长圆脸，面带微笑。上身穿窄长袖交领紧身襦，外穿齐胸背带长裙，胸前系长绦带垂至膝部，足部微露。双手捧一烛盘于胸前。俑黑发朱唇，襦施橙黄彩，裙施红彩。

彩绘陶捧烛盘侍女俑

- 高 23 厘米
- 白胎。站姿。头发上梳盘于头顶，脑后插梳。长圆脸，面带微笑。上身穿窄长袖交领紧身襦，外穿齐胸背带长裙，胸前系长绦带垂至膝部，足部微露。双手捧一烛盘于胸前。俑黑发朱唇，裙施红彩。

彩绘捧烛盘侍女俑

• 高 22.5 厘米

• 白胎。站姿。头发上梳盘于头顶，脑后插梳。长圆脸，面带微笑。上身穿窄长袖交领紧身襦，外穿齐胸背带长裙，胸前系长绦带垂至膝部，足部微露。双手捧一烛盘于胸前。俑黑发朱唇，裙施红彩。

彩绘陶捧烛盘侍女俑

• 高 23 厘米

• 白胎。站姿。头略左倾，头发上梳盘于头顶，脑后插梳。长圆脸，面带微笑。上身穿窄长袖交领紧身襦，外穿齐胸背带长裙，胸前系长绦带垂至膝部，足部微露。双手捧一烛盘于胸前。俑黑发朱唇，襦施红彩。

彩绘陶捧瓶侍女俑

高 23厘米

白胎。站姿。头略左倾，头发上梳盘于头顶，脑后插梳。长圆脸，面带微笑。上身穿窄长袖交领紧身襦，外穿齐胸背带长裙，胸前系长绦带垂至膝部，足部微露。双手捧一残瓶于胸前。俑黑发朱唇，襦施红彩。

彩绘陶捧瓶侍女俑

• 高 22.5 厘米

• 白胎。站姿。头发上梳盘于头顶，脑后插梳。长圆脸，面带微笑。上身穿窄长袖交领紧身襦，外穿齐胸背带长裙，胸前系长绦带垂至膝部，足部微露。双手托一长颈瓶于右胸。俑黑发红唇，裙施红彩。

彩绘陶捧杯侍女俑

● 高 23 厘米

● 白胎。站姿。头发上梳盘于头顶，脑后插梳。长圆脸，面带微笑。上身穿窄袖交领紧身襦，外穿齐胸背带长裙，胸前系长绦带垂至膝部，足部微露。双手捧一杯于胸前。俑黑发朱唇，衣裙之上的彩绘已经脱落。

彩绘陶托盘侍女俑

高 22厘米

白胎。站姿。头向左倾，头发上梳盘于头顶，脑后插梳。长圆脸，面带微笑。上身穿窄长袖交领紧身襦，外穿齐胸背带长裙，胸前系长绦带垂至膝部，足部微露。右手托一盘于肩部，盘内置碗，左臂残。俑黑发朱唇，盘施黑彩，碗、裙施红彩。

彩绘陶持物侍女俑

高 23 厘米

白胎。站姿。头发上梳盘于头顶，脑后插梳。长圆脸，面带微笑。上身穿窄袖交领紧身襦，外穿齐胸背带长裙，胸前系长绦带垂至膝部，足部微露。右手持一圆形物于左胸前，左臂下垂于身侧，左手持一棒状物。俑黑发朱唇，襦施橙黄彩，绦带施黄彩。

彩绘陶持巾侍女俑

高 23厘米

白胎。站姿。头发上梳盘于头顶，脑后插梳。长圆脸，面带微笑。上身穿窄长袖交领紧身襦，外穿齐胸背带长裙，胸前系长绦带垂至膝部，足部微露。左手持巾于腹部，右臂下垂于身侧。俑黑发，裙略见红彩残迹。

彩绘陶捧盆侍女俑

高 23 厘米

白胎。站姿。头发上梳盘于头顶，脑后插梳。长圆脸，面带微笑。上身穿窄袖交领紧身襦，外穿齐胸背带长裙，胸前系长绦带垂至膝部，足部微露。双手捧一宽沿盆于胸前。俑黑发红唇，裙及盆施橙黄彩。

彩绘陶持物侍女俑

高 23厘米

白胎。站姿。头发上梳盘于头顶，脑后插梳。长圆脸，面带微笑。上身穿窄袖交领紧身襦，外穿齐胸背带长裙，胸前系长绦带垂至膝部，足部微露。左手持一方柱状物于左肩前，右臂下垂于身侧。俑黑发红唇，裙略见红彩残迹。

彩绘陶扶隐囊侍女俑

• 高 23厘米

• 白胎。站姿。头发上梳盘于头顶，脑后插梳。长圆脸，面带微笑。上身穿窄长袖交领紧身襦，外穿齐胸背带长裙，胸前系长绦带垂至膝部，足部微露。右臂挟一隐囊于身侧，左手扶隐囊。隐囊呈橄榄形，囊身有纵向的条状装饰，两端有花瓣装饰。俑黑发朱唇，襦裙施红、黄彩。

隐，凭也，隐囊即依靠之囊，其作用类似今天的靠枕，是魏晋南北朝至隋唐时期流行的一种卧具。隐囊以丝织品为表，内部填充织物或纤维，呈中间粗、两端细的纺锤状，两端多有花瓣装饰，有的还打花结。《颜氏家训》载：『梁朝全盛之时，贵游子弟……无不熏衣剃面，傅粉施朱，驾长檐车，跟高齿屐，坐棋子方褥，凭斑丝隐囊。』张盛墓这件侍俑所持之物即为『斑丝隐囊』。

彩绘陶扶褥侍女俑

高 23 厘米

白胎。站姿。头发上梳盘于头顶，脑后插梳。长圆脸，面带微笑。上身穿窄长袖交领紧身襦，外穿齐胸背带长裙，胸前系长绦带垂至膝部，足部微露。右臂挟一褥于身侧，褥略呈椭圆形，表面刻划方格，方格内有戳点，左手扶褥。俑黑发红唇，襦施黄彩。

张盛墓中还出土一件瓷质的褥，亦略呈椭圆形，器表装饰和此件相同。《颜氏家训》中有『坐棋子方褥』的记载，此俑所持之褥表面饰方格纹，可能就是所谓的『棋子方褥』，是流行于魏晋南北朝至隋唐时期的一种卧具。

彩绘陶扶筌蹄侍女俑

高 23 厘米

白胎。站姿。头发上梳盘于头顶，脑后插梳。长圆脸，面带微笑。上身穿窄长袖交领紧身襦，外穿齐胸背带长裙，胸前系长绦带垂至膝部，足部微露。右手挟一筌蹄于身侧，筌蹄呈束腰圆形，下部残，表面装饰宝相花图案。俑左臂残。黑发，襦裙略见黄彩残迹。

《梁书·侯景传》记载：「以輀车床载鼓吹，橐驼负牺牲，辇上置筌蹄，垂脚坐。」筌蹄是一种源自印度半岛的束腰圆形坐具，通常为藤制，有的外面还包有纺织品，质地较轻。在新疆克孜尔石窟、云冈石窟、敦煌莫高窟的壁画和石刻，以及唐李寿墓石椁内壁的线刻图中，都有筌蹄的形象。

彩绘陶托挟轼侍女俑

• 高 23 厘米

• 白胎。站姿。头发上梳盘于头顶，脑后插梳。长圆脸，面带微笑。上身穿窄长袖交领紧身襦，外穿齐胸背带长裙，胸前系长绦带垂至膝部，足部微露。双手托一挟轼于胸前，挟轼之两足皆残。俑黑发，襦裙略见红、黄彩残迹。

挟轼的外形类似汉代的两足凭几，其名是从日本正仓院的献物帐而来，是倚靠类家具的一种。它既可凭靠，也可放在桌上搁臂，或是放在床上搭足，用途颇广。

彩绘陶托凭几侍女俑

高 22.5 厘米

白胎。站姿。头发上梳盘于头顶，脑后插梳。长圆脸，面带微笑。上身穿窄长袖交领紧身襦，外穿齐胸背带长裙，胸前系长绦带垂至膝部，足部微露。双手托一个三足凭几于胸前，三个几腿皆残。俑黑发红唇，襦施红彩。

三足凭几又称『隐几』，是魏晋南北朝时期新出现的一种倚靠类家具，一般由圆弧形的几面和三条几腿组成，它的使用和我国早期席地的坐姿相匹配，能够起到支撑身体、减缓长时间低矮坐姿带来不适的作用，隋唐以后凭几的使用渐少。

彩绘陶侍女俑

高 22.8 厘米

白胎。站姿。头发上梳盘于头顶，脑后插梳。长圆脸，面带微笑。上身穿窄长袖交领紧身襦，外穿齐胸背带长裙，胸前系长绦带垂至膝部，足部微露。左手置于腹部，右臂垂于身侧。俑黑发红唇，裙施红彩。

彩绘陶侍女俑

高 23 厘米

白胎。站姿。头发上梳盘于头顶，脑后插梳。长圆脸，面带微笑。上身穿窄长袖交领紧身襦，外穿齐胸背带长裙，胸前系长绦带垂至膝部，足部微露。右手置于腹部，左臂下垂于身侧。俑黑发朱唇，裙施红彩。

彩绘陶弹箜篌伎乐俑

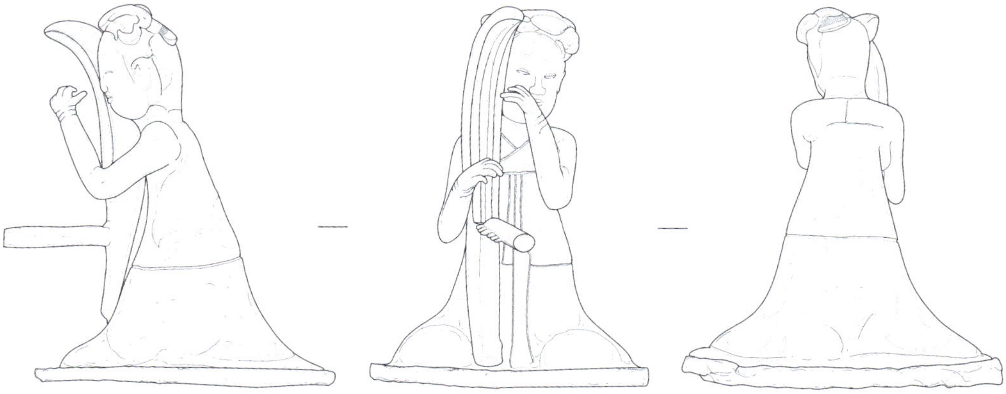

- 高 18厘米

- 白胎。跪坐于方形底板之上。头发上梳盘于头顶，脑后插梳。长圆脸，面带微笑。上身穿窄袖交领右衽紧身襦，外穿齐胸长裙，裙裾铺地，胸前系长绦带。双手持一箜篌作弹奏状。器表原有彩绘，今已基本脱落。

彩绘陶弹曲颈琵琶伎乐俑

• 高 18厘米

• 白胎。跪坐于方形底板之上。头发上梳盘于头顶，脑后插梳。长圆脸，面带微笑。上身穿窄袖交领右衽紧身襦，外穿齐胸长裙，裙裾铺地，胸前系长绦带。双臂横抱一曲颈琵琶，右手持拨子作弹奏状。曲颈琵琶是由西域经龟兹传入中原的，四弦四柱，弹奏时要使用拨子。器表原有彩绘，今已基本脱落。

彩绘陶弹直颈琵琶伎乐俑

• 高 17厘米

• 白胎。跪坐于方形底板之上。头发上梳盘于头顶，脑后插梳。长圆脸，面带微笑。上身穿窄袖交领右衽紧身襦，外穿齐胸长裙，裙裾铺地，胸前系长绦带。双臂横抱一直颈琵琶，右手持拨子作弹奏状。俑的头发和裙子略有黑、红彩残迹。

彩绘陶吹觱篥伎乐俑

高 18厘米

白胎。跪坐于方形底板之上。头发上梳盘于头顶，脑后插梳。长圆脸，上身穿窄袖交领右衽紧身襦，外穿齐胸长裙，裙裾铺地，胸前系长绦带。双手持一觱篥在嘴边作吹奏状。

觱篥又写作『筚篥』，是一种源自龟兹的管乐器。唐李颀《听安万善吹觱篥歌》云：『南山截竹为觱篥，此乐本自龟兹出。』它通常以竹为管，以芦为首，状类胡笳而九窍，其声悲。器表原有彩绘，今已基本脱落。

彩绘陶吹横笛伎乐俑

高 18.5 厘米

白胎。跪坐于方形底板上。头发上梳盘于头顶，脑后插梳。长圆脸，上身穿窄袖交领右衽紧身襦，外穿齐胸间色长裙，裙裾铺地，胸前系长绦带。头向左倾，双手持一横笛在嘴边作吹奏状。裙施红彩。

彩绘陶吹排箫伎乐俑

高 19厘米

白胎。跪坐于方形底板上。头发上梳盘于头顶，脑后插梳。长圆脸，上身穿窄袖交领右衽紧身襦，外穿齐胸间色长裙，裙裾铺地，胸前系长绦带。双手持一排箫在嘴边作吹奏状。裙施红彩。

彩绘陶持钹伎乐俑

• 高 17厘米

• 白胎。跪坐于方形底板上。头发上梳盘于头顶，脑后插梳。长圆脸，上身穿窄袖交领右衽紧身襦，外穿齐胸长裙，裙裾铺地，胸前系长绦带。双手持钹作击奏状。器表原施彩绘，现已基本脱落。

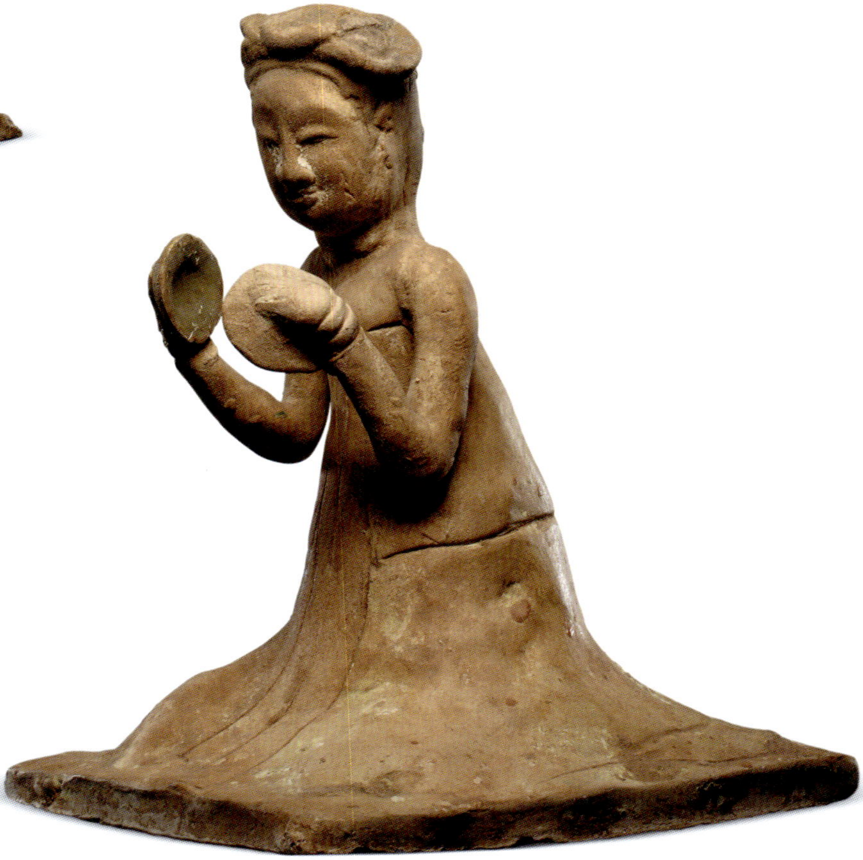

彩绘陶击掌伎乐俑

高 18.5 厘米

白胎。跪坐于方形底板上。头发上梳盘于头顶，脑后插梳。长圆脸，上身穿窄袖交领右衽紧身襦，外穿齐胸间色长裙，裙裾铺地，胸前系长绦带。双手作击掌状。裙施红彩。

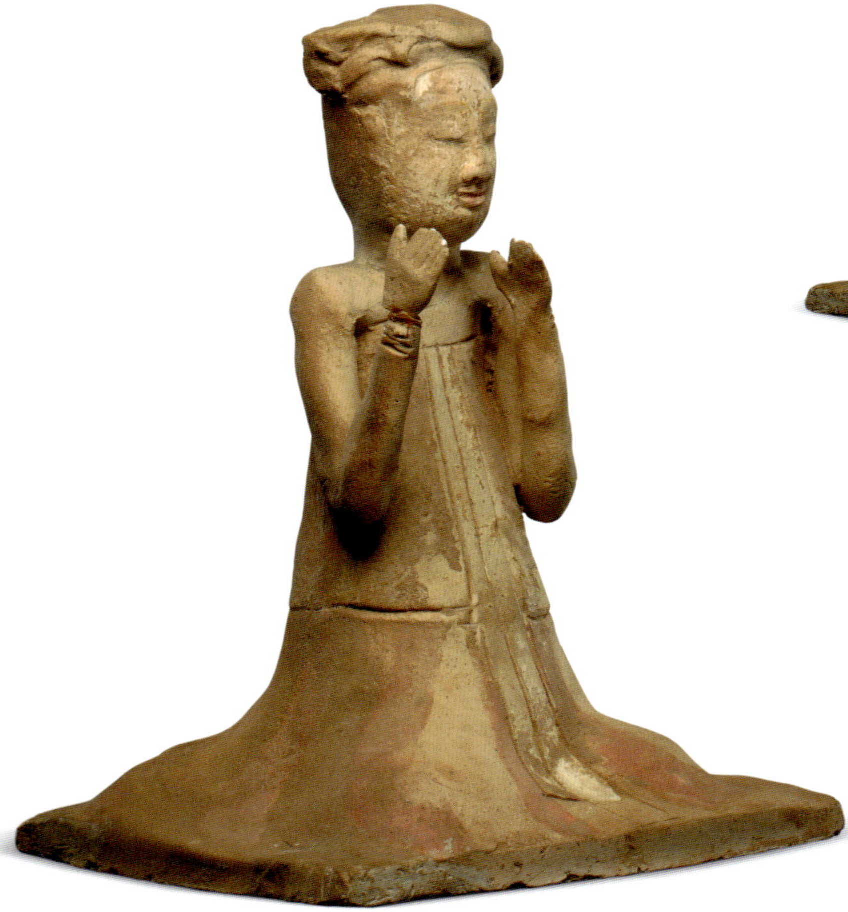

彩绘陶女舞俑

高 22.5 厘米

白胎。站姿。头发上梳盘于头顶，脑后插梳。长圆脸，面带微笑。上身穿窄长袖交领紧身襦，外穿齐胸背带长裙，胸前系长绦带垂至膝部，足部微露。右手举至口部露于袖外，呈握持状，左臂自然下垂，左手藏于袖内。俑的头发和裙略见黑、红彩残迹。

彩绘陶女舞俑

高 22 厘米

白胎。站姿。头发上梳盘于头顶，脑后插梳。长圆脸，面带微笑。上身穿窄长袖交领紧身襦，外穿齐胸背带长裙，胸前系长绦带垂至膝部，足部微露。右手举至口部，左臂自然下垂，作舞蹈状。俑发施黑彩，裙施红彩。

彩绘陶女舞俑

高 22.5 厘米

白胎。站姿。头发上梳盘于头顶，脑后插梳。长圆脸，面带微笑。上身穿窄长袖交领紧身襦，外穿齐胸背带长裙，胸前系长绦带垂至膝部，足部微露。右手举至右颈部，露于袖外；左手置于腹部，藏于袖内。作舞蹈状。俑发施黑彩，襦施红彩。

彩绘陶女舞俑

• 高 21 厘米

• 白胎。站姿。上身略前倾。头发上梳盘于头顶，脑后插梳。长圆脸，面带微笑。上身穿窄袖交领紧身襦，外穿齐胸背带长裙，胸前系长绦带垂至膝部，足部微露。双手置于身前，右手在上，左手在下，双手呈握持状。俑发施黑彩。

彩绘陶女舞俑

高22厘米

白胎。站姿。头发上梳盘于头顶，脑后插梳。长圆脸，面带微笑。上身穿窄长袖交领紧身襦，外穿齐胸背带长裙，胸前系长绦带垂至膝部，足穿笏头履。右手举至口部，左臂略屈置于身侧，作舞蹈状。俑的头发及履头施黑彩，襦裙施红彩。

彩绘陶执箕侍女俑

高 16 厘米

白胎。跪坐姿，头及上身略前倾。头发上梳盘于头顶，脑后插梳。长圆脸，面带微笑。上身穿窄袖交领右衽紧身襦，外系齐胸长裙。双手持一箕作劳作状。俑头发略有黑彩残迹，其余彩绘已脱落殆尽。

彩绘陶执铲侍女俑

高 23 厘米

白胎，站姿。头发上梳盘于头顶，脑后插梳。长圆脸，面带微笑。上身穿窄长袖交领紧身襦，外穿齐胸背带长裙，胸前系长绦带垂至膝部，足部微露。右手执一铲，左臂垂于身侧。俑黑发红唇，襦施红彩。

白陶靴（一套2件）

- 高 8厘米
- 白胎。尖靴头，船形靴身，高靴筒。

白陶履（一套2件）

- 长 9厘米
- 白胎。前有半圆形翘起的履头，船形履身。

白陶靴（一套2件）

• 高 6.5厘米

• 白胎。宽靴头上翘，船形靴身，高靴筒。

陶马镫（两套4件）

- 长 7.3厘米
- 宽 4.4厘米

• 白胎。为两套4件，形制相同。上部为直柄，顶部有近方形镫孔，下部为弧顶平底的镫环。

白陶念珠（一串 95 枚）

• 总长 145 厘米

• 白胎。由 95 枚念珠组成，其中 93 枚为圆形念珠，中央穿孔，两端的 2 枚为莲藕节形念珠。

白陶念珠（一串 96 枚）

• 总长 146 厘米

• 白胎。由 96 枚念珠组成，其中 94 枚为圆形念珠，中央穿孔，两端的 2 枚为莲藕节形念珠。

白陶念珠（一串95枚）

总长 144 厘米

白胎。由95枚念珠组成，其中93枚为圆形念珠，中央穿孔，两端的2枚为莲藕节形念珠。

彩绘陶灶

前高 14厘米
后高 18厘米
长 16厘米
宽 14.5厘米

白胎。前壁正中有拱形灶门，上为高出灶台的人字形火墙，灶面上有一圆形灶眼，后方为斜向后伸的柱形烟囱。灶门之上绘有黑彩。

白陶磨

高 14 厘米
盘径 12.5 厘米
底径 10.5 厘米

白胎。上部为圆形的磨盘，两侧有两把手，下部为亚腰形的高台座。

彩绘陶井

高 11.5 厘米
上宽 13×14 厘米
下宽 13.5×14.5 厘米

白胎。平面近方形，上小下大，上部四角有四个矮柱头。器表有红彩残迹。

白陶碓（一套2件）

长 20厘米

宽 11厘米

白胎。由杵和臼组合而成。臼呈长方形，中部有竖起的两个杵架，一侧有圆形下凹的臼窝，臼上模印扫帚。杵为长条形，中部向两侧出榫以置于杵架之上，一端有锥形的杵头。

白陶磨（一套2件）

高 4厘米

直径 8.5厘米

白胎。分为上下两扇，均为圆饼形。上面的一扇顶部有两个下料口，边缘一周有高出磨面的沿，一侧有手柄，底部中央有一凹圆孔。下面的一扇顶部中央有一凸起的锥状榫，可与上面的一扇相套合。

白陶碾（一套3件）

高 11厘米
盘径 25厘米

白胎。由碾盘、碾轮和碾架组成。碾盘为圆形，中央有竖起的柱子用来套装碾架，外侧有碾槽。碾轮为中间厚、边缘薄的圆形，中央有圆孔。碾架为长柱状，一端有圆孔。

彩绘陶仓房（一套3件）

- 高 54厘米
- 面阔 43厘米
- 进深 32厘米

白胎。上为歇山顶，覆瓦垄，下为方形仓体，正面上部正中有双扇门，每门上有门钉 12 个及铺首 1 个，上槛有方形门簪 3 个。门两侧有两扇直棂窗。最下部为长方形底座。器表有红、黑彩残迹。

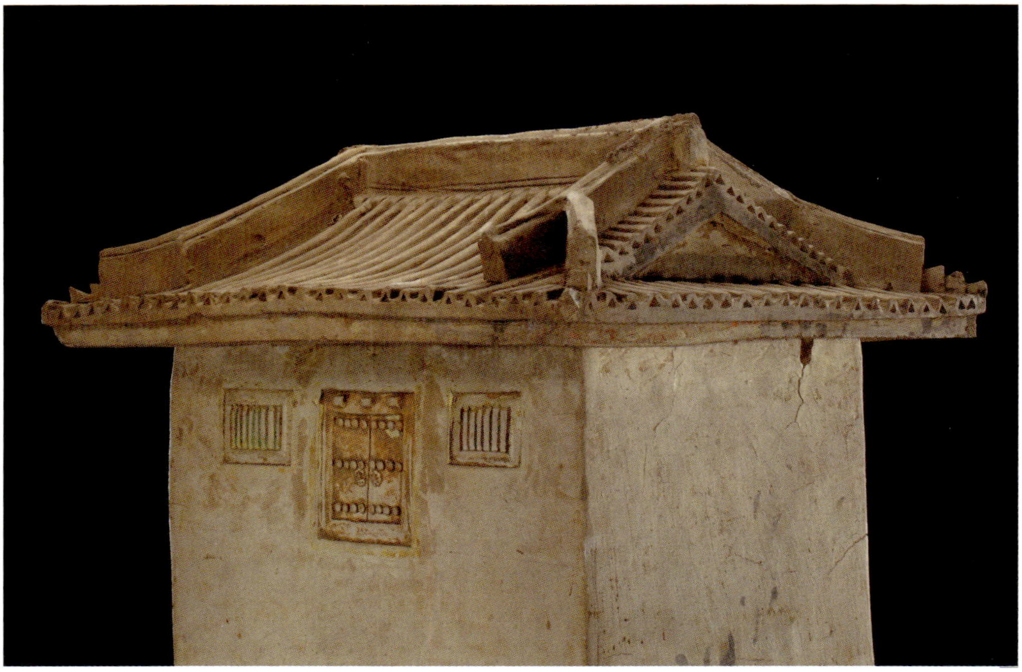

白陶子母猪

长 10厘米

白胎。母猪侧卧于近椭圆形底板之上，长吻，口中有獠牙，背有鬃毛，四肢弯曲，左前蹄翘起，作哺乳状，腹部有猪仔6只。

白陶卧羊

高 5.5厘米
长 7厘米

白胎。羊卧姿，四肢屈于腹下，羊头上有向前盘曲的双角，嘴微张，前胸刻划线条表示羊之毛发。

白陶坐姿狗

• 高 8 厘米

• 白胎。狗昂首向前，双耳下垂，双目圆睁，嘴微张。颈部有项圈，前肢直立，后肢蹲坐于长方形底板之上，尾贴地。

白陶卧狗

• 高 5.5 厘米 长 9 厘米

• 白胎。卧姿，面朝前，耳向后，双目圆睁，张嘴，前肢前伸趴于地，后肢屈于腹下，尾上翘贴背。

白陶雄卧鸡

• 高 7.5 厘米

• 白胎。卧姿。头向前，头上有冠，尖喙，嘴下有肉髯。尾羽高高翘起，下为方形底板。

白陶雌卧鸡

• 高 5 厘米

• 白胎。卧姿。头向前，微颔首，头上有小冠，尖喙，嘴下有肉髯。尾羽翘起。

白陶双鸭

高 3.5 厘米

白胎。方形底板上卧有两只鸭。一鸭头向前，长颈贴背；另一鸭头回顾，作理毛状。

白陶鹤

• 高 10.5 厘米

• 白胎。鹤站立于近圆形底板上。长喙，长颈，颈部微前屈，两翼贴身。

白陶狗

残高 4厘米

白胎，卧姿，仰首，瞋目圆耳，嘴巴微张，颈戴项圈，腿部残缺。

白陶帐座（一套4件）

高 7.8～9.1 厘米

白胎。一套4件，形制相似，只是缺角的位置不同。下部均为缺1/4角的方形底座，上部为缺1/4角的覆莲形，中间有圆形插孔。该帐座出土于张盛墓棺床的四角，缺角处分别卡住棺床四角，圆孔用于插放帐架。

《释名·释床帐》曰：『帐，张也，张施于床上也。』帷帐是古代室内的重要陈设，帐座又是帷帐的重要组成部分。张盛墓中帐座的出土体现了古代『事死如事生』的丧葬观念。

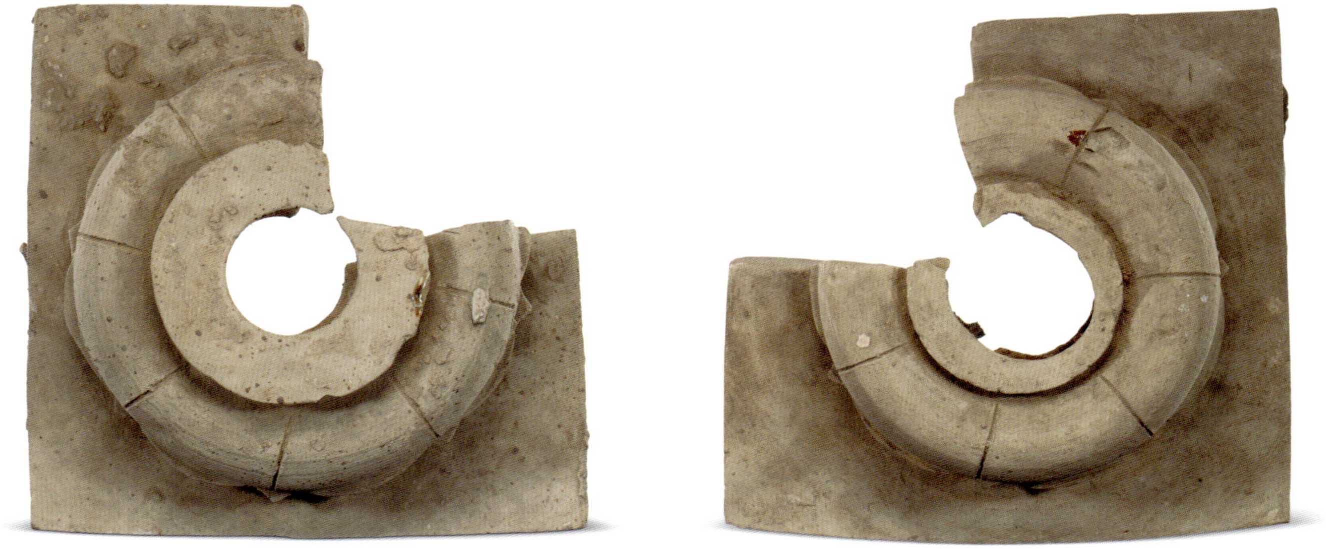

白陶珩（一套6件）

长 12.5厘米
宽 6.2厘米
厚 1厘米

白胎。一套6件，形制相同，均呈五边形，顶部上折呈钝角，两侧边竖直，底平直，最上端有一孔。

此珩形饰当为陶组佩的构件之一，一般位于组佩的最下部，有学者称其为『下珩』或『冲牙』。东晋高崧墓、北齐娄叡墓、隋王士良夫妇墓都出有类似形制的组佩构件。

白陶珩（一套6件）

- 长 12.8厘米
- 宽 6.3厘米
- 厚 0.8厘米

白胎。一套6件，形制相同。上端为云头状顶，中部有一穿孔，下部有三分叉，每叉各有一穿孔。应为陶组佩的构件之一，一般位于组佩的上部，有学者称其为『上珩』。

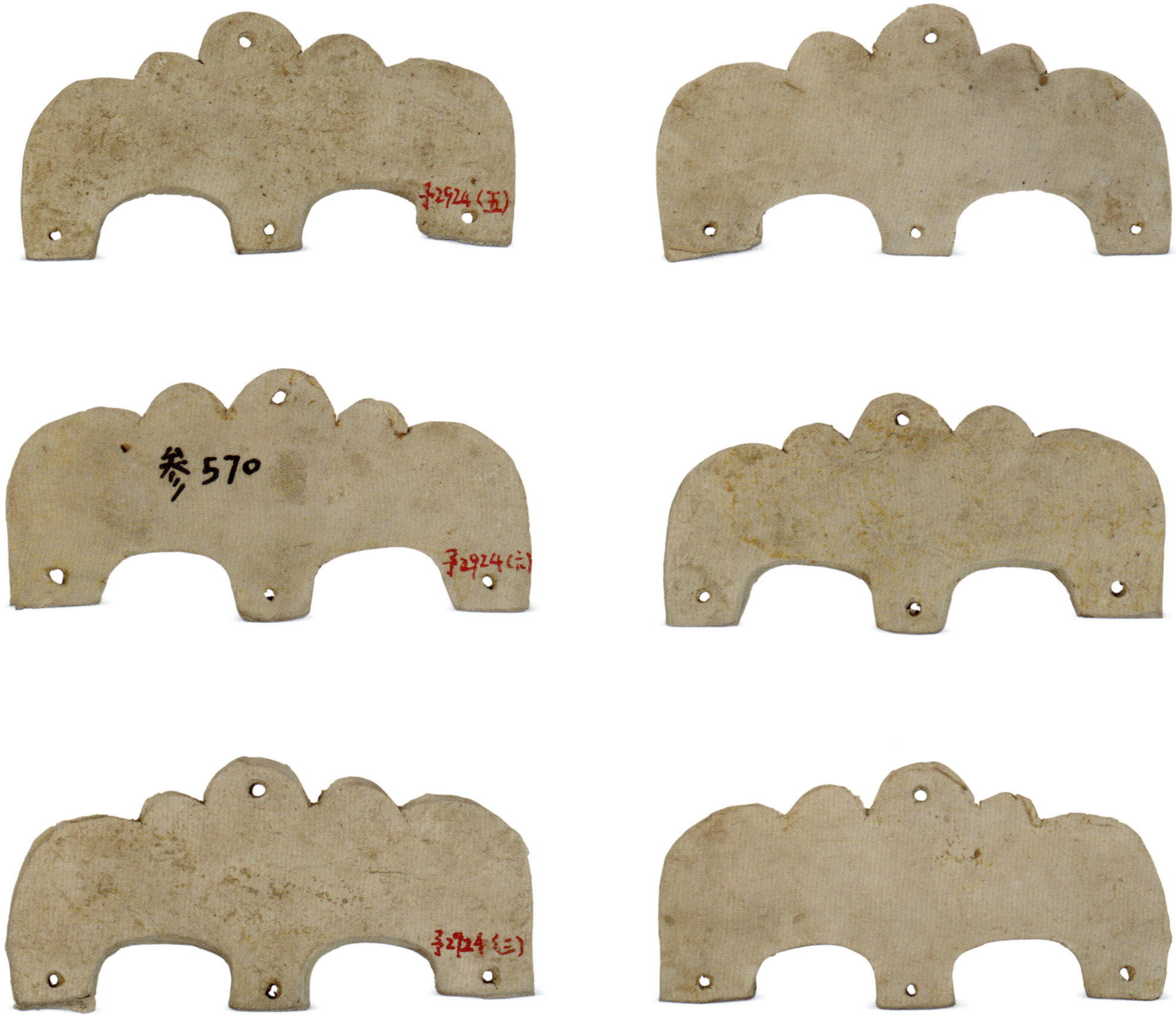

白陶珩（一套12件）

宽 4.6 厘米
厚 0.5 厘米

白胎。一套12件。均呈半璧形，两端平齐，顶部及两侧各有一穿孔。有一件残缺一半。应为陶组佩的构件之一。

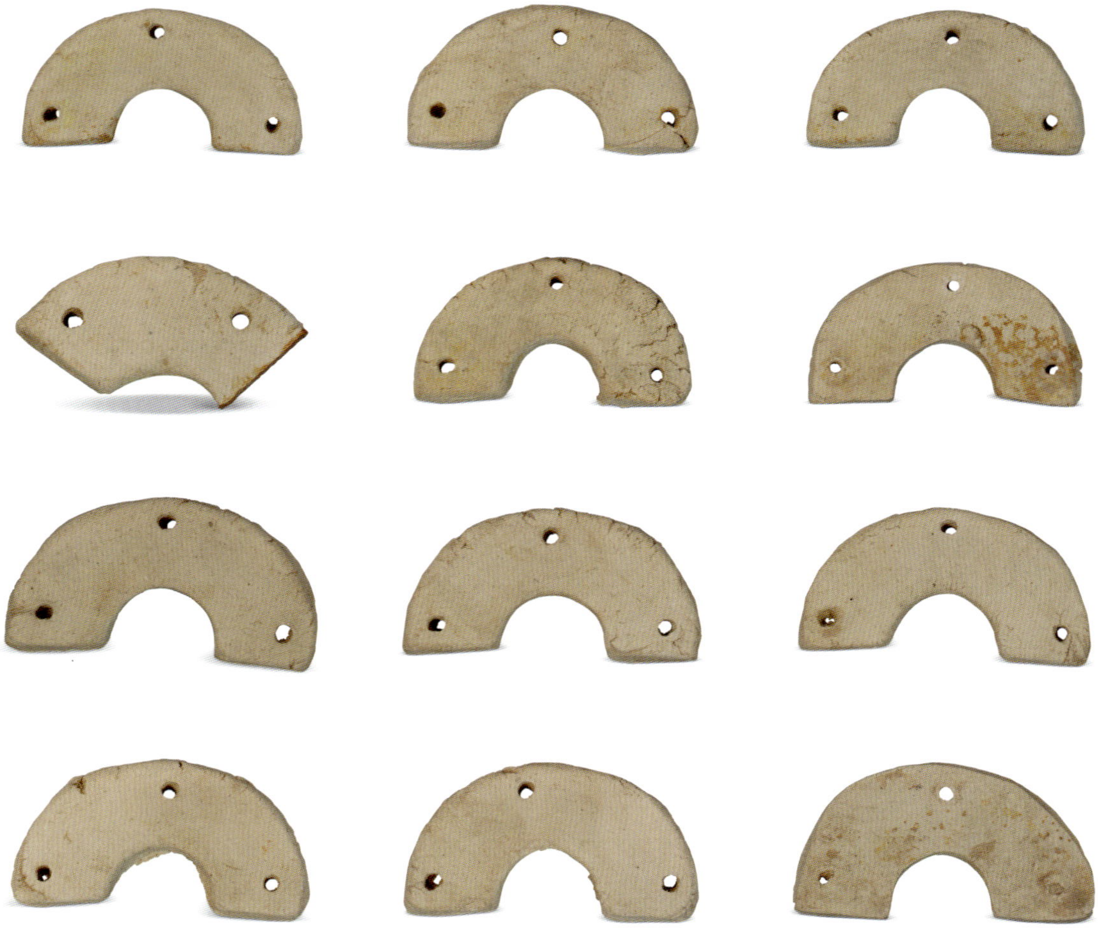

陶环形饰（一套7件）

长 4.2厘米
宽 2.8厘米
厚 0.4厘米

白胎。一套7件，形制相同。呈椭圆环形，中间有椭圆形孔，上下左右各有一穿孔。应为陶组佩构件之一，西魏吕思礼墓、北周田弘墓、隋王士良夫妇墓均出有类似的组佩构件，只是多呈圆形。

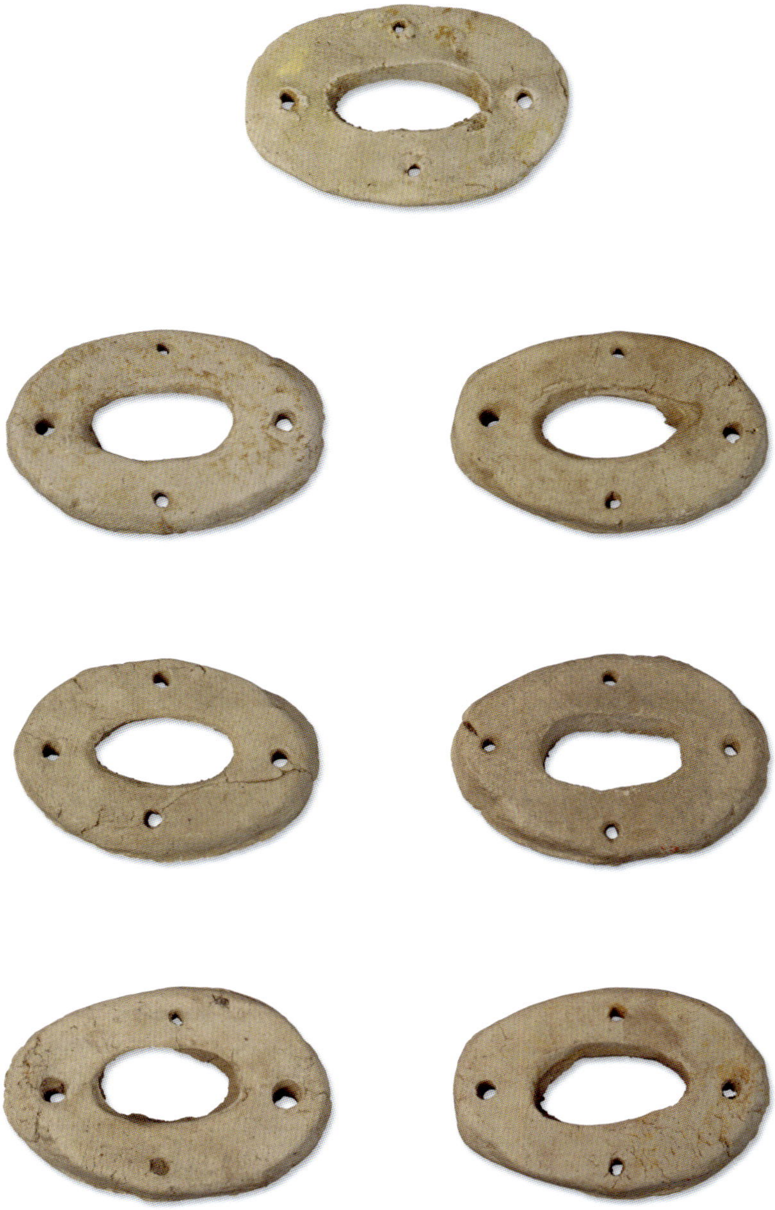

白釉黑彩侍吏俑

高 72厘米

立姿，束发，戴小冠，服裤褶，外加罩裲裆铠，腰束带，足蹬翘头履，双手按仪剑，恭敬肃立于覆莲式底座上。有浓密的络腮胡，双目圆睁，作直视状。

通体施釉，釉面有开片，有些部位釉色白中闪黄或白中泛青。冠、发、胡须、眉、眼、裲裆铠的皮襻连缀处、束带、仪剑、履等部位施黑彩。黑白两色对比鲜明，不仅使形象更加逼真，而且增添了艺术效果。

白釉黑彩侍吏俑

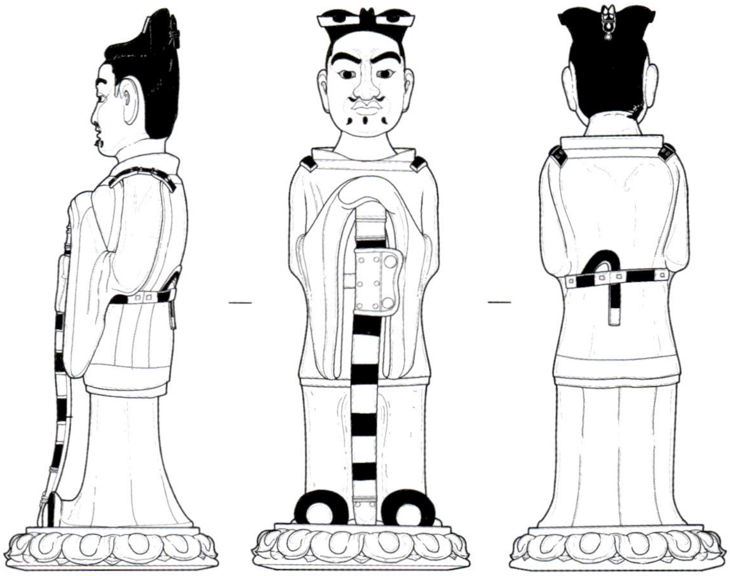

● 高 72 厘米

● 立姿，束发，戴小冠，服裤褶，外加罩裲裆铠，腰束带，足蹬翘头履，双手按仪剑，恭敬肃立于覆莲式底座上。下巴上有三撇小胡子，双目呈俯视状。通体施釉，釉面有开片，有些部位釉色白中闪黄或白中泛青。冠、发、胡须、眉、眼、裲裆铠的皮襻连缀处、束带、仪剑、履等部位施黑彩。

白釉武士俑

- 高 64 厘米
- 立姿，头戴兜鍪，兜鍪圆顶，后有顿项，侧有护耳。上穿圆领窄袖、长度及膝的衫，外加明光铠，双肩有披膊，腰部束带。下着大口裤，膝下加有缚带，足蹬尖头靴。右手位于腰带前侧，左手臂屈肘上扬，拳眼中空，手中武器已缺失。身体笔直，双腿并立，站于覆莲式底座上。身形魁梧雄健，蹙眉怒目，无胡须，表情威严庄重。通体施釉，釉面有开片，有些部位釉色白中闪黄或白中泛青。

1165

白釉武士俑

高 73厘米

立姿，头戴兜鍪，兜鍪圆顶，后有顿项，侧有护耳。上穿圆领窄袖、长度及膝的衫，外加明光铠，双肩有披膊，腰部束带。下着大口裤，膝下加有缚带，足蹬尖头靴。左手位于腰带前侧，右手臂屈肘上扬，拳眼中空，手中武器已缺失。身体笔直，双腿并立，站于覆莲式底座上。身形魁梧雄健，蹙眉怒目，髭须翘起，下有三撇小胡子，其中左撇胡子缺失。护耳、顿项、披膊、明光铠甲等部位刻划水波纹装饰。通体施釉，釉面有开片，有些部位釉色白中闪黄或白中泛青。

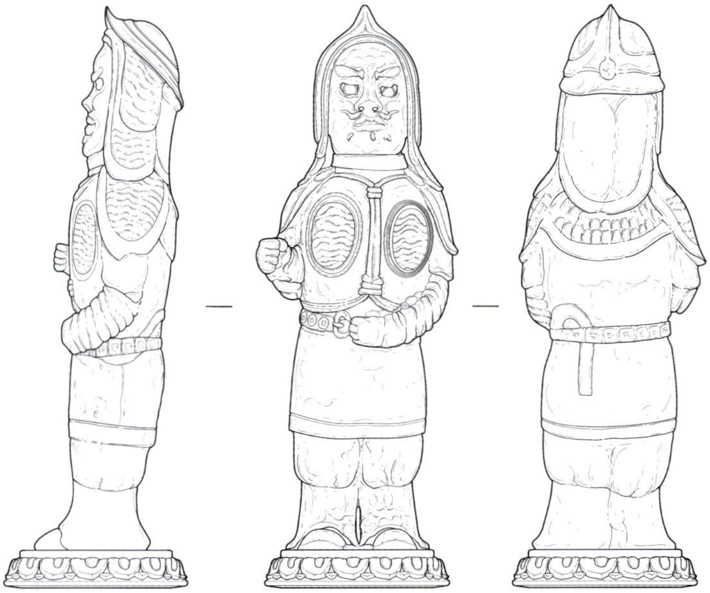

白釉黑彩人面镇墓兽

高 49厘米

人面兽身，前踞后蹲，坐于长方形踏板之上。头向后仰，头顶部竖立弯曲的独角，浓眉紧蹙，怒目圆睁，脸颊外凸，鼻尖上翘，上唇和下唇各有三小撮胡须，耳朵大且长，略外张，面目狰狞，威严恐怖。短脖颈，项背附戟，脊背上部竖立五撮鬃毛，脊柱两侧有卷曲的长毛，肩有双翼，肘有肘毛，兽蹄足，短尾上翘。通体施釉，仅在头发、须眉、膝盖、足部等施黑彩。整体雕塑，胸腹部和肘部有刻划、戳点、短斜线纹饰。

两件镇墓兽均位于墓室的入口处，其中兽面镇墓兽居东侧，人面镇墓兽在西侧。这种蹲坐式成对出现的镇墓兽初现于北魏平成时期，一直流行到隋唐，五代以后逐渐消失。

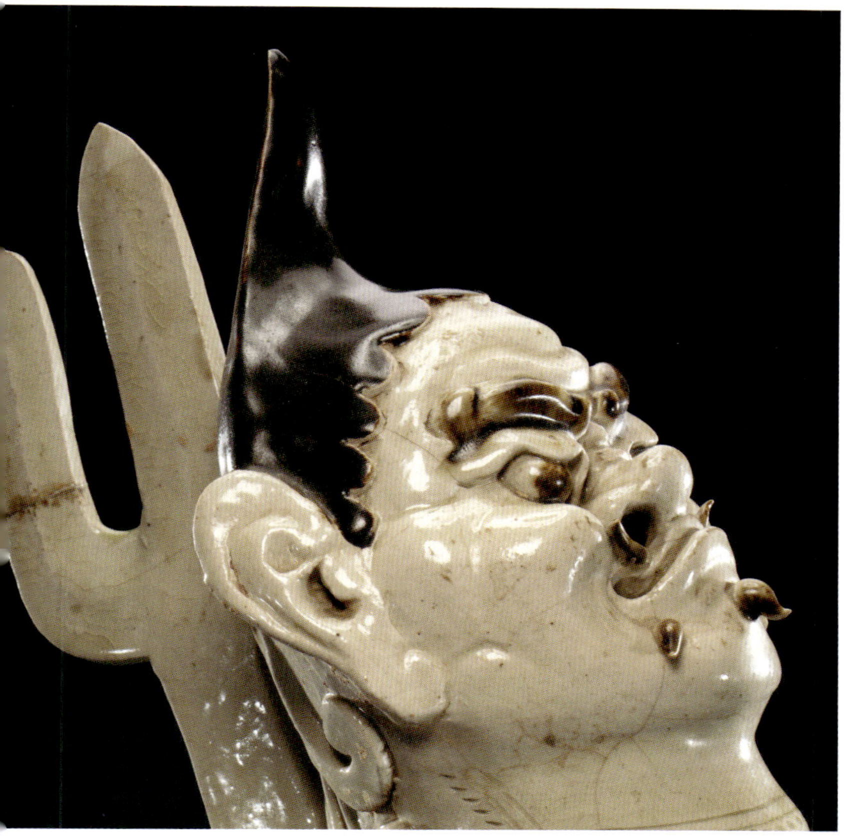

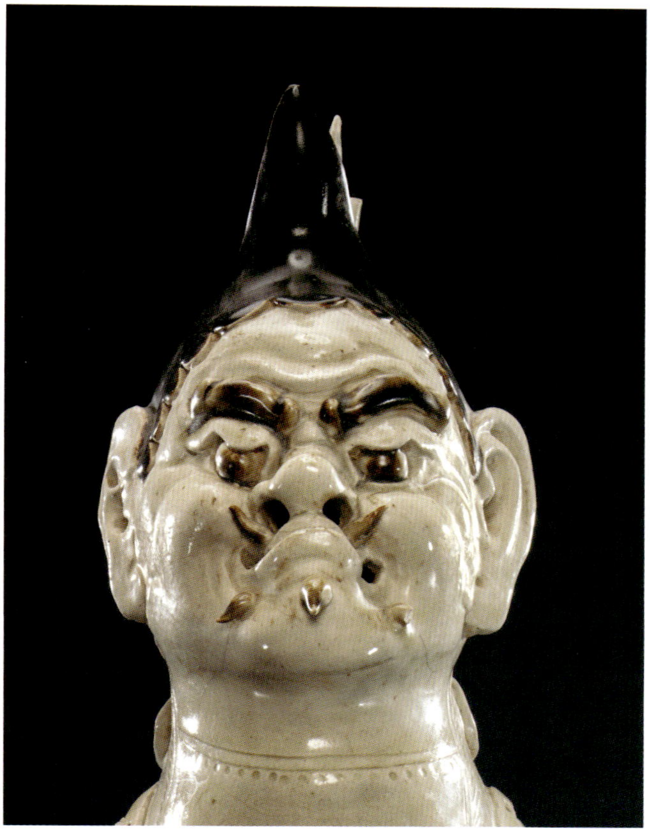

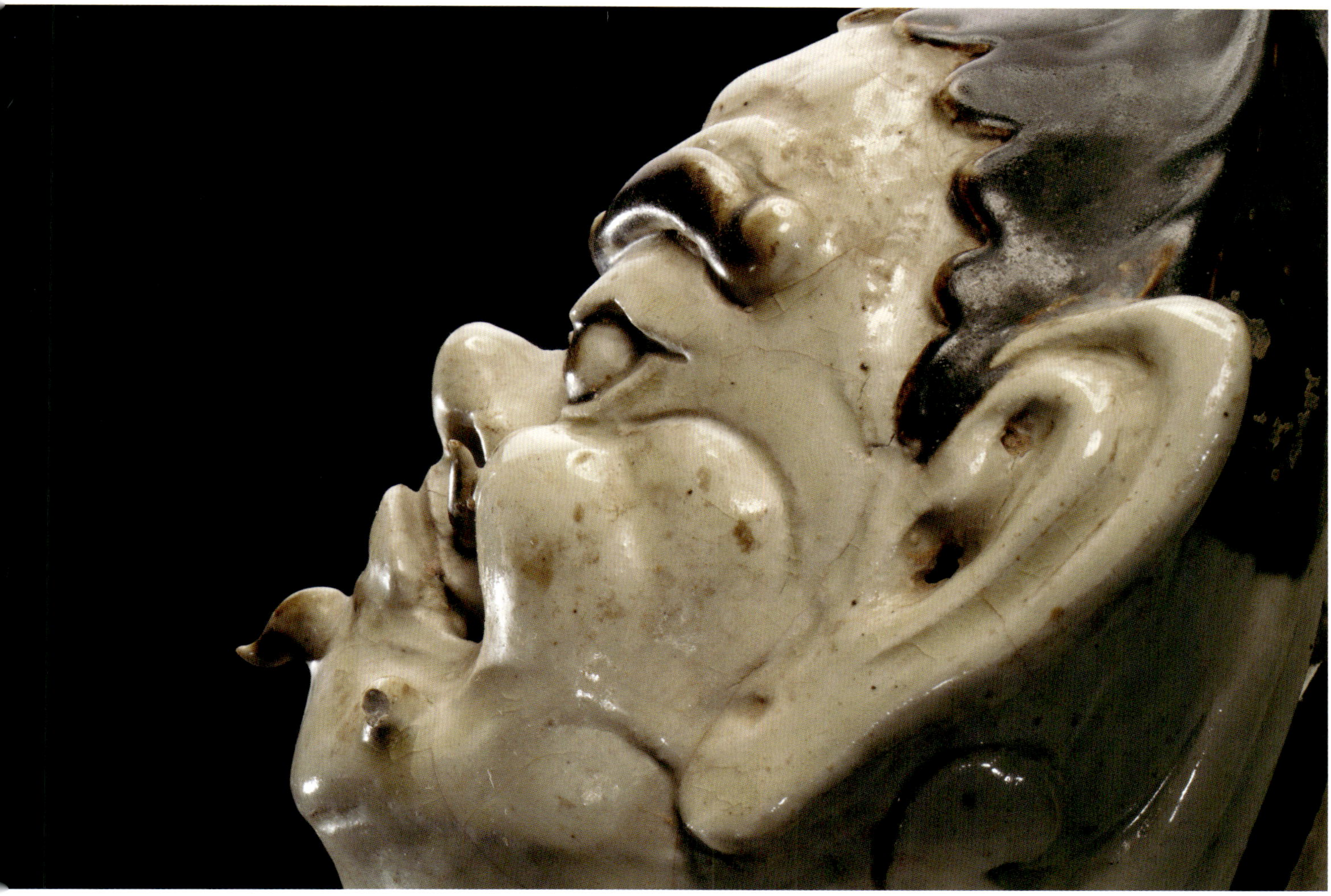

白釉黑彩兽面镇墓兽

高 50 厘米

狮面兽身，前踞后蹲，坐于长方形踏板之上。双目圆瞪，阔鼻，张口龇牙。前额长出一对羊角，呈螺旋状向后弯曲，两扇形耳竖起，下颌及两颊鬓毛卷曲，颈背附戟，脊柱两侧有卷曲的长毛，肩有双翼，肘有肘毛，兽蹄足，短尾上翘。通体施釉，仅在眼睛、耳轮、鼻头及四肢关节处施黑彩。整体雕塑，面部、双角、耳朵、羽翼等部位有刻划纹、戳点纹，使得形象更加逼真。

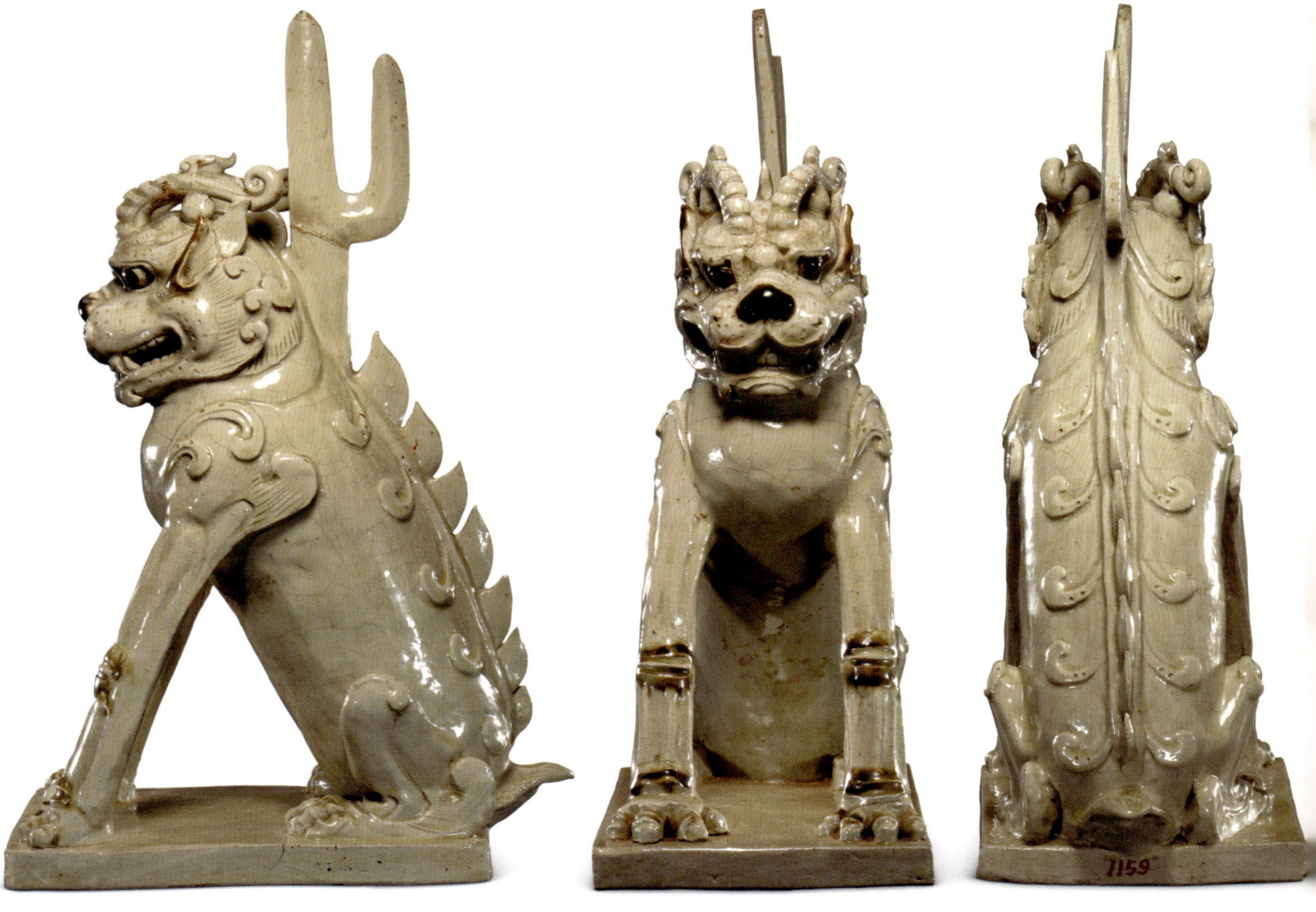

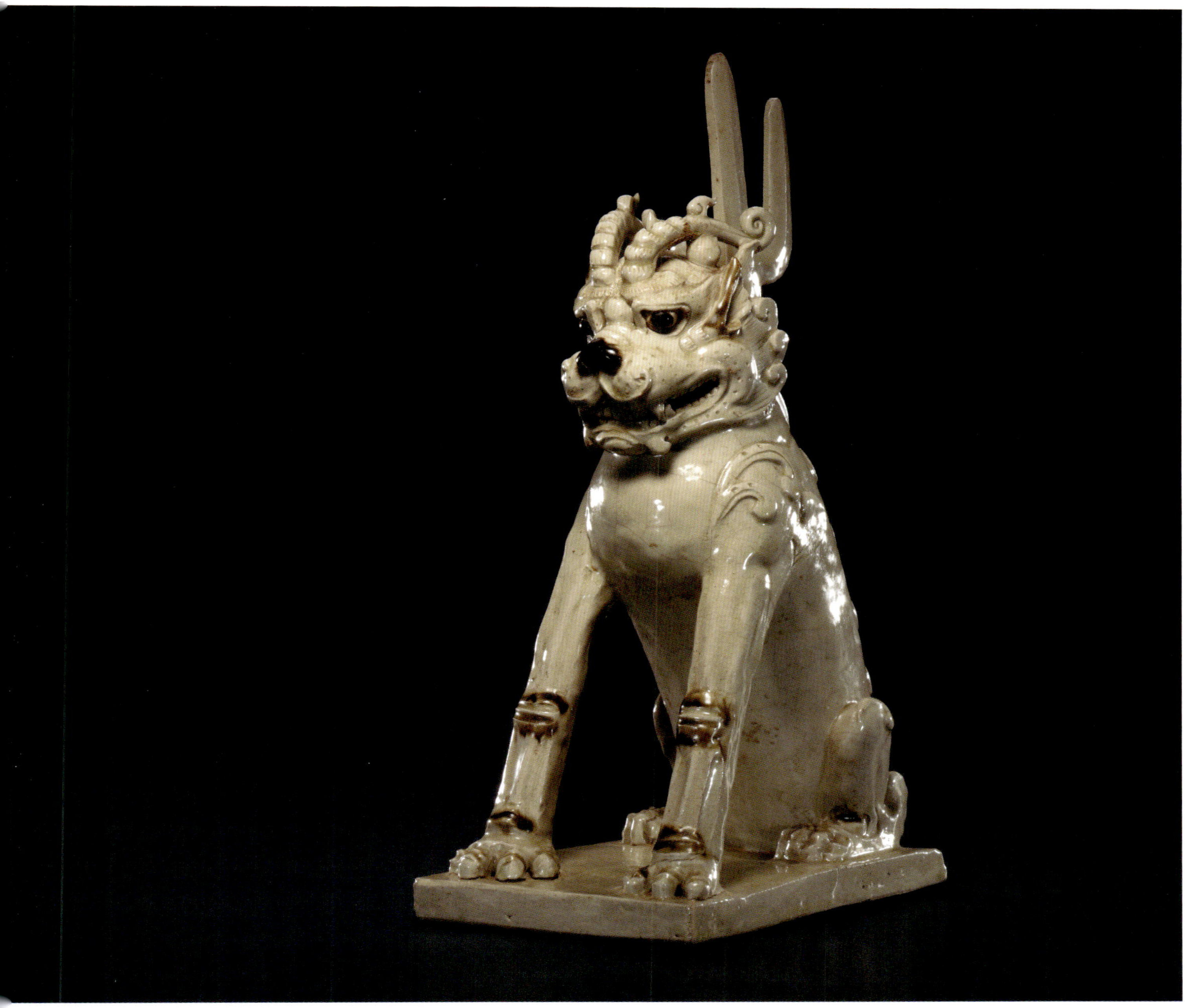

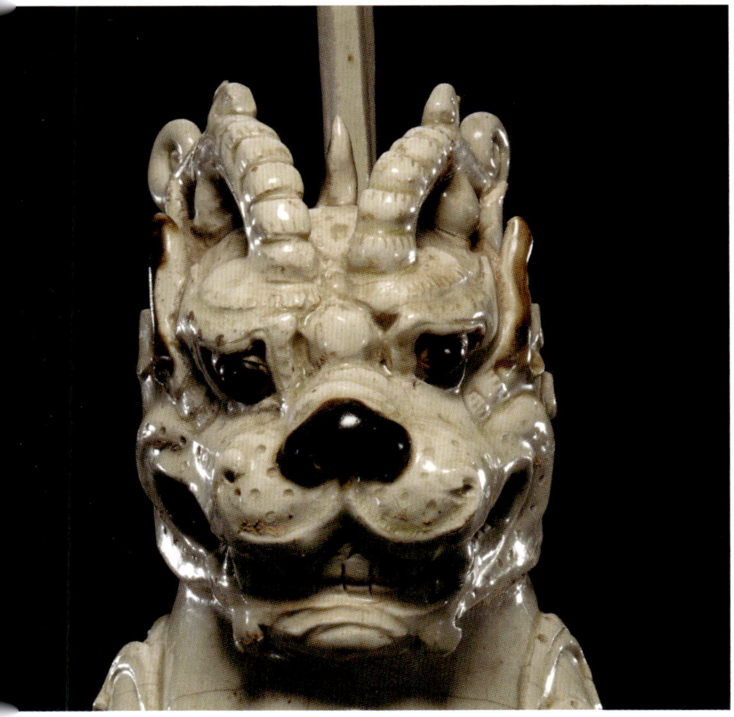

白釉昂首蹲兽

高　13厘米
长　11.5厘米
宽　11.5厘米

方形基座上为中空覆莲，莲瓣尖部向外翘起，覆莲上蹲有一兽，仰首咆哮。兽身施釉，覆莲座和方形基座则涩胎无釉，莲瓣上涂有红色朱砂，有磨损和脱落。

此属席镇之类，放在席的四隅。镇有玉、石、铜等质地，形状大多为虎、豹、辟邪、羊、兔、鹿、熊、龟、蛇等动物。

白釉俯首蹲兽

- 高 10厘米
  长 11.5厘米
  宽 11.5厘米
- 方形基座上为中空覆莲，莲瓣尖部向外翘起，覆莲上蹲有一兽，拱背俯首。
  兽身施釉，覆莲座和方形基座则涩胎无釉，莲瓣上涂有红色朱砂，有磨损和脱落。

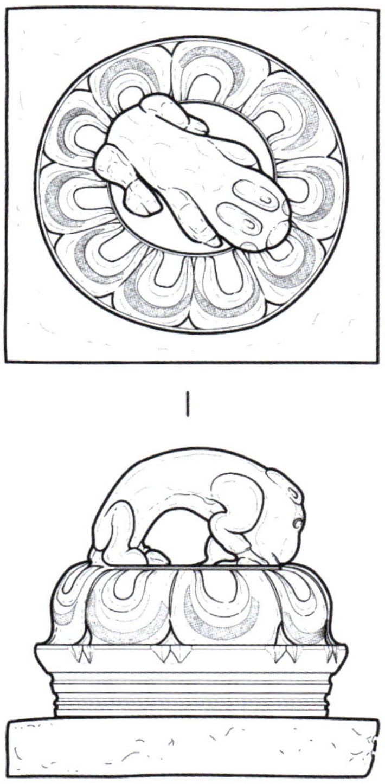

白釉案

高 6.2 厘米
长 13.5 厘米
宽 6.5 厘米

案面长方形，平坦且直，案两端翘起，直栅横跗式案足。除了足里面及案底部无釉，余皆施釉。

此为书案，非食案。在汉代的壁画墓或画像砖上常见这种书案，书案上一般置灯与砚。魏晋南北朝时期，曲栅横跗式案足较为流行，到了隋唐五代十国，又流行直栅横跗式案足。

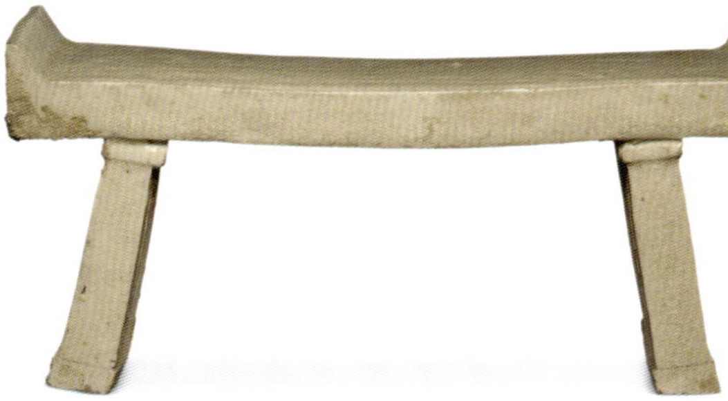

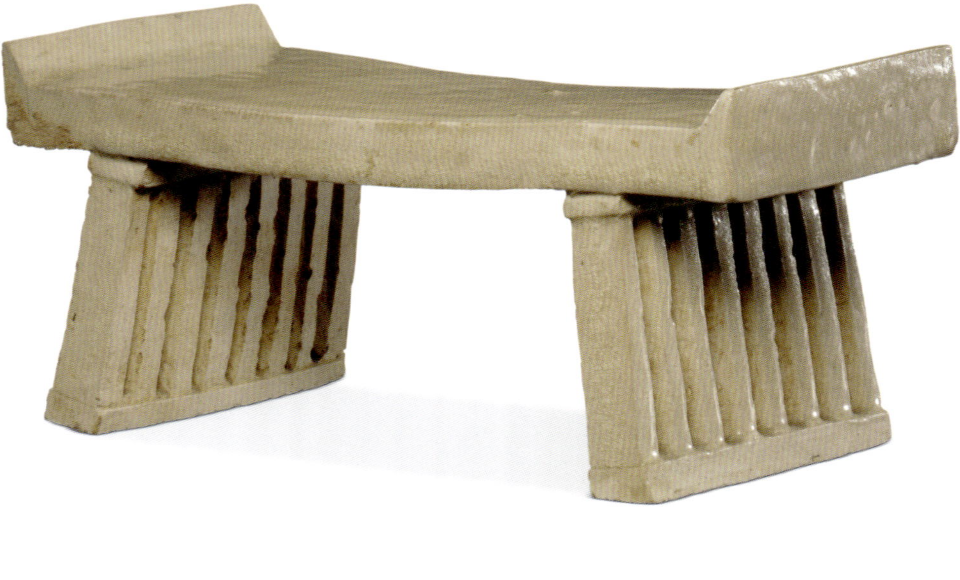

白釉凭几

高 5.5 厘米
长 12 厘米
宽 4 厘米

几面弯曲成半环形，下有三个兽蹄足，足高且外撇。通体施釉，足底露胎。

凭几是席坐时代的一类重要家具，又有「曲几」「隐几」「养和」等称谓。凭几的历史悠久，《诗经》《尚书》《左传》等均提到过它。凭几一般置于人的腰部，用手臂倚扶，或身体略斜以缓解久坐的疲劳。可用于室内，也可在牛车等交通工具内使用。

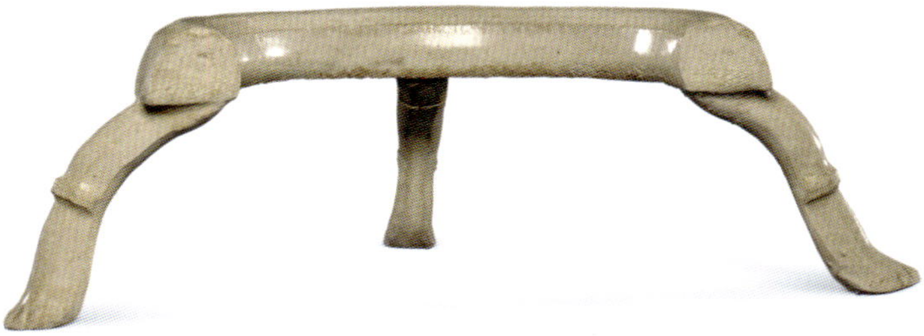

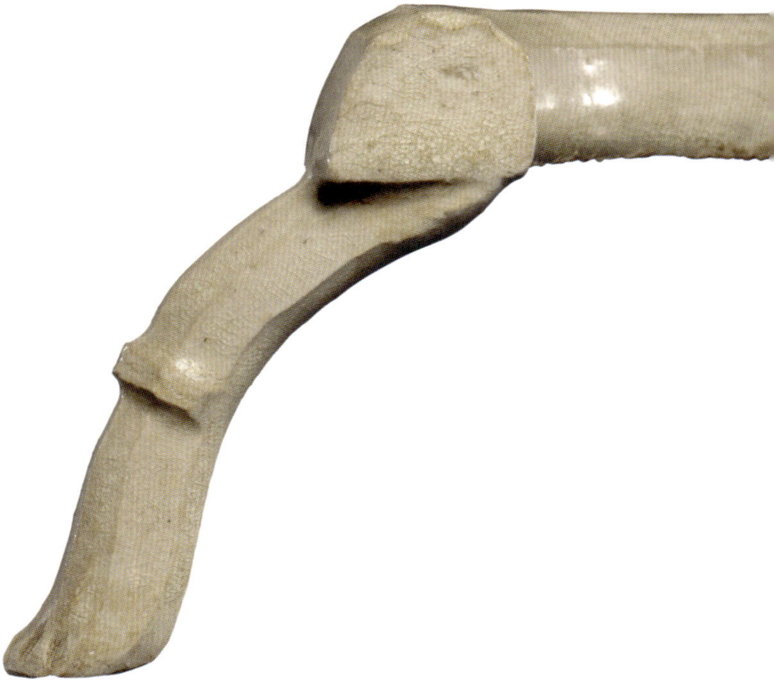

白釉挟轼

● 高 6厘米
长 12厘米

● 几的一种，又称为『隐膝』或『夹膝』，仿木制家具。面狭窄，顶面隆起，有五个切面，横截面略呈梯形。足做成卷云状，并且两侧翘起，以增加着地面积，使几在使用时更加稳定。足部里面和几的下面未施釉，余皆施釉。

白釉暗花茵褥

高 4.5厘米
长 9.5厘米
宽 7厘米

实心，椭圆形，手工捏塑，底部不平整，表面施釉，底部露胎。表面刻划方格纹，每个方格内有随意的四个戳点。

茵褥可供坐卧之用，平时折叠或卷起来，随身携带，用时摊开，极为方便。

1
2
3

白釉暗花器

高 3.8厘米
长 12.7厘米
宽 6厘米

类似盝顶，转折处均为圆角，空腔。器表施釉，内壁涩胎无釉。器表装饰锦纹，在两条几乎平行的直线组成的方格内，刻划出『米』字形花纹。四个侧面中，只有一个侧面为锦纹，其他三个侧面均有不规则的短竖线，似乎表示锦的边缘垂幔。

该模型表示的可能是储物用的箧类扁箱，外面覆盖了丝织物，或称『笲』。甘肃武威磨嘴子东汉墓曾出土一件苇箧，四周用赭色、白色锦缝成宽边，中心缀一幅绢地刺绣，大概与此相同。也可能表示在枕具外面覆盖了丝织物，也有可能表示茵褥，是坐具的一种。框格纹填花是当时流行的装饰图案，极具异域特色。

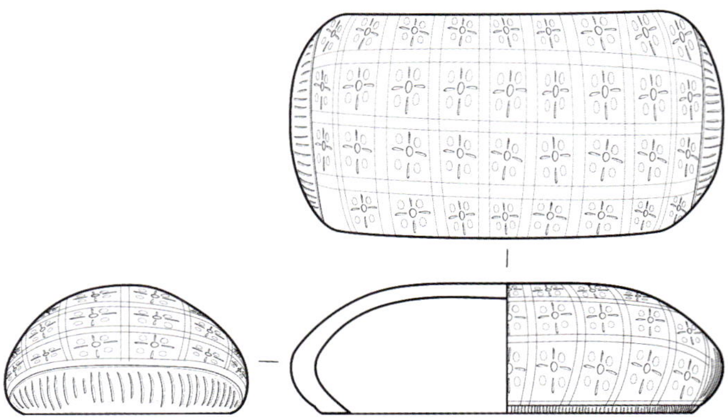

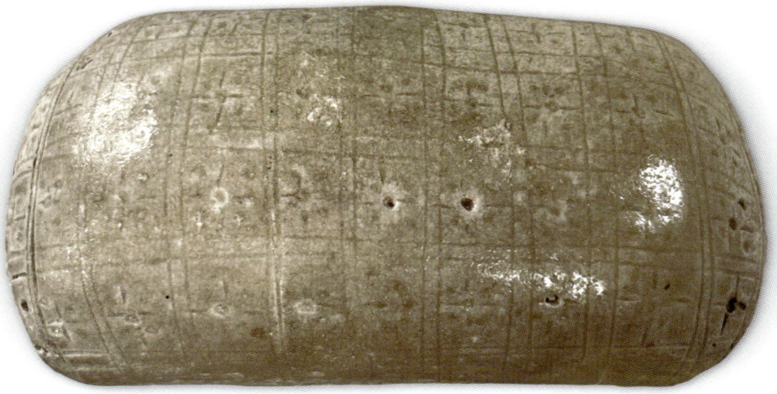

白釉枕

高 2.6厘米
长 4厘米
宽 2厘米

枕面长方形，中部下凹，两端稍高，四侧枕墙均为直壁。除底部外，均施釉，釉面有大开片。

白釉凳

- 高 3.6厘米
- 长 9厘米
- 宽 4厘米

2件，尺寸和形状相似。凳面呈长方形平板状，中间厚，两端薄，案下有两条直板形足。凳面上有两个长方形榫孔和一个小圆孔。足里侧以及凳底无釉，余皆施釉。此为仿木制家具，又叫『杌』和『杌凳』。

白釉靠背椅

- 高 5.5厘米
- 长 7.5厘米
- 宽 2厘米

除底部无釉，余皆施釉。该模型类似靠背椅，没有扶手，似乎可供两人或多人同坐。靠背的功能是供人背部倚靠，相对于杌凳之类，其舒适程度有所增加。

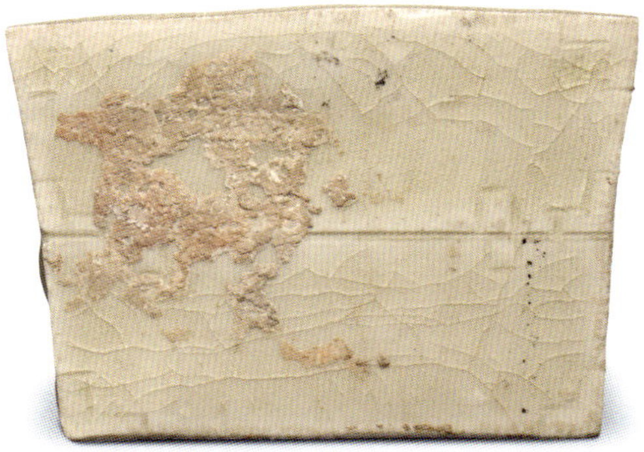

白釉便携扁箱子

- 高 4.2厘米
- 长 7.5厘米
- 宽 2.6厘米

2件，尺寸和形状相似，仿木箱。扁长方体箱子，盖与体一模塑出，盖面微凹，不能开启。箱的一面贴塑锁，两侧分别贴塑两鼻，便于提携。通体施釉，釉不及底。

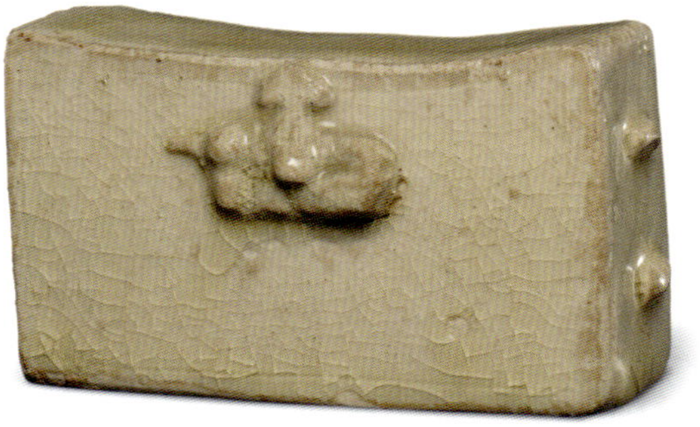

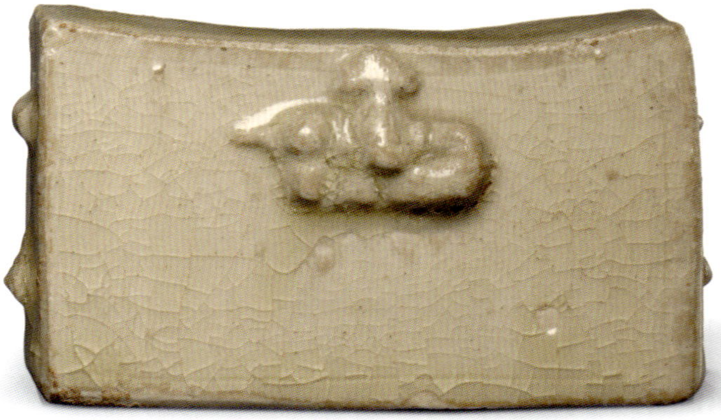

白釉高箱子

高 5 厘米

略呈正方体，上有盖。盖与箱体边缘有刻线，似乎是模仿木制箱子的边缘凹槽。箱体的前侧面刻划出锁具，与之对应的后侧面刻划两个长方形，可能是代表金属质地的合页，实现开合自如。通体施釉，釉不及底。

这种高箱子又叫作『高箧』，或称『簏』，为储物之器。箱上有锁，储存的可能是贵重物品。

白釉盝顶式贮物器

- 高 3.5 厘米
- 长 9.5 厘米
- 宽 5.8 厘米

- 整体呈盝顶式，长而扁，平面略似椭圆形，顶部隆起，中空。外部施釉，光素无纹，内壁涩胎无釉。

素胎盝顶式贮物器

- 高 2.7 厘米
- 长 7.6 厘米
- 宽 4.4 厘米

- 整体呈盝顶式，平面略似椭圆形，顶部隆起，中空。顶部及内壁均涩胎无釉，四个侧面施釉，釉层极薄。

口部似乎朝下放置。若口部朝上放置，则为内盒，可与前一件白釉盝顶式贮物器配套使用，形成开合的箱体，用来盛物。

白釉盝顶式贮物器

高 5.5厘米
长 9厘米
宽 5.7厘米

整体呈盝顶式，近似长方形，较高，顶部平坦，中空。
腹壁直而且较深，外部施釉，内壁涩胎无釉。
每个面的交接部分均刻划凹直线。
这可能是贮物用的箧或笥，盛放衣物、书籍、财物珍宝等。

白釉束腰形容器

高 7.3厘米

直径 5.5厘米

整体呈束腰筒形，上部有盖，盖隆起，盖中央有宝珠，器内空腔。盖面和外壁均装饰瓦棱状凸弦纹，间距和深浅基本一致。外施釉不过底，内壁涩胎。

该器的器形是在古印度圆筒形舍利容器的基础上略作变化。

白釉暗花盒盖状器

- 高 5厘米
直径 6.5厘米

- 略呈半球形，顶部隆起，弧壁较直，空腔无底。顶部暗刻莲瓣纹，外壁上半部分刻划粗疏的卷草纹，下部分刻划仰莲纹，纹饰细且浅，在透明釉下若隐若现。盖内壁无釉，盖外部满釉，釉有垂流现象。

这个盒盖与涩胎圆盒似乎可以配套使用。这种圆盒用于收纳、存储物品，既可以放化妆品，又可盛储食物。

涩胎圆盒

- 高 2.8厘米
口径 4.2厘米
底径 4.3厘米

- 敞口，直壁，平底，口底相若。通体涩胎无釉，胎体可见旋胚痕迹。

白釉圆盒

高 4～4.5厘米
口径 8.5厘米左右
底径 9厘米左右

这类器物有近20件，均为子口，无盖，直壁，平底，深圈足。外壁中部装饰一周凹弦纹。除足内无釉外，余皆施釉，积釉处显青色，有开片。

白釉镜架

高 12.9 厘米
座边长 7 厘米

镜架（或称镜台）底部为方座，中空，底座中央有一覆钵式基础，上立装饰瓦棱纹的支柱，上细下粗，柱顶为宝珠。支柱靠上方的位置安有一个上翘的弧形板，板两端各有三齿。通体施釉，釉不及底。

白釉四环足盘

高 11厘米
盘径 36厘米

圆盘，口沿极浅，盘心平坦，盘内有三圈双凹弦纹，以及一些大致平均分布的支烧痕迹。通体施釉，外底中央露胎，釉质不匀净，盘面有较多的爆釉痕迹。

高足盘在南北瓷窑都大量烧制，是隋代瓷器中的典型器物，盘下一般承以喇叭状高圈足。这件盘下接四个圆环形足，每个圆环又用泥条固定在盘底，均匀分布，可谓匠心独运。

白釉三足洗

高 4.5 厘米
口径 10.5 厘米

直腹壁，浅腹，平底，三个兽蹄足。外腹壁装饰数道凹弦纹，外壁贴塑三组小环衔大圆环。通体施釉，釉面有开片。外釉不及底，三足的下半部分均露胎。

白釉双耳盂

- 高 5.5 厘米
- 口径 8 厘米
- 底径 5 厘米

- 敞口，短束颈，扁鼓腹下收，饼形实足，足跟略外撇。口肩部对称有两个泥条耳。通体施釉，器外施釉不到底。

白釉釜

- 高 6.5 厘米
- 口径 10 厘米

- 敞口，微卷沿，深腹，圜底，外壁贴塑凸钉四对（残失一个）。通体施釉，釉层薄且不均匀，器外施釉不到底。该模型可能是茶釜，或表示炊煮类器皿。

白釉钵

- 高 5.2厘米
  口径 9厘米
  底径 6.2厘米
- 敛口，扁鼓腹，大平底，外腹部刻划菱形网格纹。
  通体施釉，器外施釉不到底。

白釉碗

- 高 5厘米
  底径 5.6厘米
  口径 11.5厘米
- 撇口，口沿下微束，曲腹，饼形实足。
  通体施釉，器外施釉不到底。

青釉盏

高 6.5厘米
口径 11厘米
底径 5.2厘米

3件，形制近同。大敞口，窄口沿平折，斜腹下收，平底。通体施青釉，器外施釉不到底，垂釉现象明显。

白釉龙柄象首壶

高 15 厘米

底径 4.8 厘米

主体为盘口壶，或称『盘口瓶』。壶盖中央为小管状口，盖面与盘口相接，束颈，丰肩，腹下收，平底，饼形实足。口肩部装饰龙形柄，龙嘴咬住盖沿与盘口的交接处，龙背高高拱起形成把手。肩部对称处有一个象首状流，象昂首瞋目，扇形耳向两侧展开，口微张，象牙上翘，象鼻高高扬起形成壶嘴。肩部还装饰泥条系 8 个，分成 4 组，每 2 个并置。

此瓶可能是僧人随身携带的净瓶，象首造型或许是受到『乘象入胎』等佛传故事影响。该器装饰繁缛，造型奇特，富有想象力。

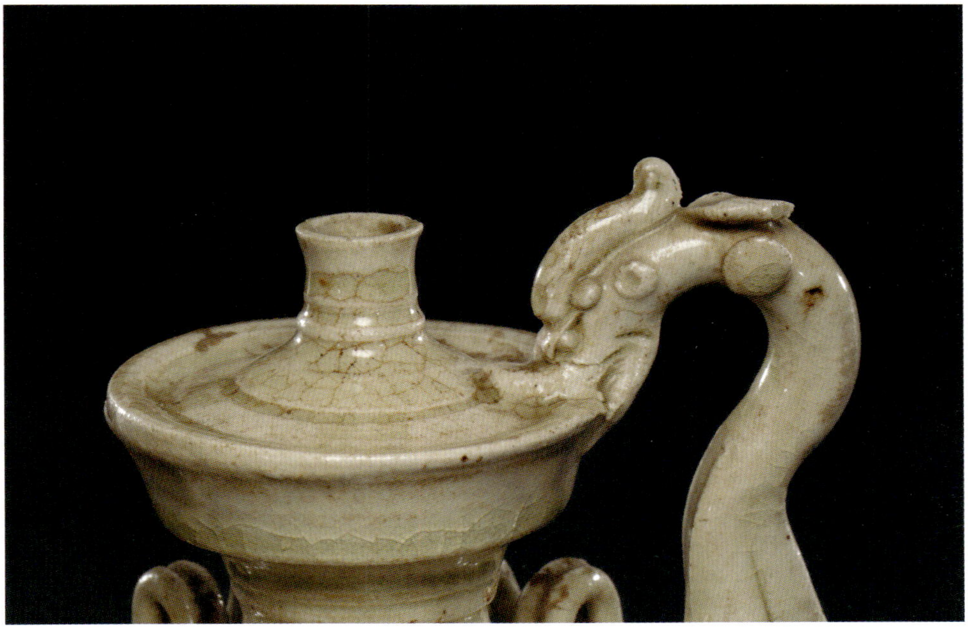

白釉贴花壶

通高 39厘米
口径 16.5厘米
底径 15.6厘米

2件，形制近同。敞口，尖唇，窄折沿下斜，长束颈，圆肩，扁鼓腹，喇叭形高圈足，圈足底部呈台阶状。盘形盖，盖面下凹，中央有一宝珠。颈与圈足均饰凸弦纹，一件腹部贴塑9个铺首衔环，另一件腹部贴塑10个铺首衔环。通体施釉，釉质不匀净，器盖、器内及器底均涩胎无釉。

白釉壶

- 高 11厘米
  口径 5.5厘米
  底径 4.5厘米

- 整体造型仿铜壶。敞口，长束颈，扁鼓腹，平底。素面，通体施釉，器外施釉不到底。

白釉壶

- 高 15厘米
  底径 4.8厘米

- 整体造型仿铜壶。敞口，长颈，圆溜肩，鼓腹，平底。颈肩交接处有一道凸弦纹，腹部贴塑四个小环衔大圆环，均匀分布。通体施釉，器外施釉不到底。

白釉带盖壶

● 通高 14.6 厘米
口径 5 厘米
底径 5.7 厘米

● 整体造型仿铜壶。敞口，长束颈，圆溜肩，颈肩交接处有一道凸弦纹，鼓腹，平底。口上承盖，盖沿浅平，中央有一宝珠。壶口沿外贴塑四个花瓣形装饰，与壶口平齐，且向外突出，其中一个扁长，似乎是执把。通体施釉，器外施釉不到底。

白釉盘口瓶

高 13.5 厘米
口径 4 厘米
底径 4.7 厘米

盘口微敞，短细颈，溜肩，卵形深腹，饼形实足。颈部最细处装饰两道凸弦纹，瓶身曲线优美。通体施釉，器外施釉不到底。

白釉盖罐

- 通高 29厘米
口径 10.9厘米

- 4件，形制近同。卷唇，侈口，短束颈，圆肩，鼓腹下收，平底。上承器盖，盖面弧形，上有凹弦纹装饰，盖面中央有一宝珠。盖内沿凸起，为子口，套合在罐口内。器盖外施釉，器身外施釉不到底。

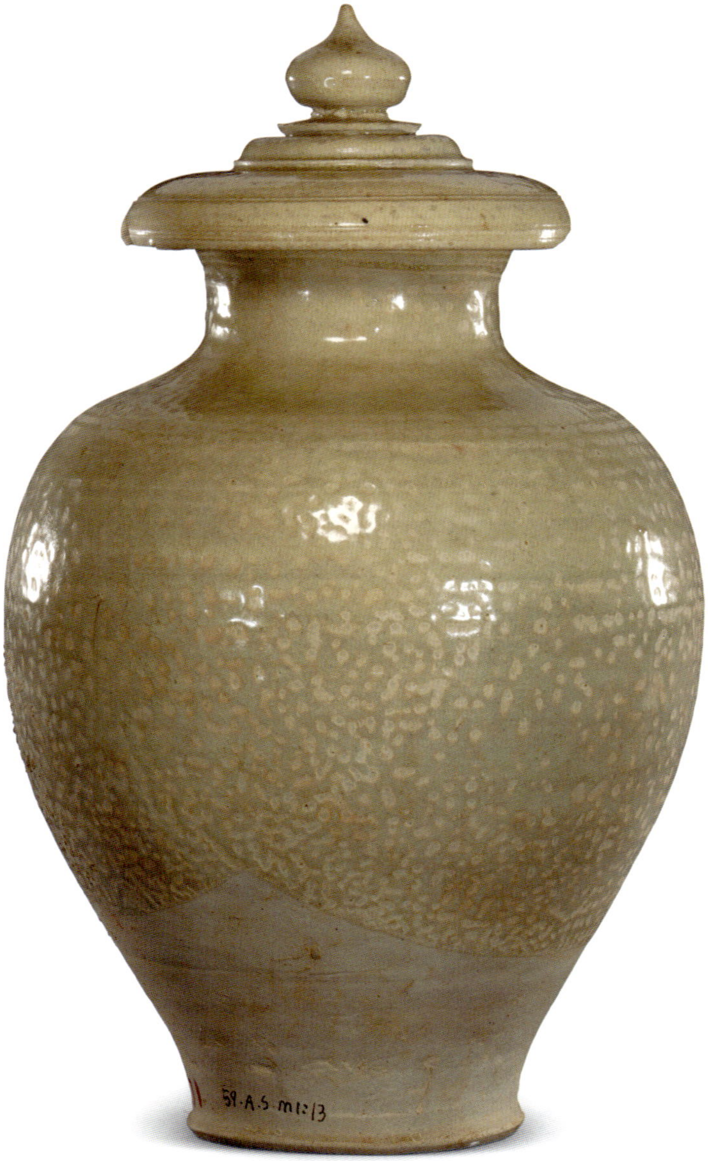

白釉仓

● 高 32厘米
口径 12厘米
底径 22.6厘米

● 4件，形制近同。器身为罐形，敛口，桶状腹，平底，下有圆形镂孔干栏式基座。上有仿塔刹器盖，双层相轮，盖面斜直呈斗笠状，盖顶高耸，仓盖可以自由启合。通身施釉，器盖、器内壁、器底均涩胎无釉。出土时，器腹内装有泥质小圆饼，圆饼的中间有小孔。

白釉剪刀

长 16厘米

模仿铁质剪刀的形状，用一根泥条弯曲而成，不能开合。通体施釉。

白釉提篮

高 5.5厘米，口径 9厘米

高 7.4厘米，口径 8厘米

2件，形制相近。敞口，平折沿，浅腹，近平底。折沿上贴塑泥条作为提梁，泥条上刻有简单的线条，似乎在模仿竹木器。通体施釉，器外施釉不到底。

白釉油灯

高 4.3厘米
口径 11.8厘米
底径 5.3厘米

敞口，口沿外撇，浅腹，曲壁，饼形实足。通体施釉，器外施釉不到底。碗心竖一平顶束腰形矮柱，为『盏中立柱型』油灯，立柱用于搭灯捻，是油灯的传统式样。

白釉盘式灯

高 7厘米
底径 5.5厘米

整体为双层盘式，中间以管状立柱相接，下接饼形实足，上承短管状空心柱。下层灯盘形体较大，敞口浅腹。上层灯盘形体较小，莲花瓣口，浅腹。上小下大，结构合理，重心稳定。花瓣口的设计，赋予整体单调的器形以活泼和变化。通体施釉，器外施釉不到底。

白釉烛台

高 15厘米
底座长 8.1厘米
底座宽 8.5厘米

烛台最下端为敦实的方形底座，底座中央有覆钵式柱础，上承装饰瓦棱纹的细高的中空柱。灯柱顶端设有十字架，十字架的中央以及每一个端点都放置短短的蜡烛，火焰很高，显然是通过蜡烛数量的增加来增强照明度。通体施釉，底部空腔露胎。

白釉三足炉

高 8厘米
口径 10厘米

鼎式炉。敞口，双附耳，微束颈，圆腹，圜底，三兽蹄足。腹部贴塑一个小环衔大圆环。通体施釉，炉身底部和三足下半部分露胎，积釉处呈青黄色。

白釉三足炉

高 9.8厘米

口径 11厘米

鼎式炉。敞口，双附耳，圆腹，圜底，三足残缺，后修复。腹部贴塑铺首衔环。通体施釉，炉身底部露胎，积釉处呈青黄色。

白釉三足炉

- 高 10厘米
- 口径 8厘米

鼎式炉。敞口，直腹，双立耳，圜底近平，三个高兽蹄足。足及立耳残缺，后修复。素面，通体施釉，炉身底部和三足下半部分露胎，积釉处呈青黄色。

白釉博山炉

高 15厘米
盘径 12厘米
足径 6.2厘米

•

博山炉由炉盖、炉身、炉柄、炉座四部分构成，炉盖高耸，上面装饰双层莲瓣，炉顶之上冠以宝珠。炉身敞口，浅弧腹，上面装饰仰莲，莲瓣尖部外撇，将炉盖包含在内，炉身下有承接的圆柱形柄，炉座为承托的浅盘，炉座之下为饼形实足。通体施釉，釉色介于白色与青黄色之间，座底部及底足露胎，积釉处颜色呈青黄色，有开片。

•

最迟于战国就已经出现在室内熏香，燃香之具名为熏炉。汉代刘向《熏炉铭》：『嘉此正器，崭岩若山。上贯太华，承以铜盘。中有兰绮，朱火青烟。』此博山炉为明器，不能开合，没有镂孔。

白釉围棋盘

- 高 4 厘米
- 边长 10 厘米

- 棋盘正方形，盘面有纵横各 19 条直线（19 路），形成 361 个交叉点（361 目），中央和四角各有一个小圆凹点，形成五个星位。棋盘下面有与盘面大小相等的四方座，座的四侧还有类似壶门的装饰。通体施釉，底座露胎。这件围棋盘的尺寸太小，应是随葬明器。

围棋起源于中国。东汉马融《围棋赋》云：『三尺之局兮，为战斗场。』据此推算，汉代棋局的边长在 70.5 厘米至 72 厘米之间。河北望都县一号东汉墓出土一件石质围棋盘，高 14 厘米，边长 69 厘米，具备实用性。张盛墓出土的围棋盘是迄今发现的世界上最古老的 19 路棋盘，也是隋代出现 19 路棋盘的物证。

白釉双陆棋盘

高 1.8 厘米
长 10.5 厘米
宽 5 厘米

棋盘（棋枰）为长方形盘状，边缘凸起形成直壁。棋盘长边内两侧，分别均匀排列着 12 个小圆坑，标志着 12 条『路』（又称为『梁』）。中间还刻划一个半圆形，内戳一个小点，由此将 12 个小圆坑一分为二，左右各有 6 个，此为双陆（双六）。棋盘的一角残缺。棋盘底部有两条凸棱，平行排列，摆放时起到支撑的作用。整件器物除底部外，均施釉。

双陆棋据传起源于印度，经西域传入中原，始流行于曹魏，盛于梁、陈、魏、齐、隋、唐乃至宋元时期，明清两代逐渐衰落，至近代失传。宋人洪遵的《谱双》载：『双陆，博局戏名。以异木为方盘，盘中彼此内外各有六梁，故名双陆。』

白釉弹棋局

高 6厘米
长 9厘米
宽 9厘米

形状类似棋盘，但是中央隆起，四壁向上聚拢为近攒尖顶。棋盘下面有与盘面大小相等的四方座，直壁，四壁有类似壶门的镂空。外施釉，里面涩胎。

扬之水先生认为，此物大小若棋盘，底座的式样也与围棋盘相近，但中央高高坟起，四面为光滑的陡坡，为仿真的『弹棋局』，与六博、双陆同为博弈之具。

铜镜

直径 6.5厘米

圆形镜，球状纽，圆纽座。在四个乳丁之间有四个变形鸟纹，有序排列，外有一周短斜线纹。镜缘内装饰一周锯齿纹，素缘。

西汉后期流行四乳四螭铜镜或者四乳四虺铜镜，该铜镜在外区的四枚乳丁之间安排四个变形鸟纹，就是这种风格的延续。

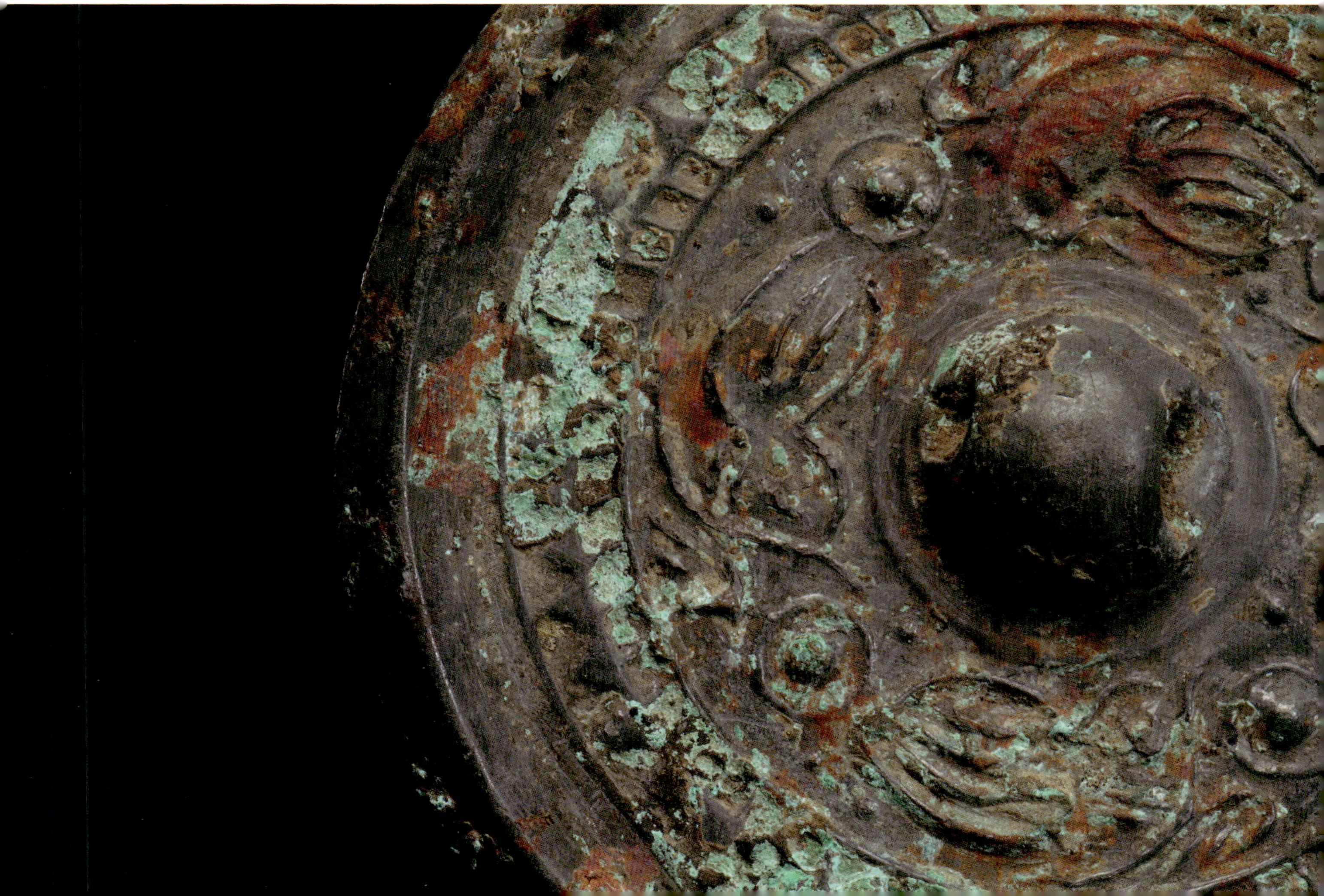

张盛墓志铭并盖（一套）

- 长 48厘米
  宽 48厘米
- 青灰色石灰岩质，由志石和盖两部分组成。
  志石正方形。志文楷书20行，满行20字。
  志盖为盝顶式，四面光素无纹，上有两个铁环，并有篆书『张君之铭』4字。

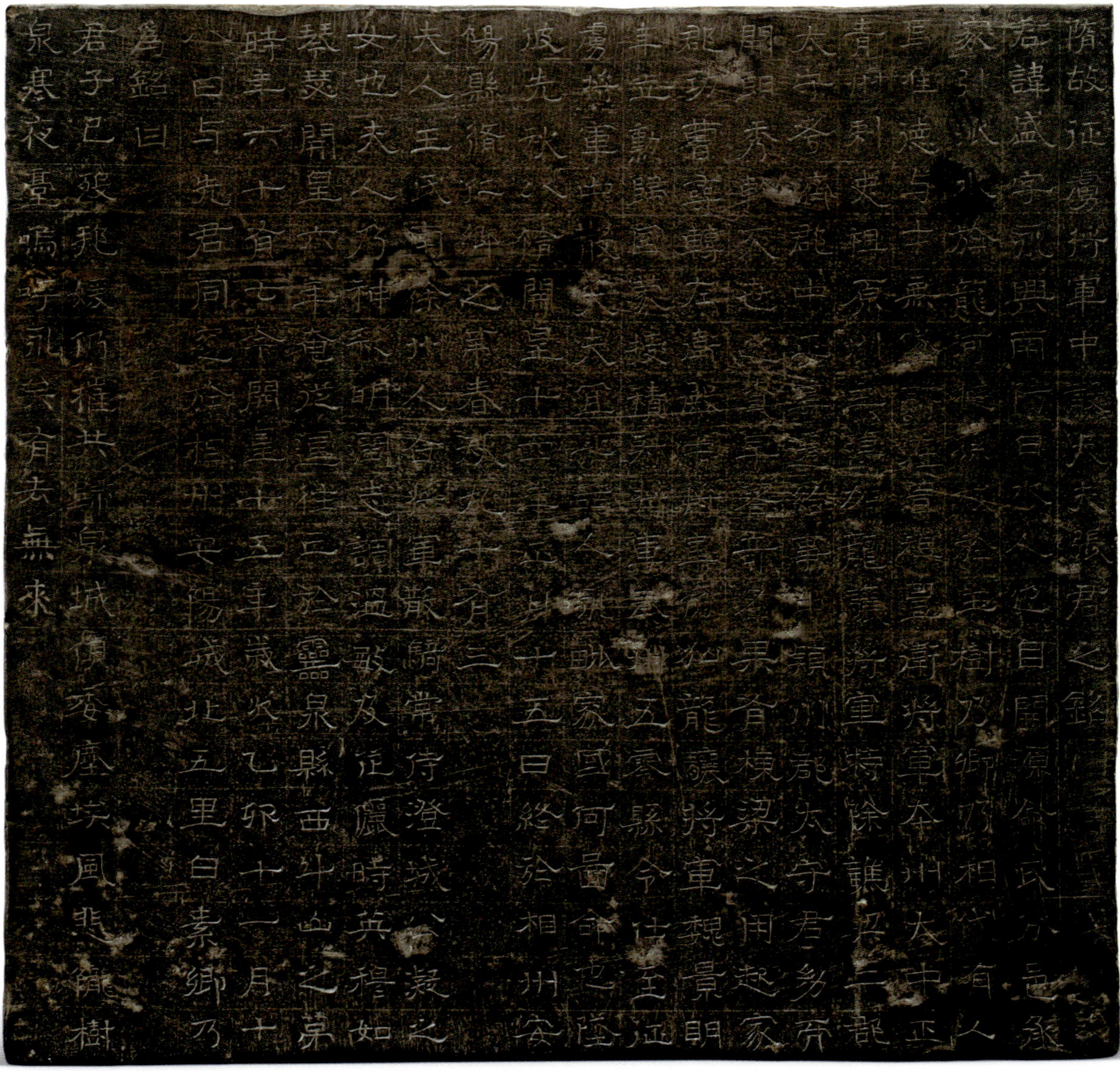

志盖：

张君之铭

志文：

隋故征虏将军、中散大夫张君之铭／君讳盛，字永兴，南阳白水人也。自开源命氏，分邑承／家。引派水于龙河，挺孙枝于玉树。乃卿乃相，代有人／焉。唯德与才，无坠斯在。曾祖豊，卫将军、本州大中正、／青州刺史。祖原，州主簿，加龙骧将军，特除谯、梁二郡／太守。考济，郡中正，寻迁给事中、颍川郡太守。君幼而／开朗，秀轸不世之资，早著奇名，果有栋梁之用。起家／郡功曹，寻转左卫殿中将军，仍加龙骧将军。魏景明／年，立勋归国，蒙授积射将军、秦州五零县令，仕至征／虏将军、中散大夫。宜此喆人，永毗家国，何图命也，坠／彼先秋，以隋开皇十四年正月十五日终于相州安／阳县修仁乡之第，春秋九十有三。／夫人王氏，南徐州人，右将军、散骑常侍、澄城公凝之／女也。夫人乃神彩明润，志调温敏，及作俪时英，穆如／琴瑟，开皇六年，奄从运往，亡于灵泉县西斗山之第，／时年六十有七。今开皇十五年岁次乙卯十一月十／八日，与先君同窆于相州安阳城北五里白素乡。乃／为铭曰：／君子已殁，邦媛仍催。共归泉城，俱委尘埃。风悲陇树，／泉寒夜台。呜呼永矣，有去无来。

下篇

研究文章

安阳地区隋墓的考古学观察

王琼

安阳地区自北周晚期至隋代一直作为相州（魏郡）治所，是该地区的政治、经济、文化中心。经过几十年的考古工作，在这里发现了大量的隋代墓葬。安阳地区隋墓是整个隋代墓葬不可或缺的一部分，研究安阳地区隋墓，对于探析隋代墓葬意义重大。

一　安阳地区隋墓发现情况

自20世纪20年代至今，考古工作者在安阳地区发现大小隋墓二百余座，安阳成为全国隋墓发现最多的地区之一，列举如下。

1929年，在小屯村发现隋仁寿三年（603年）卜仁墓[1]。到1949年之前，在小屯的12次发掘中又发现了隋墓150余座[2]。1959年，在安阳县琪村发现隋郑平墓[3]；1959年，在豫北纱厂附近发现隋张盛墓[4]；1966～1975年，在殷墟发现隋墓29座[5]；1979年，在安阳县安丰公社北封大队村西发现隋宋循墓[6]；1975年，在安阳老城西南的活水村发现隋韩邕墓[7]；1983年，在梅园庄村西发现一座隋墓[8]；1986年，在安阳桥村发现一座隋墓[9]；1992～1993年，在洹北胜利小区发掘隋代墓葬64座[10]，为大型家族墓；2008年，在龙安区置度村发现一座隋墓[11]；2017年，在大司空村发现隋墓M165[12]；2020年，在龙安区发现隋开皇十年（590年）麹庆墓[13]；在安阳钢一路发现了葬于隋开皇十二年（592年）的孟洰和葬于仁寿四年（604年）的郭氏合葬墓[14]。以上墓葬仅有部分资料公开发表。

二　安阳地区隋墓形制

目前安阳地区发现的隋墓均为坐北朝南，为带竖井或斜坡墓道的单室墓，未发现带天井、过洞的墓葬。根据墓葬构筑材料的不同，可分为砖室墓、土洞墓两类（图一）。

1. 砖室墓

数量相对较少，主要有张盛墓、郑平墓、韩邕墓、麹庆墓、置度村M8、梅园庄隋墓、桥村隋墓、卜察墓等。此类墓葬均为铲形墓，墓道位于墓室南壁正中或近中，斜坡墓道，有甬道，近半数在甬道两侧有两个壁龛，以砖封堵墓门，麹庆墓和孟洰夫妇墓有石墓门。墓室呈方形，墓壁向外弧。多有棺床，葬具多为木棺，在麹庆墓还发现了围屏石棺床。

2. 土洞墓

数量众多，根据墓葬形状的不同，可分为三型。

A 型，铲形土洞墓。主要有殷墟隋 M201、M302、M303、M304、M306，以及宋循墓、大司空村 M165、卜仁墓等。墓葬平面基本呈铲形，即墓室为方形或长方形，部分墓室四壁外弧，墓道位于墓室南壁正中。墓道有斜坡墓道和竖井墓道两种，斜坡墓道的数量略多于竖井墓道。葬具多为木棺，东西向摆放于墓室北部，绝大多数没有棺床。

B 型，靴形土洞墓。主要有殷墟隋 M103、M106、M109、M401、M404 等。墓葬平面呈靴形，墓道位于墓室南壁西部，基本为竖井墓道，墓室呈不甚规则的长方形。葬具都是木棺，东西向摆放于墓室北部，没有棺床。

C 型，刀形土洞墓。包括殷墟隋 M101、M102、M104、M105、M107、M108、M110、M202、M301、M305、M402、M403、M405、M406、M407、M408、M409、M501、M502 等。墓葬平面呈刀形，即墓道与墓室东壁基本连成一线，墓道以竖井形为大宗，极个别是斜坡墓道。墓室平面为北窄南宽的近梯形，葬具多为南北向摆放的木棺。

三　安阳地区隋墓的随葬品

安阳地区隋墓出土随葬品以各式陶瓷制品数量最多，能体现该地区墓葬特点的主要是俑类、模型明器、生活用具等，其中俑类又可细分为镇墓俑群、仪仗俑群、仆侍俑群。

1. 镇墓俑群

安阳地区隋墓的镇墓俑有镇墓兽和镇墓武士俑两类，随葬成套镇墓俑（即墓内出有镇墓武士俑 2 件、

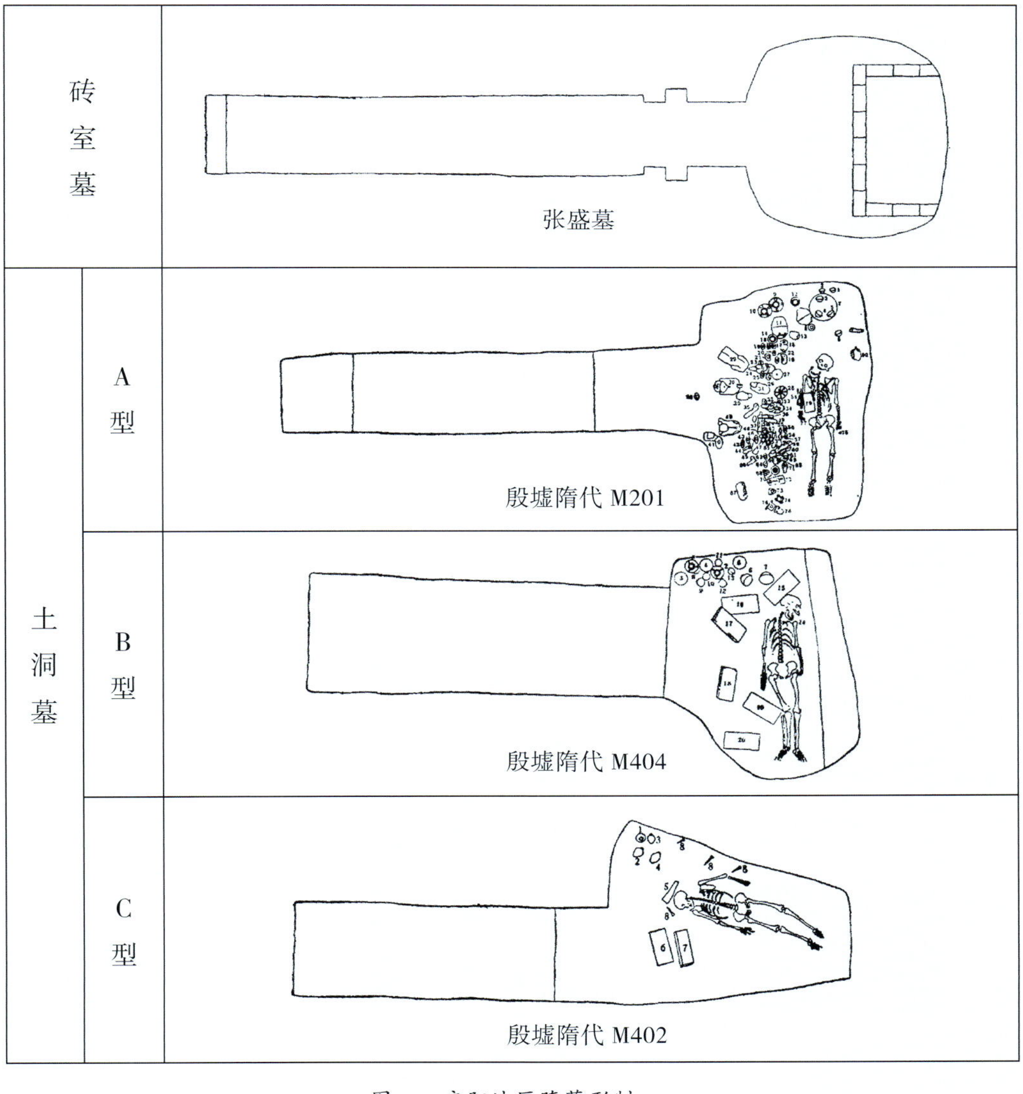

图一　安阳地区隋墓形制

人面镇墓兽和兽面镇墓兽各1件）的墓葬达11座，还有4座墓葬出土不成套的镇墓俑，随葬镇墓俑的墓葬数量占到总数的近半。

（1）镇墓兽

镇墓兽是安阳隋墓中最常见的随葬品之一。据统计，出土镇墓兽的墓葬达14座。在这些墓葬中，镇墓兽绝大多数是以一人面、一兽面成套出现。镇墓兽有陶、瓷两种材质，以陶质镇墓兽居多。均为蹄足，前肢直立，后肢弯曲蹲踞于薄板之上，人面者大脸阔耳，头上有向上的独尖角；兽面者呈狮面，蹙眉，环眼，短吻，阔口，咧嘴露齿，额顶生双角。同一墓出土的人面和兽面镇墓兽的背部装饰一致，根据颈、背部装饰的不同可分为两型。

A型　均为陶质。背部饰有两或四簇鬃毛，鬃毛较长，呈飘带状。如殷墟隋M201：30、M201：40（图二：1），后背均饰两簇鬃毛；殷墟隋M401：10、M401：11，后背均饰四簇鬃毛。

B型　陶质或瓷质。项后有一冲天戟，后背有二至五簇不等的鬃毛。张盛墓出土的两件镇墓兽（图二：2）为瓷质，项后有一前长后短的U形冲天戟，背部有五簇很短的鬃毛。麴庆墓出土的镇墓兽，项后的冲天戟虽然残断，但残存部分直上直下而且较宽，与背部的三簇短鬃毛明显不同。安阳置度村M8：30，发掘简报称其后背有三簇鬃毛，但仔细观察，颈部残存的鬃毛根部直上直下，与其他飘带状的鬃毛明显不同，也应为一残断的冲天戟。

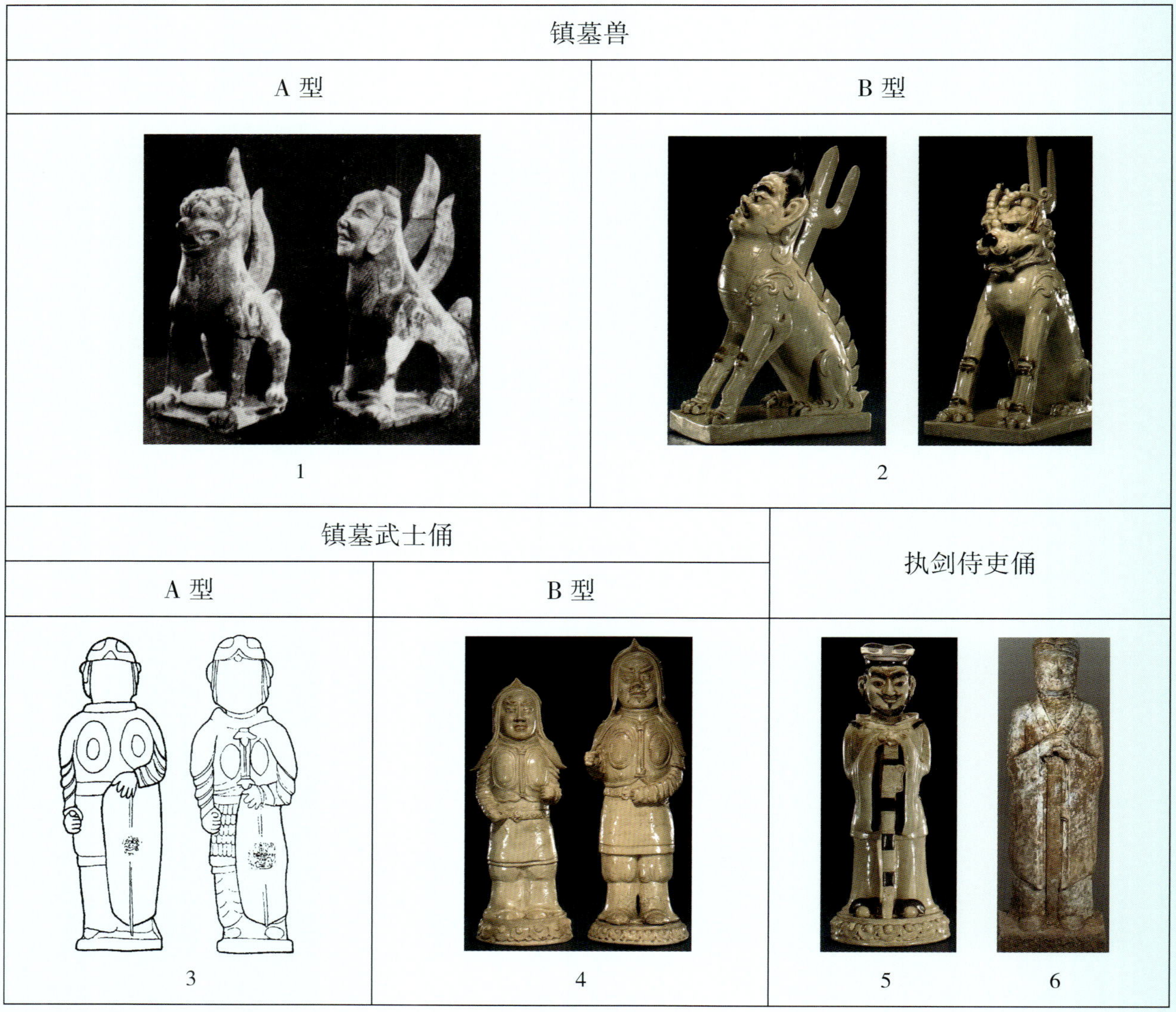

图二　安阳隋墓镇墓俑

1.殷墟隋M201：40、M201：30　2.张盛墓出土　3.殷墟隋M401：8、M201：41　4.张盛墓出土　5.张盛墓出土　6.麴庆墓M1：112

（2）镇墓武士俑

镇墓武士俑多与镇墓兽成组出现，凡是出土镇墓兽的墓葬，大多随葬 2 件镇墓武士俑，由此可见，武士俑和镇墓兽是安阳隋墓镇墓俑群的固定组合。武士俑一般体型较为高大，均在 40 厘米以上，个别的高达 70 厘米。有陶、瓷两种质地，均呈站姿，头戴兜鍪，顶脊及边缘起棱，前有冲角，左右各有一护耳。身着明光铠，前胸、后背各有两块椭圆形护，肩披护膊，腰束带，下着腿裙及广口裤。根据手部姿态的不同可分为两型。

A 型　均为陶质。武士俑立于薄板之上，顿项较短，仅至颈部。左手按持一蕉叶形盾，盾中部起脊，中间浮雕一兽头；右手自然下垂于身侧呈握持状，所持之物不存。殷墟隋 M401 ：8，盾牌中心的兽头较小。殷墟隋 M201 ：41（图二：3），下身甲裙为锁甲，盾牌中心兽头较大。

B 型　瓷质。仅见于张盛墓（图二：4），立于莲花座之上，顿项较长，垂至肩部。较高的一件右臂平举，右手呈握持状，所持之物不存，左手自然下垂置于腹部；较矮的一件两手姿势与高者正好相反。

（3）执剑侍吏俑

器形高大，手按仪剑，见于张盛墓、麹庆墓、小屯 YM243 等墓。张盛墓出土的两件执剑武吏俑（图二：5）为白釉黑彩，头戴小冠，满面虬髯，非常威严。身着裲裆甲，下着裙，脚蹬高头靴，站立于莲花座之上，双手拱于胸前按住仪剑。麹庆墓出土的武吏俑（图二：6）为石质，头戴幞头，身着交领宽袖衫，下着裙，脚蹬尖头靴，站立于方形底板之上。双手拱于胸前按住环首仪剑。小屯 YM243 出土的侍吏俑和张盛墓所出形制非常接近，为白瓷质。此类俑在南北朝时期基本不见，多出土于墓葬甬道的小龛内。

2. 仪仗俑群

出行仪仗又称“卤簿”。《汉官仪》记载：“天子出车架次第谓之卤，兵卫以甲盾居外为前导，皆谓之簿。”以战马、牛车和各式手中持盾等物的人俑组成的仪仗俑群，是北魏以来墓葬俑类的重要组成部分，并一直沿用到隋唐时期。仪仗俑是安阳隋墓中数量最多的俑类，种类也较多，包括鞍马牛车、执盾武士俑、风帽俑、笼冠俑、小冠俑、骑马俑、胡俑等。我们选取数量较多、较有代表性的几种进行分析。

（1）牛车模型

一般由牛和车轮模型组成，一座墓随葬一牛和两个车轮，牛脚下有底板，车轮呈实心的圆饼状，未见车厢等部分，应是以牛和车轮代表牛车。张盛墓出土的牛车（图三：2），牛呈站姿，头上有两洞用来插角，牛身有彩绘的鞍辔。两车轮的车辋为圆形，中央有纺锤形的毂，以黑彩在辋和毂之间绘出辐条。殷墟隋 M201 出土牛车（图三：1），牛呈卧姿，头和身上模印鞍辔，车轮的辐条亦为模印。

（2）马（驼）俑

均呈站姿，骆驼背上双峰间有垫毯和包袱货物，如殷墟隋 M201 ：34（图三：3）。马的鞍鞯齐全，

1

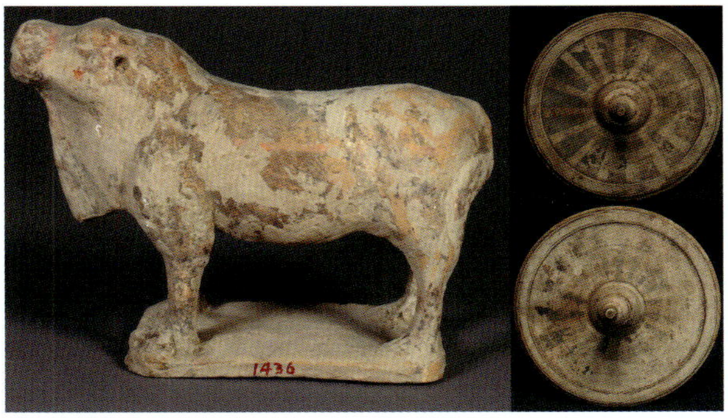

2

3　　4

图三　安阳隋墓牛车、马、驼

1. 殷墟隋 M201 ：31、M201 ：27、M201 ：28
2. 张盛墓出土　3. 殷墟隋 M201 ：34　4. 置度村 M8 ：54

如置度村 M8 ：54，身上配有辔铃、璎珞、鞍桥、马镫、障泥等（图三：4）。

（3）风帽俑

根据其形态可分为两型。

A 型　头戴圆顶风帽，身披大氅，领口处打结，两袖空垂于身体两侧，下着广口裤。双手拱于胸前，中有一孔。如殷墟隋 M406 ：8、置度村 M8 ：65（图四：7）等，均呈此种形制。

B 型　头戴厚卷边风帽，上身着交领广袖褶衣，下穿缚裤。仅见殷墟隋 M406 ：7（图四：8）一件。

（4）胡帽俑

头戴胡帽，有发掘报告称之为小帽或帷帽，根据其形态可分为两型。

A 型　帽顶为圆形，两侧及脑后均有长度仅盖住双耳的短帽裙，类似风帽。衣着有三种：第一种着交领广袖褶衣，下穿缚裤，双手拱于胸前，中有小孔作持物状，如殷墟隋 M406 ：8（图四：9）；第二种内穿圆领紧身衣，外罩交领半袖衣，下着缚裤，右手置于腹侧，中有小孔作持物状，如殷墟隋 M406 ：9（图四：10）；第三种身穿交领窄袖衣，袒右肩，下着缚裤，左手举至胸前，右手贴于腹部，两手均有小孔作持物状，如梅园庄隋墓标本 39（图四：11）。

B 型　圆顶毡帽，呈半圆形，没有帽裙，如殷墟隋 M201 ：57（图四：12），袒右肩，下着缚裤。

（5）小冠俑

头戴小冠，根据衣着的不同可分为两型。

A 型　身穿交领广袖褶衣，下着缚裤。手部形态大致有三种。第一种为双手拱于胸前，手中有小孔作持物状，如殷墟隋 M401 ：34（图四：3）；第二种右手贴于腹侧，手中有孔作持物状，如梅园庄隋墓标本 15（图四：4）；第三种右手举至胸前，手中有小孔作持物状，左手下垂，如殷墟隋 M401 ：37（图四：5）。

B 型　内穿交领广袖衫，外罩裲裆，下着缚裤。右手置于腹部，左手自然下垂，如殷墟隋 M201 ：61（图四：6）。

（6）执盾武士俑

形制基本相同，均上身内着圆领紧袖衣，外罩半袖坦领衫，下身着缚裤。左手持盾置于身前，盾呈蕉叶形，右手置于身侧，手中有孔。根据头上所戴之冠可分为两型。

A 型　头戴小冠。如梅园庄隋墓标本 45（图四：1）。

B 型　以软巾束发。如殷墟隋 M201 ：46（图四：2）。

（7）幞头俑

根据幞头以及衣着的不同分为三型。

A 型　戴四角幞头，平顶，两脚系结于额前，另两脚反结垂于脑后。身着交领广袖褶衣，下着缚裤。如殷墟隋 M201 ：58（图四：13），双手拱于胸前，手中有孔用以插物。殷墟隋 M201 ：47（图四：14），右手置于腰侧，手中有孔，左手自然下垂。

B 型　戴四角幞头，顶部有一发沟，两脚系结于额前，另两脚反结垂于脑后。身着坦领或圆领窄袖长袍。如张盛墓出土的幞头俑（图四：15），身着圆领窄袖长袍；桥村隋墓标本 88（图四：16），身着坦领窄袖长袍。

C 型　戴两脚幞头，顶部有一发沟，两脚结于脑后。身着交领广袖褶衣，下着缚裤。如梅园庄隋墓标本 18（图四：17）。

（8）笼冠俑

头戴笼冠，身着交领广袖衫，腰束宽带，下着裙，双手自然下垂，右手有小孔作持物状。如梅园庄隋墓标本 40（图四：19）。

（9）骑俑

发现数量较少，骑者既有男性形象也有女性。马匹均无铠甲，人俑有的着铠甲，如梅园庄隋墓标本 77（图五：18），身穿铠甲，肩有护膊。梅园庄隋墓标本 75，骑俑身着交领窄袖衣，右手有孔作持物状。麹庆墓出土的骑俑为女性，头梳低平发髻，身着窄袖襦裙。

3. 仆侍俑群

安阳地区隋墓出土的仆侍俑主要有女侍俑、乐舞俑和劳作俑。女俑装扮样式不多，一般梳低平发髻或双髻，个别的戴幞头。衣着大致有三种：第一种为窄袖短襦和齐胸裙，胸部系长带，裙长及地；第二种上着交领广袖衫，腰系带，下穿裙；第三种着短襦和长裙。

（1）女侍俑

一般为站姿，手中或持有各种生活用具。根据持物与否可分为两型。

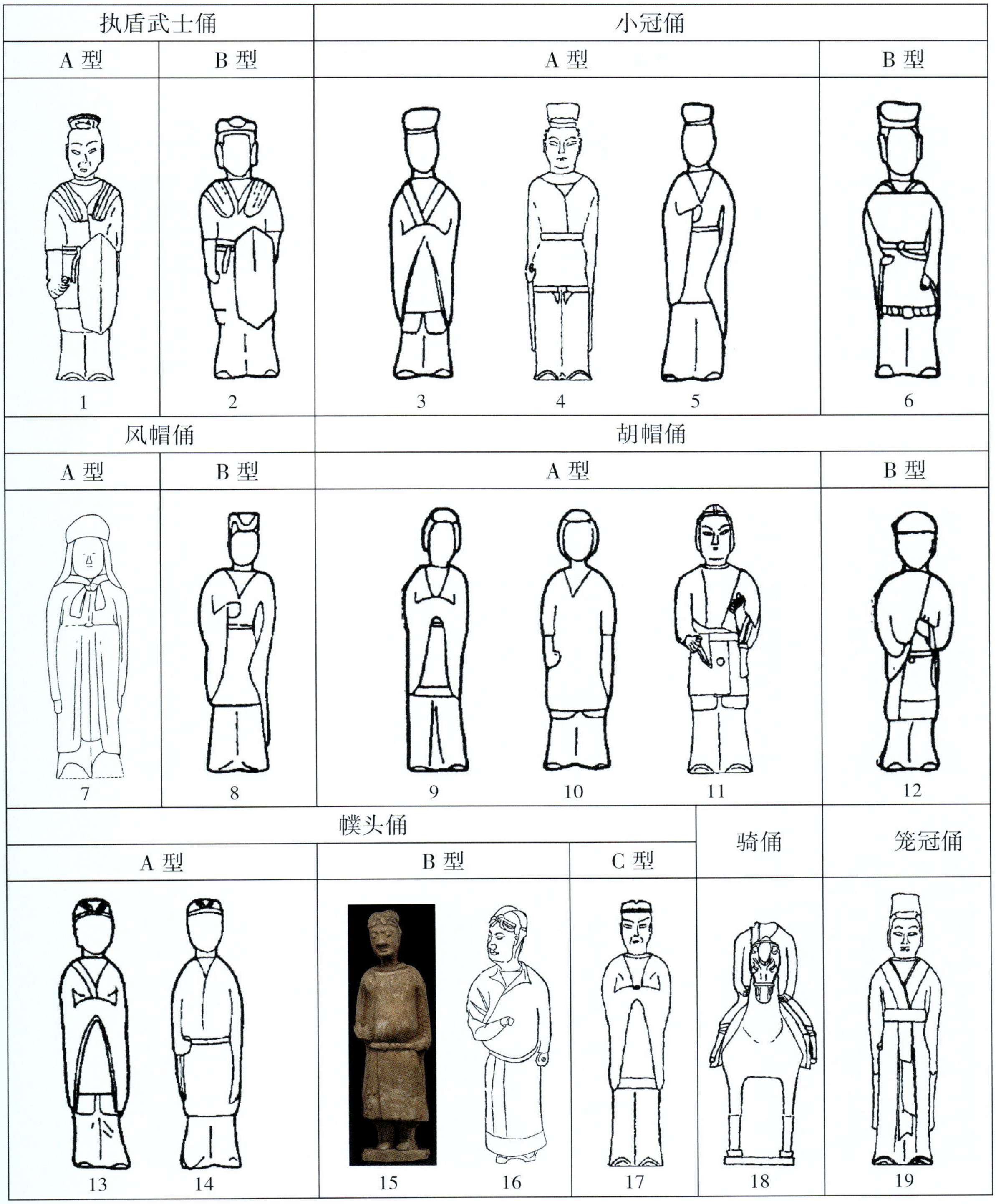

图四　安阳隋墓仪仗俑图

1. 梅园庄隋墓标本 45　2. 殷墟隋 M201 ： 46　3. 殷墟隋 M401 ： 34　4. 梅园庄隋墓标本 15　5. 殷墟隋 M401 ： 37　6. 殷墟隋 M201 ： 61　7. 置度村 M8 ： 65　8. 殷墟隋 M406 ： 7　9. 殷墟隋 M406 ： 8　10. 殷墟隋 M406 ： 9　11. 梅园庄隋墓标本 39　12. 殷墟隋 M201 ： 57　13. 殷墟隋 M201 ： 58　14. 殷墟隋 M201 ： 47　15. 张盛墓出土　16. 桥村隋墓标本 88　17. 梅园庄隋墓标本 18　18. 梅园庄隋墓标本 77　19. 梅园庄隋墓标本 40

A 型　持物侍俑，双手所持之物分为文房用具、生活用具两大类。其中文房用具有砚、笔架、洗等；生活用具种类较多，既有瓶、盆、壶、盘、碗、熏炉、唾壶等日用器皿，也有几、绣墩、隐囊等坐卧及陈设家具，还有衣物、巾等，包含主人日常生活的方方面面。目前仅在张盛墓（图五：1、2）、置度村 M8 和麹庆墓中发现有持物侍俑，制作较为精细。头梳低平发髻或双髻，穿窄袖襦裙或交领广袖衫。

B 型　徒手侍俑，三种衣着装扮者皆有。一般一手置于胸前，另一手自然下垂，如梅园庄隋墓标本 31（图五：3）。除梳发髻者外，还有个别的头戴幞头，如殷墟隋 M406 ：11（图五：4）。

（2）乐舞俑

此种俑类是安阳地区隋墓中出土的具有代表性的一种，瓷质或陶质，既有演奏乐器者，又有翩翩起舞者，造型各异，制作精美。一般头梳低平发髻或双髻，身着窄袖襦裙。可分为两型。

A 型　乐俑。乐俑目前仅在张盛墓（图五：5）、置度村 M8（图五：6）中发现，她们或跪坐或站立，或手持箜篌、琵琶、觱篥、钹、横笛、排箫、笙等乐器，或击掌打节拍。

B 型　舞俑。在张盛墓中发现 5 件陶舞俑（图五：7），长袖翩跹，作舞蹈状。

（3）劳作俑

劳作俑一般为跪坐姿的女性形象，有的手中持有簸箕、笸箩等工具，作磨粉、烧火状。头梳发髻或戴幞头，身着窄袖襦裙或者短襦和长裙，为了方便劳作，有的袖子还反结于背后。如置度村 M8 ：42（图五：8）、梅园庄隋墓标本 28（图五：9）、殷墟隋 M103 ：69（图五：10）。

4. 模型明器

主要包括家禽家畜俑、建筑明器、生产生活用具模型三大类。家禽家畜俑均为陶胎，种类有鸡、猪、狗、羊、鸭、鹤等，多有雌雄之分，其中狗、猪、羊多以子母形象出现。建筑明器数量较少，主要包括仓和房屋，见于张盛墓、桥村隋墓、麹庆墓中。生

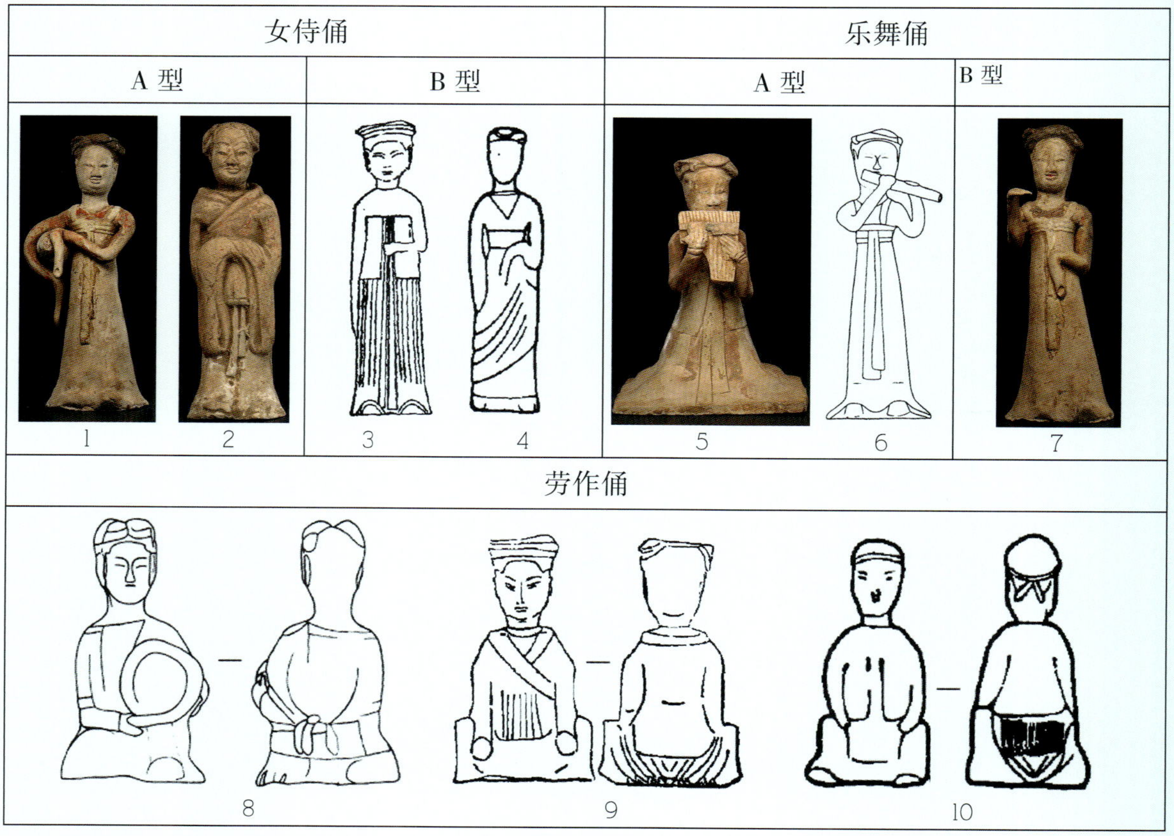

图五　安阳隋墓仆侍俑

1、2、5、7. 张盛墓出土　3. 梅园庄隋墓标本 31　4. 殷墟隋 M406 ：11　6. 置度村 M8 ：12　8. 置度村 M8 ：42　9. 梅园庄隋墓标本 28　10. 殷墟隋 M103 ：69

产生活用具模型种类丰富，既有生产用具模型，如碓、灶、磨、井、碾等，也有案、凭几、镜架、烛台、箱、熏笼等家具模型，还有履、靴、隐囊、熏炉等日用品，以及围棋盘、双陆棋盘等娱乐用具模型。

5. 日用瓷器

日用瓷器也是安阳地区隋墓随葬品的重要一类，器类有双系罐、四系罐、高足盘、杯、碗、瓶、唾壶、三足洗等。以青瓷居多，还有少量素烧瓷和白瓷。

关于隋墓的分期，研究的人较多，一般倾向于将中原地区或关东地区隋墓以仁寿年间为界，分为前后两期[15]。但仅就安阳一个地区来看，由于出土的纪年隋墓数量少，而且公开发表的墓葬大多等级较低，无论墓葬形制还是随葬俑群，都没有表现出非常明显的变化，因此本文认为，安阳地区的隋墓暂时不宜进行更细的分期。

四　安阳地区隋墓的等级和墓葬制度

安阳地区隋墓的规模普遍偏小，缺乏大型墓葬，但这不代表这些墓葬没有等级的区分。有学者将隋墓分为五个等级[16]，参考此种观点，并结合安阳地区隋墓的墓主身份、墓葬形制、规模以及随葬品数量、种类等，本文将安阳隋墓分为三个等级。

第一级：以张盛墓、麴庆墓等砖室墓为代表。此级墓葬全长 9 ～ 12 米，墓室面积均在 6 平方米以上，大者有 12 平方米左右。除宋循墓为土洞墓外，其余均为铲形的单室砖墓。这类墓葬的墓主基本都在前朝有官品，多在三品以下、七品以上，属于中下级官吏（表一）。置度村 M8 虽未发现墓志，不能确定墓主是否为官吏，但从其墓葬规模以及出土较多瓷俑来看，墓主身份可能与张盛墓、郑平墓相当，也不能排除为豪强富商[17]。墓葬中均有棺床或棺木，大都位于墓室北部。麴庆墓发现有石墓门和围屏石榻，置度村 M8 的墓壁有彩绘。随葬品数量较多，未被盗掘者如桥村隋墓、张盛墓等，随葬品多达一二百件。随葬品种类较丰富，俑、日用瓷器、模型明器、墓志等一应俱全，其中又以各式俑的数量最多。

第二级：多数 A 型土洞墓属于此级，其墓道长度在 2.5 ～ 6 米，墓室面积多为 4.5 ～ 6 平方米。随葬品一般在 40 件以上，多者达 70 余件，其中俑类的数量占随葬品总数的半数以上。另外，少数 B 型、C 型土洞墓的墓室面积较狭小，但是出土了较多的随葬品，其中有不少俑类，如殷墟隋 M103、M105、M108、M401、M406 等。总体来看，虽然这一级墓葬的墓主没有官品，墓葬规模也不及第一级，但较多的随葬品表明，墓主可能是有一定财力的中小地主或者富户。

第三级：多数 B 型、C 型土洞墓属于这一级。该级墓葬的墓室面积狭小，仅有 2 ～ 3 平方米，随葬品数量少，多在 10 件上下，且多为日用陶瓷器，还有一些无随葬品。从墓葬形制、规模以及随葬品来看，这一级墓葬的墓主应为庶民甚至贫民。

表一　安阳地区隋墓墓主官职一览表

墓葬	形制	墓主官职	官品
韩邕墓	砖室墓	北齐赵州录事、徐州司马骑都尉	正五至六品
麴庆墓	砖室墓	北齐平阳王府参军事，司马，振威将军	从四品
张盛墓	砖室墓	征虏将军、中散大夫	从三品—正四品
郑平墓	砖室墓	魏镇远将军、成武县开国伯	三品
宋循墓	A 型土洞墓	东魏骠骑将军、隋遂州刺史	正三至四品
卜察墓	砖室墓	北齐伏波将军	从五品
孟洭夫妇墓	砖室墓	东魏冀州铠曹参军护、下博县令	七品

根据《隋书·礼仪志》《通典》等文献的记载，隋代对丧葬礼制的规定多以官品的一品、三品、七品或者五品、九品进行等级划分。安阳隋墓的等级基本符合这种划分，即第一级墓葬为三品以下、七品以上的中下级官吏所用，第二、三级墓葬为八品以下直至庶人所用，只是可以进一步细分，第二级为中小地主所用，第三级为庶人、贫民所用。

五 安阳地区隋墓的源流及地域特色

虽然隋是代北周而立，其典仪制度却多承自北齐。据《隋书·礼仪志》载："开皇初，高祖思定典礼……（牛）弘因奏征学者，撰仪礼百卷。悉用东齐《仪注》以为准。"从考古发掘来看，隋墓的形制、随葬品等都深受北齐的影响。安阳地区在北齐时为邺城京畿之所在，其继承北齐丧葬风格较之其他地区更加明显。当然，隋代对北齐的墓葬制度并不是全盘接受，而是逐渐发展，并且形成了自己的风格与特色。

安阳地区隋墓对北齐墓葬尤其是邺城地区北齐墓葬的继承与发展，在墓葬形制和随葬品两个方面都有所体现。

1. 墓葬形制

北齐墓葬主要有砖室墓和土洞墓两种，尤其是邺城地区，仅见有单室砖墓和单室土洞墓两种，砖室墓的形制为坐北朝南，斜坡墓道，带甬道，呈弧边方形或者近方形的墓室，墓道位于墓室南壁正中，整个墓葬呈铲形。这种墓葬形制被安阳隋代墓葬继承，安阳地区发现的砖室墓，如张盛墓、麹庆墓、韩邕墓、置度村 M8 等，与北齐单室砖墓的形制高度一致。土洞墓在北齐时期也有发现，集中发现于安阳地区。除范粹墓[18]、北齐文宣帝高洋妃颜氏墓[19]、李华墓[20]、刘贵墓[21]、固岸墓地 M2[22]之外，在安阳吉庄西北地发现的 117 座北朝墓葬均为土洞墓，方向大多坐北朝南，墓道多带斜坡或台阶，洞室平面呈刀形或者铲形[23]。其他地区的土洞墓则较为少见，仅在山西太原、河北磁县发现有库狄业墓[24]、贺娄悦墓[25]、和公墓[26]、窦兴洛[27]、元良墓[28]等几例，这几例土洞墓均呈铲形，墓室为梯形或弧边长方形，有的还有天井、过洞和石墓门，墓主地位较高，为中级官吏甚至皇族。虽然安阳地区大量的北朝土洞墓发掘材料尚未公布，但是较之太原地区的北齐土洞墓，显然安阳隋代土洞墓更多继承了安阳地区北朝土洞墓的铲形、刀形的形制特点。

张盛墓甬道设龛的做法，以往有学者认为"不是邺都传统"[29]，但 2007 年安阳北齐刘通墓的发现打破了这一观点，证明在北朝时期，安阳附近地区已开始出现甬道带龛的墓葬。但不可否认的是，这种风气不是安阳北朝墓的主流，可能是受关中地区的影响。

安阳地区隋墓在沿用北齐墓葬形制的基础上也有发展，主要有两点。第一，北齐时期，土洞墓的使用阶层较广泛，既有皇族、中层官吏也有平民。到了隋代，安阳地区的土洞墓成为平民专用，官吏墓葬基本上为砖室墓。第二，安阳隋墓中，刀形墓超过铲形墓成为主流，新出现部分靴形墓。不同于北齐土洞墓的斜坡或阶梯墓道，安阳隋代土洞墓的墓道既有竖井式也有斜坡式，以竖井式墓道为主。

2. 随葬俑类

安阳地区隋墓出土的陶瓷俑，对东魏、北齐俑类的继承关系非常明显，主要表现在以下两个方面。

第一，安阳地区隋墓随葬俑的类别与北齐基本相同，基本继承了后者镇墓俑群、仪仗俑群以及仆侍俑群的制度。包含镇墓兽及镇墓武士俑的镇墓俑群，在北魏平城时代就已初现建制，东魏北齐时期，一人面镇墓兽、一兽面镇墓兽加上镇墓武士俑的组合渐成定制。安阳隋墓沿用了北齐的镇墓俑群，在将近半数的安阳隋墓中都发现了成套的镇墓俑。安阳隋墓出土的仪仗俑与北齐仪仗俑一脉相承，都由各式装扮的侍卫俑、侍从俑、牛（牛车）、马及骆驼组成，其中人俑一般手中有孔，应持有仪仗所用之物。安阳隋墓出土的仆侍俑群也与北齐相似，都由各式男女仆侍俑、劳作俑、歌舞俑等组成。

第二，从造型和制作工艺来看，安阳地区隋墓随葬俑类与北齐的俑类存在明显的继承关系，特别是镇墓俑类与仪仗俑类表现较为明显[30]。安阳地区隋墓出土的镇墓兽与北齐镇墓兽尤其是邺城地区的镇墓兽非常接近，均蹲踞于薄板之上，兽面者为狮面，人面者头上有独角，四肢为兽蹄形，后背有向上弯曲的鬃毛，部分项后有冲天戟，尾巴贴身且向上卷翘。安阳隋墓的镇墓武士俑几乎就是北齐镇墓武士俑的翻版，均头戴兜鍪，前有冲角，后有顿项，身着明光铠，左手按一蕉叶形盾，盾中部贴塑一兽首。安阳地区隋墓的仪仗俑造型也与北齐仪仗俑相似，均呈站姿，双手或拱于胸前，或垂于身侧，手中有小孔用以置物。从制作工艺来看，北齐墓葬随葬俑多为合模制作。安阳地区隋墓也继承了这种制作工艺，出土的俑类均为合模制成。据《隋书·梁彦光传》记载："齐亡后，衣冠士人多迁关内，唯技巧、商贩及乐户之家移实州郭。"安阳地区隋墓中随葬俑类与北齐的一脉相承，无疑印证了这段文献记载。

当然，随着王朝的更迭，安阳地区隋墓的俑类也呈现出一些新的特色。具体表现为三个方面。第一，较之北齐墓，安阳地区隋墓仪仗俑群中骑俑的数量大大减少，北朝时期盛行的具有浓厚军事氛围的甲骑具装俑、着裲裆或铠甲的箭箙俑等基本消失，与此同时，表现家居生活、宴享娱乐的仆侍俑群以及案、凭几等家具模型明器开始出现。这种俑群组合的变化，从侧面反映了隋代统一之后社会逐渐趋于安定。第二，男俑首服出现了较大的变化。由于北齐王朝上层统治者对鲜卑习俗的推崇，北齐墓葬陶俑的首服既有大量各种样式的风帽、辫发等鲜卑传统首服，也有小冠、笼冠、软巾等汉族传统首服，可谓华夷杂糅，但总体胡风更胜，其中鲜卑文化传统的风帽的数量相当大，款式多样。而到了隋代，安阳地区隋墓中的风帽数量锐减，样式也几乎仅见圆顶风帽一种，取代风帽成为男子最主要首服的是中原传统的小冠，同时，将披巾四角扎结于额前和脑后的幞头在隋代也逐渐定型，并在唐代以后发展成男子最重要的首服。这种变化鲜明地反映了隋代以后中原文化成为主流、胡风式微的现象。第三，北魏至北齐时期，镇墓俑类通常只有镇墓兽和镇墓武士俑两类，而到了隋代，新出现了持仪剑的侍吏俑，它们体型高大，高度在50厘米以上，一般身穿裲裆，手持仪剑，成对随葬。张盛墓、小屯YM243、麹庆墓、置度村M8都出土有此类俑。入唐以后，这类侍吏俑逐渐演变成为大型文武官俑的形式，成为镇墓组合中稳定的一部分[31]。

六　安阳地区隋墓与中西文化交流

张骞出使西域之后，西北之国始通于汉，其后随着丝绸之路的开辟，中西方的交流愈发频繁，在魏晋南北朝至隋唐时期达到高峰。安阳地区隋墓中出土的部分随葬品，就是中西方文化交流的见证，主要体现在以下几个方面。

1. 佛教的影响

北朝时期社会动荡，佛教成了人们的精神寄托，也是统治者稳定社会的重要手段之一，受到统治阶级的推崇。尤其是北朝晚期，佛教信仰十分流行，随之而来的佛教艺术的影响也延伸至社会生活的各个方面。隋文帝更是一名虔诚的佛教徒，立隋代周后，他改变北周武帝"灭佛毁寺"的政策，恢复了佛教，因此，在隋代墓葬中也能看到佛教盛行所带来的变化。安阳地区的隋墓中的随葬品就有大量佛教因素存在，尤以张盛墓最为典型。

张盛墓中出土的2件陶僧俑、3串佛念珠，少见或不见于其他同时期的墓葬之中，马世之据此推测，张盛可能是一个崇信佛教的"法社"成员[32]。董亚梅对张盛墓出土的佛教用具进行了考证，指出隋代相州地区是传播佛教华严宗教义的地区，张盛墓所信奉的佛教可能是华严宗[33]。除了陶僧俑和佛念珠，张盛墓中的部分文物还见有佛教艺术的纹饰或装饰。例如白釉博山炉，炉盖上有双层莲瓣装饰，炉身装饰仰莲；2件白釉武士俑和2件执剑侍吏俑均站立于有莲瓣装饰的底座之上，2件瓷蹲兽和4件陶帐座的座身也作覆莲形。

除了张盛墓，佛教艺术因素在安阳地区其他隋墓中也有出现。例如桥村隋墓的罐（标本21），其肩部有覆莲瓣形装饰；桥村隋墓烛台（标本80、79）的台座均为莲花座，其中标本80的插烛圆孔周围饰有莲花纹。莲花、莲瓣纹装饰在南北朝十分盛行，这种审美意趣与当时佛教盛行有着密切的关系，并一直延续至隋唐时期。

2. 燕息用具中的西域因素

伴随着中西文化交流的日益频繁，一些源自西方的生活用品也进入中原，成为当时人们生活中不可或缺的一部分，而在"事死如事生"丧葬观念的影响下，这些生活用品又被制作成明器，葬于墓葬之中并保存至今。张盛墓、桥村隋墓出土的隐囊、筌蹄，就是安阳地区隋墓中西域燕息用具的典型代表。

据《颜氏家训》记载："梁朝全盛之时，贵游子弟……无不熏衣剃面，傅粉施朱，驾长檐车，跟高齿屐，坐棋子方褥，凭斑丝隐囊。"可见至迟在南北朝时，隐囊的使用就已经成为一种社会风尚。“隐”意为凭倚、靠着，隐囊就是一种用于倚靠的软枕，一般用纺织品做套，内里填充纤维或织物，其作用类似今天的靠枕。隐囊的形象在南北朝时期的石窟雕塑、墓葬壁画中已经出现。例如，龙门石窟宾阳中洞的维摩诘经变雕塑中，维摩诘背倚隐囊，坐于榻上。北齐崔芬墓屏风壁画的东壁和北壁，也有主人斜倚隐囊的画面。

张盛墓出土的一件彩绘女侍俑右臂挟一隐囊，呈中间粗、两头细的纺锤形，表面有纵向的条纹装饰，两端有花瓣形装饰。桥村隋墓中出土的标本43是一件瓷隐囊，其外形与张盛墓出土的一致，两端除了花瓣形装饰，还有环形的扎头。这两件隐囊的形制与南北朝时期雕塑、壁画中所见的隐囊形象相同，应就是文献记载所记载的“斑丝隐囊”。

隐囊不是中国本土的产物，晋代以前的文献和图像资料中未出现过与隐囊类似的器物，崔世平和扬之水都认为，隐囊可能源自印度[34]。谷俊杰认为，目前所见的与隐囊相关的外来因素是佛教文化，其从印度传入中原的陆路是印度—中亚—中国[35]，因此，隋代隐囊的使用与中西方的交流密不可分。

张盛墓还出土一件女侍俑，右臂挟一件筌蹄，虽残一半，仍能看出呈束腰墩形，上面平，并饰宝相花图案。《梁书·侯景传》载：“辇上置筌蹄，垂脚坐。”可见筌蹄是一种坐具，其名或从梵语音译词来[36]。筌蹄起源于印度半岛，垂足坐筌蹄起先是讲佛经的姿势[37]，南北朝时已传入中原。北魏时期的敦煌莫高窟第275窟壁画中，已经出现了筌蹄形象。山东青州傅家出土的北齐石椁线雕中也见有筌蹄。隋唐时期，筌蹄已经成为常见的家具。

3. 乐器中的西域因素

自北魏、北齐乃至隋唐，西域的乐舞文化在内地广泛传播。《隋书·音乐志》载：“杂乐有西凉鼙舞、清乐、龟兹等。然吹笛、弹琵琶、五弦及歌舞之伎，自文襄以来，皆所爱好。至河清以后，传习尤盛。”张盛墓和置度村M8分别出土一组表现墓主宴乐生活的乐舞俑。张盛墓出土的8件坐部伎俑，手中持有曲颈琵琶、直颈琵琶、箜篌、觱篥等源自西域的乐器；置度村M8的伎乐俑也持有箜篌。《隋书·音乐志》载：“今曲项琵琶、竖头箜篌之徒，并出自西域，非华夏旧器。”唐李颀《听安万善吹觱篥歌》云：“南山截竹为觱篥，此乐本自龟兹出。”可见，琵琶、箜篌、觱篥等或源自西域，或是经由西域传入中原地区。张盛墓和置度村M8出土伎乐俑所持乐器，既有西域乐器，也有笛、箫、钹等中原传统乐器，这是隋代中西文化交流融合的一个缩影。

4. 胡俑

魏晋南北朝至隋唐时期，中西方之间人员交流频繁，北魏时，都城洛阳就有“四夷馆”“四夷里”等胡人聚居区域，这些胡人往来中西之间，进行商贸、宗教、文化等活动，有的甚至担任中原王朝的“萨保”等官员，成为在华胡人的领袖，参与到政治生活中。这种情况一直延续至隋唐时期。

张盛墓中出有两件制作精致的胡俑，二俑皆头顶光秃，前额、两鬓及脑后有卷发，深目高鼻，虬髯，明显带有胡人面貌特征，其右手握于胸前作持物状，应是仪仗俑群中的组成部分。这两件胡俑的相貌特征与发型，与北齐娄叡（又写作“睿”）墓驼运图壁画里的胡人相似，可能是大食人的形象。此外，在梅元庄隋墓中出有仪仗胡俑。有学者认为，相比于普通的仪仗俑，北朝时的仪仗胡俑对于标识墓主身份似乎有着特殊的意义，出行时有胡人仪仗在前导行是一件很荣耀的事情，也是贵族官宦才能享有的特权[38]。

七　结语

安阳是关东地区隋墓的中心分布地。由于安阳与其他地区在政治、经济地位上的差异以及传统习俗的差别，安阳隋墓呈现出一定的地域特色。从墓葬形制来看，安阳隋墓继承了北齐墓葬的形制，均为单室墓，以土洞墓为主，墓室平面呈刀形者最多，墓室平面为方形者均四壁外弧。不同于关中高等级墓葬也为土洞墓，安阳中下级官吏墓基本为砖室墓，土洞墓为中小地主及庶人所用。

从墓葬等级来看，关中地区既发现帝陵、皇族以及高级官吏墓，也发现有中低级官吏及平民墓，墓葬等级齐全。而安阳地区隋墓不见高等级墓葬，有少量中低级官吏墓，大量为中小地主及庶民墓。安阳地区隋墓的等级，与隋代相州（魏郡）治所的政治地位是相符的。

从随葬品看，安阳地区隋墓随葬品无论是器形还是制作工艺均继承了北齐的传统，在部分较高等级的墓葬，如张盛墓、置度村 M8，还出土了大量颇具特色的乐舞女俑、侍女俑以及体现墓主人家居生活的模型明器，体现了社会从分裂进入统一之后人们的安定感[39]。魏晋南北朝至隋唐时期，随着中西方文化通过丝绸之路产生交流融合，中原地区文化达到新的高峰，安阳地区隋墓中佛教因素的随葬品，来自西域的燕息用具、乐器以及仪仗俑群中胡俑的存在，都反映了这种社会现象。

注释：

[1] 李济:《十八年秋工作之经过及其重要发现》,《安阳发掘报告》第二期，南天书局，1978 年。

[2] 石璋如:《中国考古报告集之二·小屯·第一本·遗址的发现与发掘·丙编·附录一：隋唐墓葬》，“中央”研究院历史语言研究所，2005 年。

[3] 周到：《河南安阳琪村发现隋墓》，《考古通讯》1956 年第 6 期。

[4] 考古研究所安阳发掘队：《安阳隋张盛墓发掘记》，《考古》1959 年第 10 期。

[5] 中国社会科学院考古研究所安阳工作队：《安阳隋墓发掘报告》，《考古学报》1981 年第 3 期。

[6] 安阳县文教局：《河南安阳隋墓清理简记》，《考古》1973 年第 4 期。

[7] 安阳市博物馆：《安阳活水村隋墓清理简报》，《中原文物》1986 年第 3 期。

[8] 安阳市文物工作队：《河南安阳市两座隋墓发掘报告》，《考古》1992 年第 1 期。

[9] 安阳市文物工作队：《河南安阳市两座隋墓发掘报告》，《考古》1992 年第 1 期。

[10] 贾玉俊：《安阳市发现隋代大型家族墓地》，《华夏考古》1994 年第 2 期。

[11] 安阳市文物考古研究所：《河南安阳市置度村八号隋墓发掘简报》，《考古》2010 年第 4 期。

[12] 申文喜、岳占伟：《靡终偕老 伉俪冥合——安阳大司空隋、五代墓发掘记》，《大众考古》2018 年第 9 期。

[13] 安阳市文物考古研究所、河南省文物考古研究院：《河南安阳隋代麹庆夫妻合葬墓的发掘》，《考古学报》2023 年第 3 期。

[14] 河南省文物考古研究院、安阳市文物考古研究院：《安阳钢一路隋代孟洰夫妇墓发掘简报》，《中原文物》2024 年第 1 期。

[15] 申秦雁：《论中原地区隋墓的形制》，《文博》1993 年第 2 期。

[16] 石文嘉：《隋代墓葬的考古学研究》，南开大学博士学位论文，2014 年。

[17] 安阳市文物考古研究所：《河南安阳市置度村八号隋墓发掘简报》，《考古》2010 年第 4 期。

[18] 河南省博物馆：《河南安阳北齐范粹墓发掘简报》，《文物》1972 年第 1 期。

[19] 安阳县文教局：《河南安阳县清理一座北齐墓》，《考古》1973 年第 2 期。

[20] 河南省文物局编著：《安阳北朝墓葬》，科学出版社，2013 年。

[21] 河南省文物局编著：《安阳北朝墓葬》，科学出版社，2013 年。

[22] 河南省文物考古研究所：《河南安阳县固岸墓地 2 号墓发掘简报》，《华夏考古》2007 年第 2 期。

[23] 河南省文物局编著：《安阳北朝墓葬》，科学出版社，2013 年。

[24] 太原市文物考古研究所：《太原北齐库狄业墓》，《文物》2003 年第 3 期。

[25] 常一民：《太原市神堂沟北齐贺娄悦墓整理简报》，《文物季刊》1992 年第 3 期。

[26] 山西省考古研究院、山西大学历史文化学院、太原市文物考古研究所：《山西太原开化北齐和公墓发掘简报》，《中原文物》2020 年第 6 期。

[27] 山西省考古研究所、太原市文物考古研究所、晋源区文物旅游局：《太原开化村北齐洞室墓发掘简报》，《考古与文物》2006 年第 2 期。

[28] 磁县文物保管所：《河北磁县北齐元良墓》，《考古》1997 年第 3 期。

[29] 苏哲：《安阳隋墓所见北齐邺都文物制度的影响》，《远望集——陕西省考古研究所华诞四十周年纪念文集》，陕西人民美术出版社，1998 年。

[30] 苏哲：《安阳隋墓所见北齐邺都文物制度的影响》，《远望集——陕西省考古研究所华诞四十周年纪念文集》，陕西人民美术出版社，1998 年。

[31] 徐斐宏：《试论安阳隋墓》，《中原文物》2023 年第 2 期。

[32] 马世之：《关于隋代张盛墓出土文物的几个问题》，《中原文物》1983 年第 4 期。

[33] 董亚梅：《安阳隋张盛墓出土佛教用具考》，《中原文物》2019 年第 4 期。

[34] 崔世平：《隐囊考》，《考古》2011 年第 12 期；扬之水：《丹枕与綩綖》，《曾有西风半点香》，生活·读书·新知三联书店，2012 年。

[35] 谷俊杰：《北朝隋唐时期隐囊研究》，南京大学硕士学位论文，2017 年。

[36] 吴妍：《“筌蹄”小考》，《中国史研究》2003 年第 4 期。

[37] 孙机：《唐李寿石椁线刻〈仕女图〉〈乐舞图〉散记（上）》，《文物》1996 年第 5 期。

[38] 王毅：《北朝胡俑类型研究》，《文物春秋》2014 年第 1 期。

[39] 石文嘉：《隋代墓葬的考古学研究》，南开大学博士学位论文，2014 年。

安阳隋张盛及夫人王氏墓志考

武玮

20世纪50年代末，隋张盛及夫人王氏墓志出土于河南省安阳市豫北纱厂，该墓志现存于河南博物院。墓志出土时置于墓室棺床的东南角，包括志石与盖，均为青石质，保存完整。该墓志纪年明确，墓主张盛葬于隋开皇十五年（595年）。志文记录了张盛的家族世系和他本人的仕宦经历。原简报仅录志文，未对志文作更多的考释[1]。张盛历经北魏、东魏、北齐、北周、隋五朝，但其生平宦迹史籍无载，故本文仅就志文所涉及的家族世系与其职官地理等问题略作考释。

一　张盛墓志形制与录文

墓志盖为盝顶盒式，平面呈正方形，素面无纹饰。盖长50、宽49.8、厚10.5厘米。盝顶上穿有两枚铁环，正中篆刻“张君之铭”4字，刻在方正的四字界格内，仅用双钩体刻出字形的轮廓线（图一）。

墓志石平面呈正方形，长、宽均为48厘米，厚9厘米。志文楷书，共20行，满行20字，一共362字（图二、图三）。志文首行题“隋故征虏将军中散大夫张君之铭”，录文如下：

隋故征虏将军、中散大夫张君之铭／

君讳盛，字永兴，南阳白水人也。自开源命氏，分邑承／家。引派水于龙河，挺孙枝于玉树。乃卿乃相，代有人／焉。唯德与才，无坠斯在。曾祖豐，卫将军、本州大中正、／青州刺史。祖原，州主簿，加龙骧将军，特除谯、梁二郡／太守。考济，郡中正，

图一　志盖

图二　墓志

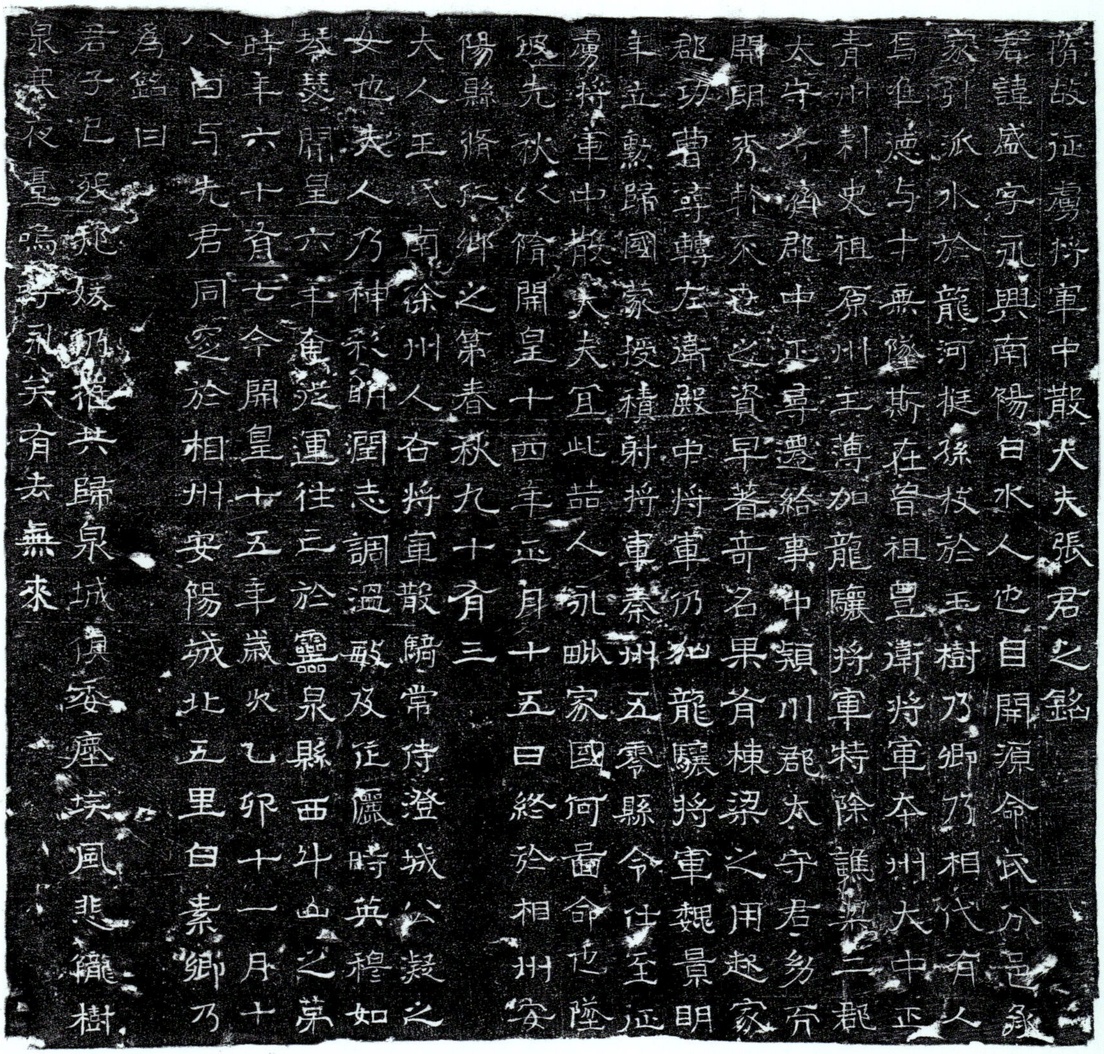

图三　张盛墓志拓片

寻迁给事中、颍川郡太守。君幼而／开朗，秀轸不世之资，早著奇名，果有栋梁之用。起家／郡功曹，寻转左卫殿中将军，仍加龙骧将军。魏景明／年，立勋归国，蒙授积射将军、秦州五零县令，仕至征／虏将军、中散大夫。宜此喆人，永毗家国，何图命也，坠／彼先秋。以隋开皇十四年正月十五日终于相州安／阳县修仁乡之第，春秋九十有三。夫人王氏，南徐州人，右将军、散骑常侍、澄城公凝之／女也。夫人乃神彩明润，志调温敏，及作俪时英，穆如／琴瑟。开皇六年，奄从运往，亡于灵泉县西斗山之第，时年六十有七。今开皇十五年岁次乙卯十一月十／八日，与先君同窆于相州安阳城北五里白素乡。乃／为铭曰：

君子已殁，邦媛仍摧。共归泉城，俱委尘埃。风悲陇树，／泉寒夜台。呜呼永矣，有去无来。

二　张盛家族郡望及世系

墓志记载张盛家族郡望源自南阳白水，出身官宦世家。南阳白水张氏在《新唐书·宰相世系表》和《古今姓氏书辩证》中记载的张氏地望中未见记载。但在北朝至隋唐时期出土墓志中比较常见，如北魏普泰元年（531 年）《张玄墓志》、北齐天统元年（565 年）《张起墓志》、隋仁寿元年（601 年）《张通墓志》和大业十二年（616 年）《张浚墓志》等均自称为南阳白水人。唐代墓志中亦有不少南阳白水张氏，但是唐中期以后，南阳白水张氏郡望逐渐衰落而少见提及。

目前最早见于南阳白水张氏的墓志为洛阳出土的西晋永嘉元年（307 年）《张纂墓志》，志中提到的南阳白水，是张纂家族实际的里籍[2]。白水地名见于西汉，曾为舂陵侯国。《汉书·地理志》中列舂陵于南阳郡条目下："舂陵，侯国。故蔡阳白水乡。"[3]《后汉书·城阳恭王祉传》记载，西汉武帝元朔五年（前124年），封长沙定王之子刘買为舂陵侯。舂陵本设置于长沙国，传到刘買的孙子刘仁时，因苦于舂陵地势低湿，山林多瘴气，于是上书朝廷希望减邑内徙。西汉元帝初元四年（前45年），舂陵移置南阳郡白水乡，仍以舂陵为国名[4]。《后汉书·光武帝纪》中亦记载此事，唐李贤注："舂陵……元帝时徙南阳，仍号舂陵，故城在随州枣阳县东。"[5]

关于南阳白水张氏的起源，北朝及隋唐张氏墓志中均叙述不详。有学者专门做过讨论。如陈弱水指出，所谓的南阳白水张氏族望与中古时代任何张氏大族都没有明显牵连，可能是起自民间想象的族望，公元6世纪开始在统治阶层普及[6]。仇鹿鸣认为，南阳白水郡望大约出现在魏晋时期，张姓士人通过对传说与历史人物事迹的拼接，重构出南阳张氏郡望并逐步完善其谱系，在北朝隋唐之际成为张姓的主流郡望，在墓志中被广泛使用，反映了北朝社会伪冒郡望风气的盛行[7]。

除墓志外，唐代姓氏谱籍文献中也曾记载南阳张氏。例如，唐代敦煌文书卷子姓氏书BD08679《唐贞观八年五月十日高士廉等条举氏族奏》中记载有南阳十姓，张氏位居首位[8]；林宝今《元和姓纂》四校记中，亦有岑仲勉补入的张氏南阳一望。我们认为，目前不好确定张盛这支南阳张氏是不是冒认而来。如果是北朝时来源不明的张氏人士冒认，或可能因为南阳白水是后汉光武帝刘秀的故里，想要分一些帝王之贵气。就像张盛墓志所称："自开源命氏，分邑承家。引派水于龙河，挺孙枝于玉树。"

关于张盛家族的世系，墓志所载的张盛曾祖父、祖父及父皆不见史载，且志文记述简略，仅言他们的仕宦职阶。张盛的曾祖父张豊，担任过卫将军、大中正、青州刺史；祖父张原，担任州主簿，龙骧将军，譙、梁二郡太守；父亲张济，担任郡中正，寻迁给事中、颍川郡太守。

魏晋南北朝至隋唐时期，大中正、郡中正为中正官，负责评定士族内部品第，推荐保举他人任职仕宦资格。按照惯例，中正官多由本地高门士族且德名兼备者担任，一般由中央任命。张盛的曾祖父张豊、父亲张济皆担任中正官，也正是志文想彰显标榜的张氏家族为本地的高门大族。

我们再看张氏家族成员的仕宦经历。南北朝政权行政区划均实行州、郡、县三级区划。这一时期由于南北双方政权对立，争斗不断，常将未统治的州郡设置在境内，而所辖州郡因战争多次易主，加之或为军事需要增设州治，或为安置流民设置侨州郡等原因，造成了南北政权双方境内的州郡地名重合混乱。而南朝境内侨置州郡县比较多，集中在长江流域，特别在建康（今江苏南京）和江陵（今湖北荆州）附近，导致公元6世纪时，南北政权双方设置州郡的数量越来越多。

需要注意的是，根据志文，张盛祖父张原担任过譙、梁二郡太守。这种官职是东晋南朝时期双头州郡的设置。双头郡即两郡同治一地，一人带两郡太守。《南齐书·州郡志》豫州条目中提到："孝武宁康元年，桓冲移姑熟，以边寇未静，分割譙、梁二郡见民，置之浣川，立为南譙、梁郡。"[9]按照文献，东晋武帝宁康、太元年间，出于军事需要，侨置南譙、梁二郡，治地在浣川（今安徽当涂一带）。到刘宋文帝元嘉年间，亦置有北譙、梁二郡，为二豫州刺史领郡，治地在淮北[10]。《宋书·申恬传》记载，申恬曾任北譙、梁二郡太守[11]。这里的南譙、梁二郡和北譙、梁二郡均属于双头州郡，应非北朝所设置。若志文记述无误，则张原担任的是南朝职官。

据此考证，张盛曾祖父张豊曾任青州刺史，按照志文推算，张盛生于北魏景明年间，张豊年龄应长于张盛大约五六十岁，正值北魏与南朝刘宋政权对峙时期。410年东晋刘裕平定山东半岛的南燕政权后，青州归入东晋所辖。420年刘宋王朝建立，青、兖等州为刘宋政权最北边的州府，也成为刘宋、北魏双方必争之地。其间东晋与刘宋政权曾掌控青州地区达60多年，直至467—469年刘宋政权内乱，北魏慕容白曜趁机平定三齐，青州始并入北魏政权统辖。但刘宋为安置流民又侨置青州，治地郁州（今江苏连云港一带）。史见《宋书·州郡志》："青州刺史，治临淄。江左侨立，治广陵。安帝义熙五年（409年），平广固，北青州刺史治东阳城，而侨立南青州如故。后省南青州，而北青州直曰青州。孝武孝建二年（455年），移治历城。大明八年（464年），还治东阳。

明帝失淮北，于郁洲侨立青州，立齐、北海、西海郡。旧州领郡九，县四十六。”[12]按照时间推算，张豐所任青州刺史可能正值南朝刘宋统治时期，当然，张豐的青州刺史也可能是其遥领或死后赠官。

张盛父亲张济拜颍川郡太守。颍川郡在南朝与北朝皆有设立。颍川郡在西汉时治地阳翟，三国时郡治变为许昌，到魏晋、北魏、东魏时期郡地所辖范围不断变化，至北周为许州所辖。而南朝政权如东晋和南朝宋、齐、梁朝均侨置颍川郡。东晋咸康二年（336年）侨置颍川郡，位置在今安徽和县、含山县境内，隶属豫州。南朝刘宋时，颍川郡改属南豫州、豫州等；南齐时，改属西豫州（治地睢阳，今安徽寿县）；南朝萧梁太清二年(548年）侨置颍川郡地入东魏后，遂被废弃。如果张豐、张原均在南朝担任官职，那么张济担任的颍川郡太守，也可能是指南齐设于安徽境内的颍川郡。

我们推测，张盛曾祖父张豐、祖父张原、父亲张济均可能在南朝担任官职。而张盛墓志表明，张盛居住、葬地均在相州安阳一带。那么张氏家族应该是南人迁北，并在北朝政府担任官职。南北朝时期，南北双方战争频仍，同时各政权内部政治倾轧、矛盾突出，这就导致此时南人北迁或北人南迁都比较常见。从张豐等三人所授官职辖地来看，集中于青州、豫州等南北政权长期拉锯争斗的边疆地区，历史上这一地区多次发生双方官员降逃及民众迁徙事件。

三　张盛及夫人王氏生平与仕宦

张盛正史无载，因此志文是研究张盛生平的唯一资料。根据志文记述，张盛字永兴，出生于北魏景明三年（502年），93岁卒于隋开皇十四年（594年），历经北魏、东魏、北齐、北周、隋朝。张盛最初担任郡功曹的职官，后任左卫殿中将军的武官职位，仍加龙骧将军武官职位，又任积射将军、秦州五零县令，仕至征虏将军、中朝大夫。可以看出，志文记载张盛的仕宦经历非常简略，不足百字，然而其中竟有几处存疑。

一是志文中提到张盛于“魏景明年，立勋归国”，且因功勋授官。但结合志文，记载明显错误。学者也有指出此处疑点[13]。景明为北魏宣武帝第一个年号，时间跨度从500年正月到504年正月，共计4年。如果按照志文推算，张盛出生于北魏宣武帝景明三年，景明年间张盛才出生不久，“立勋归国”显然不合常理。因此北魏景明年立勋归国一事，不应该是指张盛。但这一事件显然又在张氏仕宦经历中是非常重要的，故志文中特别书写出来。

二是张盛的仕宦经历，在立勋归国之前，张盛已经担任左卫殿中将军，仍加龙骧将军的官职。而在张盛立勋归国后，“授积射将军”。殿中将军乃三国魏置，掌殿中禁兵，督守殿廷，六品；西晋置殿中将军，分属左卫将军和右卫将军；南北朝沿置，这是近卫官职。龙骧将军初设于西晋，南北朝时期广泛沿置，地位高低不同。北魏、北齐龙骧将军均从三品[14]；南朝萧梁时期，龙骧将军则品秩较低。积射将军北魏复次职令，定其秩为正七品上，北齐沿置[15]。观察张盛的职阶变动，则立勋归国后，张氏授官明显低于立勋归国前，这也不符合正常的官职迁转。

结合这两处存疑，我们推测，北魏景明年立勋归国这件事，应该说的是张盛的父祖辈从南朝叛（或降）于北魏。志文称其父张济曾担任颍川郡太守，而颍川郡萧齐、萧梁时隶属西豫州。北魏景明年间正值南朝萧齐末年动乱，北魏军队南征至寿春与南朝对峙、南朝内部萧梁取代萧齐政权的历史时期。南朝发生多起边疆州镇及中央官员、僚属等叛逃和被俘北魏事件。《魏书·裴叔业传》记载，北魏景明元年（500年），萧齐豫州刺史裴叔业举部降北魏，同时降魏的有裴叔业家族、亲友、僚属等[16]。《魏书·王肃传》记载，景明元年，萧齐交州刺史李叔献、属将桥珉被俘入魏[17]。萧梁代南齐后，《魏书·萧宝夤传》记载，景明三年，宗室鄱阳王萧宝夤逃至北魏，同行有僚属华文荣、华天龙、华惠连等[18]。《魏书·田益宗传》与《梁书·陈伯之传》均记载，景明四年，萧梁江州刺史陈伯之父子及长史褚緭等僚属叛梁奔魏[19]。

北魏朝廷对于这些南朝人士多采取优抚政策，常常授官封爵。例如，北魏政府授萧齐名将裴叔业使持节、授散骑常侍、都督豫雍兖徐司五州诸军事、征南将军、豫州刺史，封兰陵郡开国公，食邑三千户。裴叔业死后又赠开府仪同三司，谥忠武公。侄裴植授官征虏将军、兖州刺史、崇义县开国侯，食邑千户。

又授平东将军、大鸿胪卿、度支尚书、金紫光禄大夫。追随裴叔业归魏的僚属如席法友、尹挺、柳玄达、杨令宝、李元护、王世弼等，皆授予官爵。北魏政府对萧梁的陈伯之授官都督江郢二州诸军事、平南将军、江州刺史、光禄大夫，曲江县开国公，邑一千户。授陈伯之的儿子陈虎牙官前军将军、员外散骑常侍、豫宁县开国伯，邑五百户。除了裴叔业的部分宗族以及陈伯之等人后又返归南朝外，这些南朝入北人士的宗族子弟及其后裔多数留在北朝继续担任官职。

这批南人入魏人士及其后裔的墓志陆续有所发现。例如，北魏正光五年（524年）《魏龙骧将军檀宾墓志》记载，檀宾为裴叔业僚属，追随裴氏献寿春降魏，在北魏任职左中郎将、建兴太守、魏郡太守、西河内史、龙骧将军、平阳太守，死于洛阳。作为裴叔业降魏的直接参与者，关于这段历史，志文记述为“（檀宾）镇戍寿春。君识否泰于将来，鉴安危于未兆，知云台将崩，苇巢难固，遂同裴氏，送城归魏”[20]。这批入魏士人的后裔墓志则对父祖辈降魏的事或简略提及，或避之不谈。西魏废帝二年（552年）《柳桧墓志》记载，西魏名将柳桧为柳僧习子，景明年间其父柳僧习追随裴叔业降魏，后柳桧在西魏任职，葬于长安。志文所述柳僧习北徙入魏事件，仅记成“父齐卜归魏”[21]。北周天和三年（568年）《王令妫墓志》记载，王令妫是柳桧兄柳鷟妻，亦为原萧齐游击将军王世弼孙女。景明年间王世弼追随裴叔业降魏，墓志仅言王世弼“不俟终日，乃率先子弟来归”[22]。西魏恭帝二年（555年）《乙弗虬墓志》和隋开皇六年（586年）《乙弗虬夫人席氏墓志》记载，柳僧习的另一子柳虬娶席法友的孙女为妻，但二人墓志上均不再谈及父祖辈降魏一事，仅称父祖入魏的官爵[23]。由此看来，同为南朝入魏的后人，《张盛墓志》中仅以“立勋归国”简略记述父祖入魏事件，与上述墓志的处理方式相类。

志云“寻转左卫殿中将军，仍加龙骧将军”的官职，不应是张盛在北魏的官职，这是近卫官职，北魏是不会给降人担任的。应该还是南朝的官职。那么就有两种可能：一是张盛父亲的职官，错记在张盛名下；二是南朝政权危机中，为了笼络外官，给官员幼子封官，恐怕也就是名义上的。当然也不排除墓志记述本身有误。

这样看来，张盛的历官有积射将军、秦州五零县令、征虏将军、中散大夫。按照志文所述张盛的生卒年龄，其担任的秦州县令应是北朝政权的秦州。秦州辖区地理见于文献的有二处。一是北魏、西魏、北周时期西北地区的秦州，据《魏书·地形志》记载，秦州，治上邽（今甘肃天水西南），下辖3郡12县[24]。二是北齐在今江苏六合一带设有秦州，见《隋书·地理志》江都郡六合县条目：“六合，旧曰尉氏，置秦郡。后齐置秦州。后周改州曰方州，改郡曰六合。”[25]但二地秦州均没有五零县记载。目前文献中仅见《水经注·洛水》提及：“《地记》曰：洛水东北过五零陪尾北，与涧、瀍合。是二水东入千金渠，故渎存焉。”[26]但这里的“五零”仅是地名，位置约在洛阳西南边，而不是县名，并且也不属于秦州辖地。考虑到隋文帝时将全国行政区划由州郡县三级制改为州县两级制，对原来南北朝时期的州郡县进行了大规模省并，因此目前我们所见文献虽对五零县记载阙如，却也难说是志文记录错误，只能存疑。

再看张盛最后的官阶为征虏将军、中散大夫。征虏将军在北魏孝文帝复次职令后定为从三品，变成了加官、散官性质的名号将军[27]。但到北齐时罢征虏将军，阎步克考证《隋书》中载《北齐官品》颁布时间为河清三年（564年）[28]。按《隋书·百官志》：“智威、仁威、勇威、信威、严威，为十六班。代旧征虏。”[29]则至隋代已不再有征虏将军的军号。中散大夫为文散官序列，北魏孝文帝改革后为正四品下[30]。到隋代，因避讳中散大夫而改为朝散大夫。基于此，张盛所授的官秩征虏将军与中散大夫，皆早于隋，甚至早于《北齐官品》颁布之前。张盛入隋后年龄已近杖朝之年，早已远离庙堂，赋闲在家。

张盛夫人王氏生平记载更为简略，仅提到她是南徐州人。南徐州，史见《宋书·州郡志》南徐州条目记，东晋安帝义熙七年（411年），始分淮北为北徐，淮南还称为徐州。南朝刘宋武帝永初二年（421年），改徐州为南徐，而淮北曰徐。到刘宋文帝元嘉八年（431年），变成以江北为南兖州，江南为南徐州，治所在京口（今江苏镇江）[31]。隋文帝时裁撤南徐州。志文记载王氏之父王凝为右将军、散骑常侍、澄城公。王凝，史书亦未见记载。王氏家族为南徐州人，应该也曾属于南朝人。

根据志文推算，王氏生于520年，则王氏与张盛相差18岁。按照王氏最小的适婚年龄，王氏与张盛成亲时，张盛已经年龄近三四十岁。张盛家族为官宦世家，不可能成婚这么晚。我们推测，王氏并非张盛的原配。在王氏之前，张盛曾经娶妻。或许这位原配夫人过早离世，张盛遂续娶王氏为妻。若如前文推断，王氏与张盛同为南人北迁，互相通婚也比较合理。

四　张盛及夫人王氏的卒地与葬地

墓志对张盛及夫人的卒地与葬地皆有记录。志文记载夫人王氏先于张盛“亡于灵泉县西斗山之第”，而张盛“终于相州安阳县修仁乡之第”，后夫妇“同窆于相州安阳城北五里白素乡”，这也标识了张盛夫妇去世与埋葬地皆在隋相州即今河南安阳地区。

河南安阳是北朝时期的重要城镇。北魏分裂后属东魏、北齐所辖，后北周灭北齐后，归属北周。《隋书·地理志》载：“安阳，周大象初，置相州及魏郡，因改名邺。开皇初郡废，十年复，名安阳，分置相县，邺还复旧。大业初废相入焉，置魏郡……邺，东魏都。后周平齐，置相州。大象初县随州徙安阳，此改为灵芝县。开皇十年又改焉。”[32]北周大象二年（580年）丞相杨坚辅政，相州总管尉迟迥讨伐杨坚失败，邺城被焚，杨坚下令将相州、魏郡、邺县治所及居民南迁18千米至安阳城，原邺县地划入安阳县，同时安阳县更名为邺县。安阳取代原邺城而为相州州治后，遂成为这一地区的政治、经济、文化中心。

隋唐安阳城的位置见于清嘉庆《安阳县志·建置志》载：“王伯厚《地理释》引《都城记》云，洹水南岸三里有安阳城，今城北去洹河三里而遥，则今之县城，即隋唐以来所治之处，未经迁徙。”[33]参考张盛墓志，则隋唐安阳城位置在今安阳市文峰区，即安阳老城。安阳地区出土的隋代墓志中对此称谓不一，有称为相州或魏郡“安阳城”“安阳县”，亦有称为相州“邺县”者。如大业九年（613年）《蔺义墓志》称“迁厝于魏郡安阳之积善里”[34]，开皇十三年（593年）《苏嶷墓志》称“迁于相州北十里邺县白素乡”[35]。这与《地理志》所载隋初安阳地区的政区变动有关。张盛终老于相州安阳县修仁乡。修仁乡，文献未见记载，地理位置尚不明确。

张盛夫人王氏于隋开皇六年（586年）卒于“相州灵泉县”。安阳出土的开皇七年（587年）《韩邕墓志》中亦载，韩邕“卒于相州零泉县界”[36]。灵泉县亦作零泉县，见《隋书·地理志》魏郡条目载：“宣政初府移洛，以置总管府，未几，府废。统县十一……灵泉，后周置，有龙山。”[37]又见《旧唐书·地理志》相州条目记：“武德元年，置相州总管府，领安阳、邺、林虑、零泉、相、临漳、洹水、尧城八县。……四年，废总管府，仍省零泉县。”[38]另外《新唐书·地理志》相州安阳县条目记：“武德四年省零泉县。”[39]类似记载亦见《太平寰宇记》。根据文献，灵泉县为北周时设置，隋初为相州魏郡所辖。隋开皇年间魏郡被撤销后，零泉县遂直属相州管辖。到唐武德四年（621年）县被废除。灵泉县位于安阳老城西南即今安阳市龙安区一带，这里曾有零泉村、零泉水等地名、河流。清嘉庆《安阳县志·地理志》载：“在西南境者有零泉水。……零泉在府城西南零泉村东流一十五里入洹水。陈县志零泉水在县西南四十里，有零泉县旧址。”[40]安阳出土的唐开元二年（714年）《郑参墓志》，记有“窆在郡西卅五里零泉村西□祖茔之右岗原”[41]。《隋书》所记灵泉县境内有龙山，即今安阳市西南九龙山。而近年出土于安阳龙安区的隋代麹庆墓，进一步证实了隋代灵泉县今天的地理位置。不过根据墓志记载，麹庆于隋开皇十年（590年）“迁窆于相州相县灵泉乡”安葬，其夫人韩氏则在开皇十八年（598年）与麹庆合葬[42]。如果依据这两方墓志，则灵泉县最迟在隋开皇十年已被撤销，并入相县，成为相县灵泉乡，而不是新旧唐书《地理志》所称的唐武德四年才被裁撤。这一政区规划变动原因应该是隋初相县的设置。《隋书·地理志》记载：“开皇初郡废，十年复，名安阳，分置相县，邺还复旧。大业初废相入焉，置魏郡。”[43]隋文帝开皇十年，从安阳县析置出相县，属相州所辖。到隋炀帝大业初相县被撤销，并入安阳县。麹庆夫妇墓志所载正是隋开皇十年相县设立的这段时间，此时的灵泉可能已被归入相县管辖，成为灵泉乡。根据墓志及其他文献可知，隋相县治所在今河南安阳市西。

志文记张盛与夫人王氏葬地为相州安阳城北五里白素乡。根据近年来安阳地区出土的隋墓墓志来看，一般以相州安阳城为坐标点，标识死者葬地。白素乡位于安阳老城的北部，地理范围大致为今安阳市东至安阳桥、西至大司空村的洹河北岸区域，包括安阳小屯村北地[44]。这一带出土了大量的隋代墓葬，其中官员贵族墓志出土不少，包括开皇十一年（591年）《张景略墓志》[45]、开皇十三年（593年）《苏嶷墓志》[46]、开皇十二年（592年）《达奚庆碑》[47]等。

五 结 语

隋张盛及夫人王氏墓志在20世纪50年代末就经考古发掘出土，墓葬及随葬品均保存完好，墓志书写行文与墓志规制等符合隋代墓志的常见式样[48]。但因墓志记述简略，有关张盛履历的记载中尚有不够明晰或舛误的地方，造成了在研读该墓志中多有困惑之处。

墓志中记录了张盛与夫人王氏卒地与葬地皆在相州安阳一带，张盛本人仕宦北朝，因此以往学者多认为张盛家族是居住于此的北朝人士。但从张盛曾祖、祖父、父三代等所授的职官及治地，加之墓志中隐晦提及北魏景明年间的立勋归国事件，我们推测张盛家族最初应是在南朝为官。北魏景明年间，南朝与北魏政权频繁交战，南朝政权内部政治倾轧，故而发生多起南朝官员及僚属叛逃入魏事件。推测张盛家族也在此时奔入北魏，遂在北朝定居并担任官职。张盛夫人王氏家族亦原为南朝人。根据墓志所记张盛官秩，则张盛致仕早于隋，甚至早于《北齐官品》颁布之前。

附记：本文在写作过程中，中国社会科学院考古研究所赵超研究员、陕西师范大学历史文化学院周晓薇教授、武汉大学历史学院毋有江教授给予很多支持与帮助，特此致谢！

注释：

[1] 考古研究所安阳发掘队：《安阳隋张盛墓发掘记》，《考古》1959年第10期。
[2] 洛阳文物工作队：《洛阳出土历代墓志辑绳》，中国社会科学出版社，1991年，第11页。
[3] 《汉书·地理志》，中华书局，2006年，第1564页。
[4] 《后汉书·宗室四王三侯列传》，中华书局，2006年，第560页。
[5] 《后汉书·光武帝纪》，中华书局，2006年，第1页。
[6] 陈弱水：《从〈唐晅〉看唐代士族生活与心态的几个方面》，载《隐蔽的光景：唐代的妇女文化与家庭生活》，广西师范大学出版社，2009年，第208～210页。
[7] 仇鹿鸣：《制作郡望：中古南阳张氏的形成》，《历史研究》2016年第3期。
[8] 中国国家图书馆：《国家图书馆藏敦煌遗书（第103册）》，国家图书馆出版社，2008年，第385～388页。
[9] 《南齐书·州郡志》，中华书局，1972年，第249页。
[10] 胡阿祥：《东晋南朝双头州郡考论》，《中国历史地理论丛》1989年第2期。
[11] 《宋书·申恬传》，中华书局，1974年，第1723～1725页。
[12] 《宋书·州郡志》，中华书局，1974年，第1093页。
[13] 罗新、叶炜：《新出魏晋南北朝墓志疏正》，中华书局，2005年，第422～423页；王其祎、周晓薇：《隋代墓志铭汇考（第二册）》，线装书局，2007年，第206～208页。
[14] 俞鹿年：《北魏职官制度考》，中国社会科学出版社，2008年，第425页。
[15] 俞鹿年：《北魏职官制度考》，中国社会科学出版社，2008年，第294页。

[16] 《魏书·裴叔业传》，中华书局，1974 年，第 1565 ~ 1580 页。
[17] 《魏书·王肃传》，中华书局，1974 年，第 1407 ~ 1413 页。
[18] 《魏书·萧宝夤传》，中华书局，1974 年，第 1313 ~ 1326 页。
[19] 《魏书·田益宗传》，中华书局，1974 年，第 1375 页；《梁书·陈伯之传》，中华书局，1973 年，第 311 ~ 316 页。
[20] 赵超：《汉魏南北朝墓志汇编》，天津古籍出版社，2008 年，第 158 ~ 159 页。
[21] 王连龙：《新见北朝墓志集释》，中国书籍出版社，2013 年，第 117 页。
[22] 王连龙：《新见北朝墓志集释》，中国书籍出版社，2013 年，第 176 页。
[23] 西安市文物保护考古研究院：《陕西西安西魏乙弗虬及夫人隋代席氏合葬墓发掘简报》，《考古与文物》2020 年第 1 期。
[24] 《魏书·地形志》，中华书局，1974 年，第 2610 ~ 2611 页。
[25] 《隋书·地理志》，中华书局，1973 年，第 873 页。
[26] 郦道元注，杨守敬、熊会贞疏：《水经注疏·洛水》，江苏古籍出版社，2001 年，第 1313 页。
[27] 俞鹿年：《北魏职官制度考》，中国社会科学出版社，2008 年，第 249 页。
[28] 阎步克：《品位与职位：秦汉魏晋南北朝官阶制度研究》，中华书局，2002 年，第 568 页。
[29] 《隋书·百官志》，中华书局，1973 年，第 736 页。
[30] 俞鹿年：《北魏职官制度考》，中国社会科学出版社，2008 年，第 249 页。
[31] 《宋书·州郡志》，中华书局，1974 年，第 1038 页。
[32] 《隋书·地理志》，中华书局，1973 年，第 847 页。
[33] 贵泰、武穆淳等：《安阳县志·建置志》，成文出版社，民国二十二年（1933 年），第 222 页。
[34] 安阳市文物考古研究所、安阳博物馆：《安阳墓志选编》，科学出版社，2015 年，第 173 页。
[35] 王其祎、周晓薇：《隋代墓志铭汇考（第二册）》，线装书局，2007 年，第 111 ~ 112 页。
[36] 安阳市博物馆：《安阳活水村隋墓清理简报》，《中原文物》1986 年第 3 期。
[37] 《隋书·地理志》，中华书局，1973 年，第 847 页。
[38] 《旧唐书·地理志》，中华书局，1974 年，第 1491 页。
[39] 《新唐书·地理志》，中华书局，1974 年，第 1012 页。
[40] 贵泰、武穆淳等：《安阳县志·建置志》，成文出版社，民国二十二年（1933 年），第 405 页。
[41] 此墓志收藏于安阳市博物馆。
[42] 安阳市文物考古研究所、河南省文物考古研究院：《河南安阳隋代麹庆夫妻合葬墓的发掘》，《考古学报》2023 年第 3 期。
[43] 《隋书·地理志》，中华书局，1973 年，第 847 页。
[44] 申文喜：《隋代达奚庆碑考》，《考古》2018 年第 12 期。
[45] 赵万里：《汉魏南北朝墓志集释（第二册）》，科学出版社，1956 年，第 82 页。
[46] 王其祎、周晓薇：《隋代墓志铭汇考（第二册）》，线装书局，2007 年，第 111 ~ 112 页。
[47] 申文喜：《隋代达奚庆碑考》，《考古》2018 年第 12 期。
[48] 赵超：《中国古代墓志通论》，紫禁城出版社，2003 年，第 149 页。

从此岸到彼岸

——丧葬模型映射的现实世界

朱宏秋

东汉末年，黄巾起义引发社会大动乱，出现群雄割据，魏、蜀、吴三国鼎立。此后虽有西晋的短暂统一，但接下来是更加动荡的东晋、十六国时期，长期南北对峙。南北朝时期，江南经历了宋、齐、梁、陈四个王朝，北方经历了北魏、东魏、西魏、北齐、北周，到公元 589 年隋文帝南下灭陈，中国才重归统一。在这段长达 4 个世纪的历史时期，匈奴、羯、鲜卑、氐、羌等族陆续进入中原，先后建立政权。随着不同地区、不同民族之间文化的交流、碰撞乃至融合，社会生活习俗不断发生变化。

两晋南北朝时期，席地而坐或坐于床榻仍是传统的起居习惯，如安阳梅元庄隋墓出土的磨粉俑和打水俑、北齐元夫人墓出土的女坐俑，湖南长沙金盆岭晋墓出土的对坐女俑、青瓷对坐俑等[1]，均呈跪坐状。然而士大夫、贵族开始脱离跪坐的礼仪传统。如西晋顾恺之的《女史箴图》、南京西善桥砖墓画像砖《竹林七贤图》等，在一定程度上反映了当时上层社会的起居习惯，虽然还是席地而坐，但出现了趺坐、箕踞等坐姿。《晋书》记载，阮籍在母亲死后居丧期间，裴楷前来吊唁，阮籍散发箕踞，醉而直视[2]。有的人倚靠几案或隐囊，与传统跪坐相比，这些坐姿显得轻慢无礼。更有甚者，出现了垂足坐。《南齐书·魏虏传》载："虏主及后妃常行，乘银镂羊车，不施帷幔，皆偏坐垂脚辕中，在殿上亦跂据。"[3] 对于这种偏坐而且将脚下垂的姿势，南朝大多数人认为是"魏虏"之俗。公元 5 到 6 世纪，"胡俗"的出现直接促成了高足坐具的使用和流行。张盛墓出土的明器，正是这种过渡期转变的物质呈现。

据墓志载，张盛卒于隋开皇十四年（594 年），时年 93 岁。除了墓志和铜镜，其他随葬品均为陶瓷质地，这些明器大多反映了他的日常。尽管目前不清楚其确切的摆放位置，它们仍是目前发现的少有的隋代室内陈设、家具群体。本文从探讨这些随葬品的功能出发，尝试复原当时人们生活起居，错误之处敬请斧正。

一　房屋建筑模型

张盛墓出土的彩绘陶仓房模型，高 54、面阔 43、进深 32 厘米（图一：1）。长方台基，歇山九脊顶，正面上部为紧闭的双门，门上有 3 排门钉、2 个铺首，门两边对称有直棂窗。门窗的比例和位置似乎与整体

1. 张盛墓出土彩绘陶仓

2. 安阳桥村隋墓出土建筑模型（M1：109）

3. 麴庆墓出土素烧房屋（M1：4）

图一　隋墓出土房屋建筑模型

建筑不协调，门很小，而且位置靠近屋顶，这可能是存储用的仓房。

类似土木混合结构的房屋建筑模型在1986年安阳桥村隋墓（图一：2）、2020年安阳隋麹庆墓（图一：3）、南京童家山南朝中晚期墓[4]均有出土，形制相似，细节不同。南京童家山南朝中晚期墓葬也出土类似的建筑模型，无门，一面近屋檐部有并列3个近方形的小窗，简报称之为“陶仓”。建筑模型的举高有变高趋向，这归因于木构架建筑的普及以及斗拱的发展，尤其是斗拱技术的发展，使得殿堂屋宇出檐更加深远，方便遮蔽风雨。室内举高增加，极大改善了人们的生活起居条件，这就为室内家具的改良提供了空间条件。

我们将房屋内的居家用具模型以及与出行相关的器物模型分类详述如下。

二　步障、屏风、围屏、床帐所用陶座

张盛墓出土白陶器座4件，高7.8～9.1厘米，形制相同（图二）。上部分为覆莲，下半部分为方形底座，中央有圆孔。陶座与柱础功用相似，是步障或屏风类家具的组成部分，中间的柱孔用来插杆状物。陶座出土时放置在棺床的四角，有四分之一的缺口，是烧造之前专门去掉的。由此推测，这种形制的陶座属于帐座，它与呈直角的床榻腿结合使用，中部圆孔插杆，以便施帐。

山西大同北魏司马金龙墓出土4件石雕柱础[5]，方形，置于棺前，与屏风配合使用。洛阳北魏宣武帝景陵中，柱础为帐构之础。山东济南东魏天平五年（538年）崔令婆墓出土两件小滑石器座[6]，与张盛墓出土的陶座相似，为覆钵式，也缺少四分之一角。

除了上文列举北方墓葬出土的不同材质的带圆孔器座，在南方墓葬中也有此类柱础出土。例如，南京富贵山东晋墓出土4件中空的圆形陶座[7]。又如南京幕府山六朝墓1号墓，出土4件中空的圆形陶座[8]，同时出土4件上细下粗的陶管，陶管较粗的一端恰好可以插入陶座。南京幕府山1号墓（南朝初期墓）的4件陶座放置在墓室内四个角落。富贵山东晋墓出土的陶座，分布在墓室内四个不同方位。此外，宜兴两座晋墓出土13件陶座和石座[9]，馒头形，中空直通到底。

辽宁省朝阳县袁台子东晋石椁壁画墓中出土4件础石[10]，分别位于漆案四角下，金属帐构也散落在漆案上，础石中间有孔，用来安插帐架的杆子，杆子与金属帐构组合使用。考古发现的陶座，大多放在墓室四角或者砖砌的墓室内的祭台四角，抑或案的四角，有学者认为，这些器座是墓室、祭台或者棺床张设的帷帐所用[11]。

除了缺四分之一角的陶座，还有的陶座缺二分之一。例如南京甘家巷萧梁墓出土的帐座（M6：8、M6：9）均是半圆形[12]，两件合在一起就是一个整体，分开的话，可以与平面的墙壁或床榻腿结合使用。这种墓室内张设帷帐的做法，是对地面生活空间的模仿，在墓室内尽力营造现实生活的氛围。

三　茵席类所用之“镇”——蹲兽座

张盛墓出土2件蹲兽座，均有方形基座，边长11.5厘米，上接覆莲，莲瓣尖部向外翘起。覆莲上有蹲兽，其中一兽拱背俯首，高10厘米；另一兽仰首咆哮，高13厘米（图三）。

图二　张盛墓出土陶座

图三　张盛墓出土瓷蹲兽座

蹲兽座的作用类似于镇，与茵席、莞席等配套使用，用来使席平整，不卷不翘。常有4件，石质或金属质地。镇的造型多模仿动物，如虎、豹、骆驼、羊、兔、鹿、熊、龟、蛇等。张盛墓出土的蹲兽座表明，席地而坐的传统习惯仍然存在，没有完全消失。

四 燕息凭倚类用具

1. 置物之案

魏晋南北朝时期，曲栅横跗式案足较流行；隋唐五代十国时期，又流行直栅横跗式案足。案面多为长方形，平坦且直，案两端翘起或卷沿。湖南长沙牛角塘63长牛M1唐墓出土的陶案[13]，就是很好的例证。

张盛墓出土的白釉瓷案，高6.2、长13.5、宽6.5厘米，为直栅横跗式，两端翘起（图四：1）。安阳桥村隋墓也出土类似的瓷案（图四：2），案面的两端各有5个凸圆柱形装饰，案腿外侧均有长条格装饰，模仿木案造型。长沙赤峰山三号南朝墓出土的瓷案，案足的外侧仍然做出象征木条案足的线条[14]，显然是模仿木制家具。山东嘉祥英山1号隋墓开皇四年（584年）壁画中，墓主人徐侍郎夫妇端坐在床榻上，男主人身前置案，手臂放在案上，背后置屏风，帷帐垂悬于床榻两旁[15]。

2. 凭倚之几

张盛墓出土的白釉凭几，高5.5厘米，下有3个蹄形足（图五：1）。几面窄且弧曲，高度与席地而坐时侧身倚靠相适应。安阳桥村隋墓出土的凭几（图五：2），弧形几面的两端均为兽首，比张盛墓的更奢华。南朝谢朓“曲躬奉微用，聊承终宴疲”，说的就是几的功用。

木质、陶质的半环形几在墓葬中多有发现，是三国至六朝开始流行的新式样。安徽马鞍山东吴朱然墓出土1件髹黑红漆的木凭几[16]，圆弧形几面，下有3个蹄形足。安徽马鞍山东晋墓出土一大一小两个半环状陶几，下有三兽足[17]。南京大学北园晋墓出土3件陶凭几，长74、宽9、高24厘米。这几件凭几的尺寸较大，与实际使用物相仿[18]。在当时的石刻造像中，也有半环形几的出现。如波士顿美术馆藏隋开皇九年（589年）□崇□造像碑[19]，中部的道像结跏趺坐在三层台阶之上，将凭几放在左侧腰部，肘放在几面上，腰被凭几环绕。

1. 张盛墓出土白釉案

2. 安阳桥村隋墓出土瓷案（M1：42）

图四 隋墓出土瓷案

1. 张盛墓出土白釉凭几

2. 安阳桥村隋墓出土瓷几（M1：41）

图五 隋墓出土凭几

1. 张盛墓出土白釉挟轼

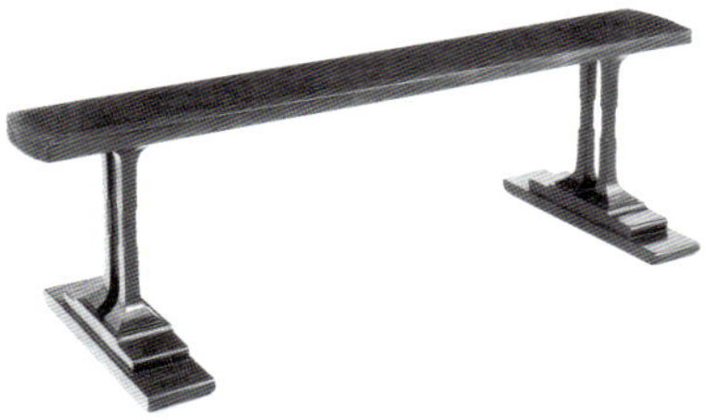

2. 奈良国立博物馆藏唐代漆挟轼

图六 隋唐挟轼

1. 张盛墓出土彩绘陶挟隐囊侍女俑

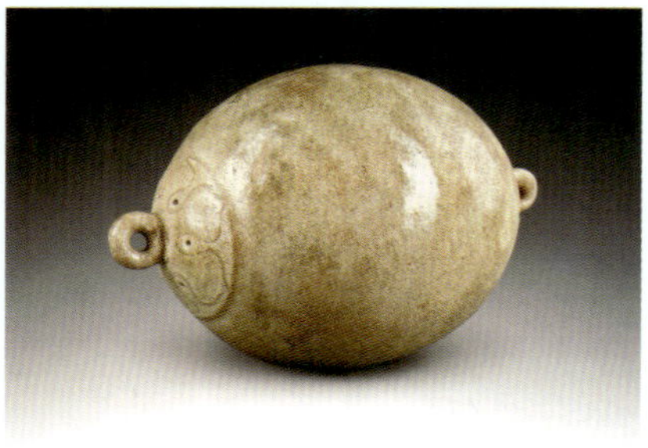

2. 安阳桥村隋墓出土瓷隐囊（M1：43）

图七 隋墓出土隐囊

在考古发掘中，发现了凭几与其他家具组合使用的现象。例如，南京象山六号墓、七号墓都出土了曲面环形凭几[20]。七号墓出土的陶曲面三足凭几与陶盘、陶耳杯、陶砚、瓷香熏、瓷唾壶一起，放置在长方形陶案上。陶案长方形，长112、宽65、高21.4厘米，很大，为食案。此类大案上若置曲形凭几，大案的功能则类似床榻，是上层社会流行的坐具。七号墓出土了体积很大的牛车，里面放一陶凭几。凭几放在牛车里，是方便出行的家具。

3. 悬肱之挟轼

张盛墓出土1件白釉挟轼，高6、长12厘米，几面平直，下置2足(图六：1）。挟轼即古人所说的“凭轼”，是席居时代的重要家具之一。坐于榻上或席上时，可以放置身前凭靠憩息；或者放于身旁，随意侧倚；也可以放在床榻上，用来搭足。

“挟轼”之名见于日本正仓院的献物帐，正仓院北仓阶下“南棚”有“紫檀木画挟轼”1件。正仓院中仓也藏有1件“漆挟轼”[21]，高30.8、板长100.3、板宽14.6厘米（图六：2）。《北齐校书图》中侍女所持的1件和床榻上学士所凭靠的，也是同样款式。

4. 隐囊

张盛墓出土1件彩绘陶挟隐囊侍女俑。隐囊器身圆鼓，被侍女夹在腋下（图七：1）。这是一种用织物做的软性靠垫，其两端有一圈莲瓣纹装饰，囊表有纵向条纹。安阳桥村隋墓出土的隐囊（图七：2）形似鹅卵，中空，两端有圆形纽，器腹两端装饰莲瓣纹一周，而且上有均匀间隔的小圆孔，与张盛墓出土侍女腋下夹的隐囊相似。

关于隐囊最早的文字记载出自《颜氏家训》卷三《勉学》：“梁朝全盛之时，贵游子弟，多无学术……无不熏衣剃面，傅粉施朱，驾长檐车，跟高齿屐，坐棋子方褥，凭斑丝隐囊，列器玩于左右，从容出入，望若神仙。”

河南龙门石窟北魏时期宾阳中洞的内壁雕刻维摩诘像，维摩诘的左肘向后，斜靠在圆鼓的隐囊上。东魏武定元年（543年）造像碑维摩诘像、北周安伽墓中，都可见当时的隐囊造型。南朝陈后主也在使用隐囊，据《南史·后妃传》记载：“时后主怠于政事，百司启奏……后主倚隐囊，置张贵妃于膝上共决之。”一直到唐代，李寿墓石棺内壁的线刻《仕女图》中，依然有怀抱隐囊的侍女形象[22]。

5. 枕

张盛墓出土1件白釉枕，枕体长方形，高2.6、长4、宽2厘米，由6个面组成，枕面微下凹，枕面与枕侧墙基本垂直（图八）。这是瓷枕的基本形制，也称作“箱形枕”，但这件小瓷枕并非中空，而是实心的，是件明器。

张盛墓出土的这件枕，是目前考古发现最早的瓷枕实物模型。其他材质的枕，如甘肃天水石马坪隋唐屏风石棺墓出土的石枕[23]、法门寺地宫出土的水晶枕[24]，均是类似的长方形，枕面两端上翘。

6. 茵褥

张盛墓出土1件白釉瓷茵褥，高4.5、长9.5、宽7厘米（图九：1）。这件模型明器呈扁长方形，四边委角，实心，底部无釉。表面刻划方格一样的锦地，每个方格内隐约有截的小短线或小点，似乎表示覆盖丝织物。张盛墓还出土1件彩绘陶挟茵褥侍女俑，女侍者腋下夹着类似的模型（图九：2），推测这是茵褥类物品。

汉代以来，盛行使用毛织物“毾”“花罽”“细旃”类坐茵。这种毛织物是西北名产，平常折叠或者卷起来，随身携带，用的时候摊开。孙机先生在讨论唐李寿石椁线刻《侍女图》时，认为第16位侍女抱的是茵褥，其形状棱角分明，与张盛墓的茵褥不太一样，但是外面都有花纹装饰。

7. 暗花盒盖状器

张盛墓出土1件白釉暗花器，如同长方形的箱子或盒的盖子（图一〇），高3.8、长12.7、宽6厘米。整体盝顶式，顶部拱起，但转折处均为圆角，空腔。器表装饰织锦纹样，在两条几乎平行的直线组成的方格内，再刻划类似米字的花纹，类似锦地装饰的丝织物，最下面一圈是短流苏，似乎表示锦的边缘垂幔。

这个整体像盒盖一样的器物，有可能是贮物用的箧类的扁箱子，外面覆盖了丝织物，或称“笲”。武威磨嘴子东汉M48夫妇合葬墓出土1件苇箧[25]，类似盒盖，长方体，顶部拱起，苇胎，外敷丝织物，四周用赭色、白色锦缝成宽边，中心缀一幅绢地刺绣，大概与此相同。当然，也有可能表示枕具、靠垫、坐垫外覆盖了织物，用来防尘或美观；或者代表一件柔软的已经折叠好的茵褥类物品。

这种纹样与上述茵褥的纹样类似，都属于棋子格。这种棋子一样的方格纹，沈从文先生称作“棋子格方褥”[26]，也有人称作“框格纹”。南北朝时期是民族大融合、大交流的时期，东西交往频繁。据张晓霞考证，盛产毛织物的中亚西亚地区，常见装饰四边形框格纹的坐具。在敦煌莫高窟北朝时期壁画中，北魏第254窟南壁中央说法图中的佛像坐垫纹样、北魏第254窟尸毗王坐垫织物纹样、西魏第285窟天王上衣腹部纹样、西魏第285窟佛座背后织物纹样、北周第428窟天王上衣纹样上，都能看到方框格纹[27]。

四边形框格纹一路由西向东传播，充满了异域

图八 张盛墓出土白釉枕

1. 张盛墓出土白釉茵褥　　2. 张盛墓出土彩绘陶挟茵褥侍女俑（局部）

图九 张盛墓出土茵褥

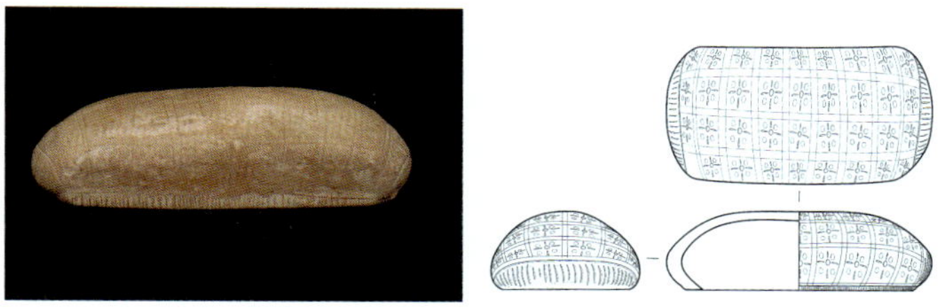

图一〇 张盛墓出土暗花盒盖状器

风情。隋朝张盛墓出土的白釉瓷茵褥和暗花盒盖状器，装饰棋子格纹，框格纹内填花，是中亚西亚文化融入中原文化的实物见证。

五 垂足高坐类家具

1. 靠背椅

张盛墓出土1件白釉靠背椅（图一一），高5.5、长7.5、宽2厘米。极似现在的靠背椅，这是之前没有发现过的新器形。其长度相对于宽度来说显得过长，好像可供两人或多人同坐。

公元2世纪到公元3世纪犍陀罗地区的石质观音菩萨半跏思惟像，倚坐在莲花之上的藤椅上[28]。1953年，河北曲阳修德寺遗址出土1尊北齐武平四年（573年）石雕思惟菩萨坐像。半跏思惟坐像于4世纪左右开始在中国流行，这种坐姿是右脚横搭于左膝上，左腿自然下垂，这类坐像的流行也影响到世俗生活。克孜尔石窟第38窟主室券顶本生壁画中，可以见到类似的带有靠背的坐具图像，中原地区则在北朝时期才有这类椅子的图像。敦煌莫高窟第285

图一一　张盛墓出土白釉靠背椅

图一二　张盛墓出土白釉凳

图一三　张盛墓出土彩绘陶挟筌蹄侍女俑（局部）

图一四　张盛墓出土白釉便携扁箱子

图一五　张盛墓出土白釉高箱子

窟西魏大统年间所绘壁画中，在窟顶北坡下有一列坐在草庐中的禅修人像，其中一位禅修者坐在椅子上。椅子下有 4 足，后有较高的靠背，两侧有扶手，这是目前所知有确切纪年的椅子图像。张盛墓的椅子有靠背，没有扶手，而且椅面为长方形，与早期椅子的形象略有出入。

2. 凳子

张盛墓出土 2 件白釉凳（或称杌、杌凳），尺寸和形制相同，高 3.6 厘米，凳面长 9、宽 4 厘米（图一二）。凳面有 2 个长方形小孔和 1 个小圆孔，目前不清楚其具体含义。与腿连接的凳面位置刻划长条方格纹，可能是模仿木制家具的榫眼和其他装饰。凳腿与凳面同宽。从整体形状看，这种凳子类似于俎、案，如信阳长台关楚墓出土黑漆小木俎。

3. 筌蹄

张盛墓出土 1 件彩绘陶挟筌蹄侍女俑，筌蹄被夹在侍女右腋下，一端残缺，另一端完好，平面为圆形，面上刻划莲瓣纹装饰，中部束腰（图一三）。

筌蹄是战国以来妇女熏香取暖的专用坐具，是一种竹编的细腰坐具。南北朝时期，筌蹄是极受欢迎的维摩诘居士坐具。受佛教影响，中间做成仰莲、覆莲的形状，后来又演变成腰鼓的形状，中部束腰。敦煌及龙门石窟的壁画中多见筌蹄。山东益都北齐石墓的线刻画像《商谈图》中，主人坐在筌蹄上，左脚落地，右腿横搭在左腿之上，足以说明筌蹄的作用及大概形状[29]。

六　收纳储藏类

1. 便携箱子

张盛墓出土 2 件白釉便携扁箱子，长方体，高 4.2、长 7.5、宽 2.6 厘米（图一四）。正面贴塑锁类装饰，侧面贴塑提手。这个箱子是实心的，虽然是模型，但制作非常逼真，能反映出隋代箱子的造型及使用方法。

陕西扶风法门寺地宫出土的唐咸通十二年（871 年）八重宝函外面的七重宝函、江苏苏州虎丘塔发现的五代经箱[30]，都与这件箱子模型正面的锁相似，应是唐、五代此类储藏家具风格的延续。

2. 高箱子

张盛墓出土 1 件白釉高箱子，底部正方形，高 5 厘米，攒尖顶，盖与身为子母口（图一五）。下部的正面刻划一把锁，背面刻划两个仿金属的构件，类似于合页，每个合页的末端都有两对相对应的孔。这件高箱子也是实心，是模型明器。麹庆墓出土一件女立俑，双手捧着相似的模型。

这种高箱子是从竹编器物发展而来。例如，山东沂南汉画像石墓中室南壁正中一段的画像石上（图版 51 拓片第 40 幅），3 个人的下面刻有家具，中间是一个大箱子，左边一个灯台，右边一个高箱子。这个高箱子与张盛墓的高箱子相似，但为盝顶，盖顶是平的[31]。

3. 盝顶式箱盖

张盛墓出土了3件白釉箱盖，分别是矮盝顶式箱盖、高盝顶式箱盖、暗花箱盖（或盒盖），空腔，无底，表面施釉，内部涩胎（图一六：1）。矮盝顶式箱盖高3.5、长9.5、宽5.8厘米。高盝顶式箱盖高5.5、长9、宽5.7厘米。暗花盒盖状器如前文所述，也可能表示箱盖，表面花纹表示覆盖了织物。

张盛墓还出土1件素胎小盒（图一六：2），高2.7、长7.6、宽4.4厘米。值得注意的是，这件盒子可与上述3件中的任何一个套合。高矮宽窄不同的盛储用的箱盒成套出现，在其他墓葬里也有出现，例如马王堆汉墓出土的双层九子奁、单层五子奁等[32]。江苏南京富贵山东晋墓出土9件带盖陶箱[33]。这些成套的各型号箱子，可能表示所要盛装东西之多，表明墓主人很富足。

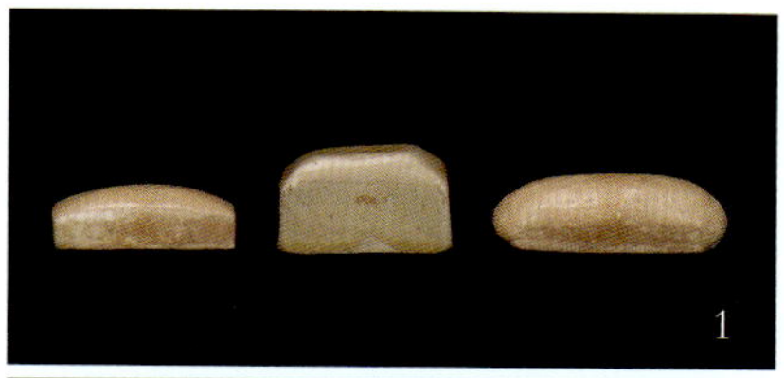

图一六　张盛墓出土白釉箱盖和素胎小盒

4. 束腰形储物器

张盛墓出土1件白釉束腰形储物器，高7.3、直径5.5厘米，空心，盖与圆柱形连为一体，尖圆形的宝珠，外壁装饰凸弦纹（图一七：1）。安阳桥村隋墓也出土类似的瓷奁状器（M1 ： 35），腹部基本为直身圆筒形（图一七：2）。麹庆墓出土的奁状器（图一七：3）基本为直筒形，但装饰手法类似。

河北正定隋大业元年（605年）塔基地宫出土1件圆筒形舍利容器；河北定州静志寺塔基地宫出土4件圆筒形舍利容器（2件石质涂金，2件铜质），其外形及装饰都相仿。冉万里先生指出，圆筒形容器在古印度发现很多[34]，张盛墓出土的这件模型明器，反映出佛教传播对当时的影响。

1. 张盛墓出土白釉储物器

2. 安阳桥村隋墓出土瓷奁状器（M1 ： 35）

3. 麹庆墓出土奁状器（M1 ： 111）

图一七　隋墓出土储物器和奁状器

5. 白釉暗花盒盖状器

张盛墓出土1件白釉暗花盒盖状器，高5、直径6.5厘米（图一八：1）。盖顶暗刻莲瓣纹，腹上半部刻划随意的卷草纹，下部分刻划仰莲瓣纹，纹饰细且浅，在透明釉的下面若隐若现。

还有1件涩胎圆盒，高2.8、口径4.2、足径4.3厘米（图一八：2）。直壁，口底相若，通体涩胎无釉，胎体可见旋坯痕迹。笔者整理库房时发现，这个涩胎圆盒刚好可以套在白釉暗花盒盖状器里面，二者可能配套使用。

6. 圆盒

张盛墓出土的白釉圆盒有17件之多，都没有盖子，腹部较浅，均为子口，有较深的隐圈足，高4 ~ 4.5厘米，口径8.5厘米左右，底径9厘米左右（图一九）。大小有细微差别，可以一个一个摞起来，但吻合不紧密。有可能盛装食物、生活用品或者女性化妆用品。

图一八　张盛墓出土白釉盒盖状器与涩胎圆盒

图一九　张盛墓出土白釉圆盒

七　梳妆类

张盛墓出土1件白釉镜架，高12.9、底座边长7厘米，整体为旋转的立柱，顶部为宝珠形，下部有方形底座，弧形托架上附着青铜锈（图二〇：1）。张盛墓还出土青铜镜1件，直径6.5厘米（图二〇：2）。推测该镜架与铜镜有关。

这种镜架属于明器，在尺寸和细节方面与生活中的实物略有出入，但大体的面貌则是隋代镜架的缩影，是汉魏以来流行的立柱式带弧形托架或者有方形托架的镜架的延续和发展。

八　食器类

张盛墓出土的白釉四环足盘有4个环形足，高11、盘径36厘米（图二一：1）。白釉三足洗的足为兽蹄足，高4.5、口径10.5厘米（图二一：2）。两者的功用都类似于高圈足盘，杯、钵可以放置其上，上面也可以放鼎式炉等，配套使用，具有承盘的功用。白釉釜为小卷沿，敞口，深腹，圜底，外壁贴塑成对凸钉4对（残失1个），高6.5、口径10厘米。该釜内壁满釉，外壁施釉不及底，可能是煮水、加热类器皿（图二一：3）。白釉钵敛口，腹饰斜方格纹，高5.2、口径9厘米（图二一：4）。

张盛墓出土的白釉双耳盂，高5.5、口径8厘米（图二二：1）。白釉碗，高5.5、口径8厘米（图二二：2）。青釉盏一共有3件，形制相同，高6.5、口径11、底径5.2厘米（图二二：3）。

九　盛贮器

张盛墓出土白釉龙柄象首壶，高15、底径4.8厘米（图二三）。盘口，溜肩，鼓腹，饼形实足。壶盖为小管状口。壶体口肩部有龙形柄，壶肩部对称处有一个象首状流。肩部还有4组8个双泥条系。此瓶可能是僧人随身携带的净瓶，象首造型也许受到“乘象入胎”等佛传故事影响。张盛墓出土白釉贴花带盖壶一对，通高39、口径16.5、底径15.6厘米（图二四）。还出土白釉壶3件，造型都仿铜壶（图二五）。其中有一件带盖壶，通高14.6、口径5、底径5.7厘米。

图二〇　张盛墓出土白釉镜架和铜镜

图二一　张盛墓出土四环足盘、三足洗、白釉釜、白釉钵

图二二　张盛墓出土白釉双耳盂、白釉碗、青釉盏

图二三　张盛墓出土白釉龙柄象首壶

图二四　张盛墓出土白釉贴花带盖壶

图二五　张盛墓出土白釉壶

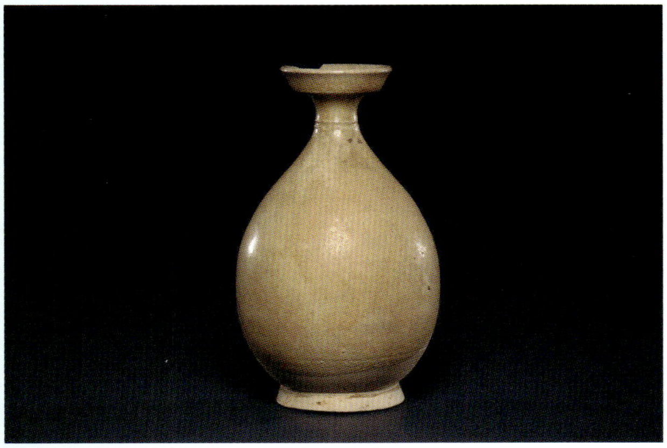

图二六　张盛墓出土白釉盘口瓶

图二七　张盛墓出土白釉盖罐

张盛墓出土1件白釉盘口瓶，高13.5、口径4厘米，盘口微敞，短细颈，斜溜肩，鼓腹，饼形实足。该瓶拥有近乎完美的瓶体曲线（图二六）。还有白釉盖罐，一共4件，形制大小相同，通高29厘米（图二七）。

张盛墓出土4件白釉仓，形制大小近同，高32厘米。器身罐形，圆桶状腹，下有干栏式基座，上有仿塔刹的器盖，仓盖可以自由启合（图二八：1）。出土时，仓腹内装有10个泥质小圆饼，厚0.5 ~ 0.7、直径2.3厘米左右（图二八：2）。

圆饼的中间有小孔，有学者推测为冥钱，并将

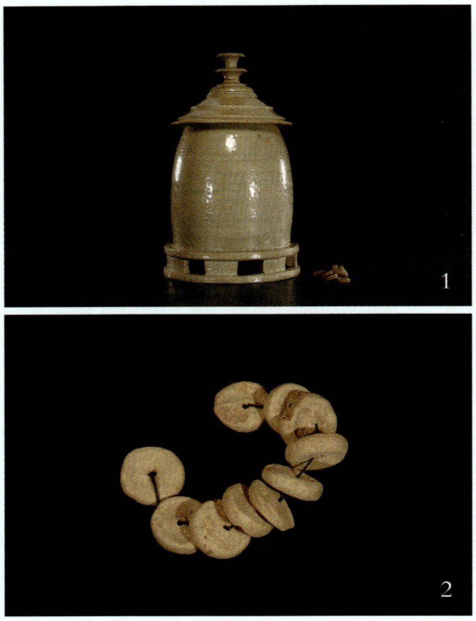

图二八　张盛墓出土白釉仓和泥质小圆饼

图二九　麹庆墓出土陶仓和泥质圆形饰

白釉仓命名为“钱仓”[35]。麹庆墓也出土了3件仓，其中一件有盖，器形与张盛墓一致，只不过是没有施釉的素烧器（图二九：1）。该墓还出土了两套素烧圆形器，其中一套129件，另一套76件，圆片形，中间有小孔，厚0.3～0.4、直径1.4～2厘米（图二九：2、3）。分为灰胎、白胎两种，白胎多涂有黄彩，脱落严重。

十　工具类

1. 生活工具

张盛墓出土1件白釉剪刀，长16厘米（图三〇）。其造型模仿同时期的铁质类金属材质的剪子，在安阳市置度村八号隋墓里，墓主人头部附近摆放铁剪刀[36]，用一根两端有锋刃的铁条弯曲而成。

2. 劳动工具

张盛墓出土的劳动工具模型有白釉瓷簸子（图三一：1）、侍女双手所持的铲（图三一：2）和箕（图三一：3）。还有很多陶质粮食加工工具，如陶磨2种（图三一：4、图三一：5）、陶碾（图三一：6）、陶碓（图三一：7）、陶灶（图三一：8）、陶井（图三一：9）等。这些劳作工具当然不是张盛夫妇所用，墓葬里那么多侍从应该是各司其职。

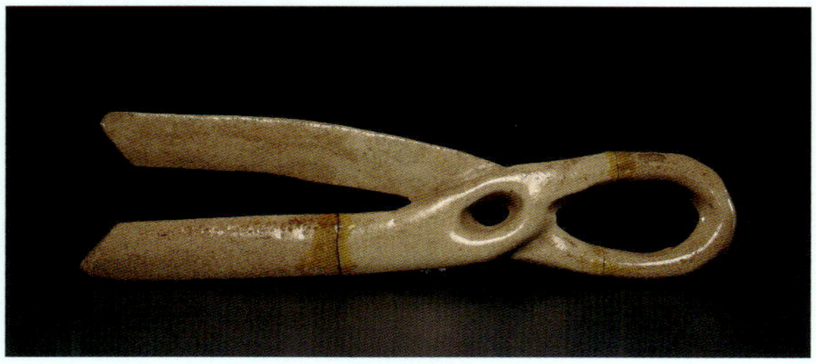

图三〇　张盛墓出土白釉剪刀

3. 出行工具

张盛墓出土陶马镫，长7.3厘米，两套4件（图三二）。陶牛高20厘米（图三三），陶车轮直径22厘米，一套2件（图三四）。汉代以降，受清流士风的影响，一直到隋，出行车制的一大变化是牛车兴起。

十一　照明类

1. 盏中立柱式油灯

张盛墓出土的白釉油灯，高4.3、口径11.8、底径5.3厘米，碗心竖一平顶束腰形矮柱（图三五）。立柱用于搭灯捻，是油灯的传统式样，最迟从汉代就有了，一直沿用。

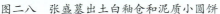

2. 盘式灯

有单层盘式灯和双层盘式灯两种。张盛墓出土1件彩绘陶捧烛盘侍女俑，手捧单层盘式灯，盘内还有火焰（图三六：1）。张盛墓出土一件白釉双层盘式灯，高7、底径5.5厘米，上层小盘为花瓣口浅腹式，下层大盘为敞口浅腹式（图三六：2）。这类灯具的形状大致与盛食物所用的“豆”类似，是先秦

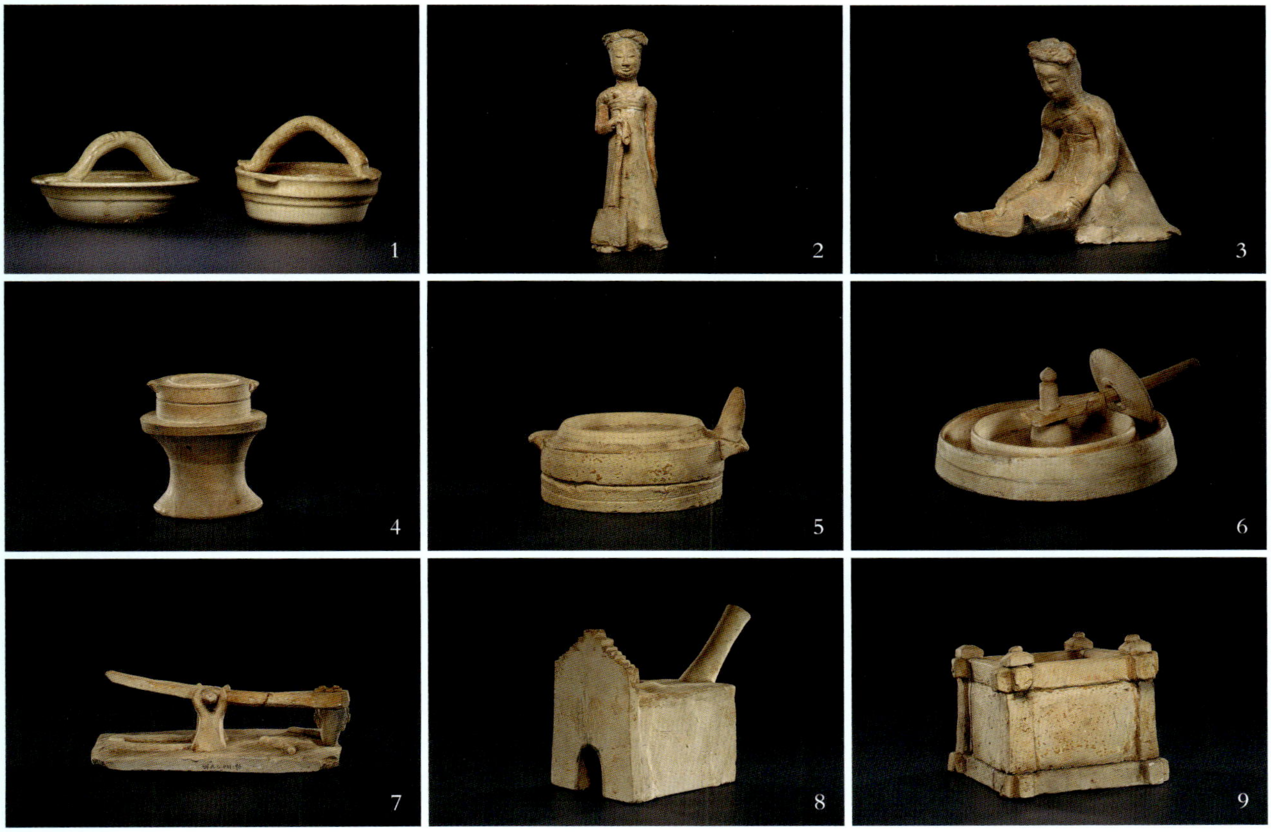

图三一　张盛墓出土的劳动工具模型

图三二　张盛墓出土陶马镫

图三三　张盛墓出土陶牛

图三四　张盛墓出土陶车轮

图三五　张盛墓出土盏中立柱式白釉油灯

图三六　张盛墓出土单层盘式灯和双层盘式灯

以来通常使用的。内置灯油和灯芯，一般下面有灯柄，用来手握。

3. 烛台

张盛墓出土1件白釉烛台，高15、底座长8.1、底座宽8.5厘米。有高高的底座，上承装饰螺旋纹的高而空的灯柱，柱顶端设十字架，十字架中央以及每一个端点都放一短短的蜡烛，并有长长的火焰（图三七：1）。

北朝到隋时期的相州窑很多灯具，都试图增加灯盏的高度以及灯盏的数量，除了实用性，这些灯具的造型也极具想象力。例如安阳桥村隋墓出土烛台，一个高柄支起来的平面上同时有5盏（图三七：2）；又如安阳桥村隋墓出土烛台，灯柱有五层，每层两盏，再加上柱顶端的一盏，一共11盏（图三七：3）。

十二　香熏类

1. 鼎式炉

张盛墓出土3件白釉三足炉，高8～10厘米，三足瘦高，均为鼎式炉。其中1件素面（图三八：1），另外1件的下腹部贴塑小环套大圆环（图三八：2），还有1件瓷炉贴塑兽面铺首衔环（图三八：3）。

南北朝时期，部分鼎式炉下面有平底的承盘。这3件炉可能与前文所述的四环足盘、三足洗之类的承盘配套使用，既可以焚香，也可以用于盛物加热。

2. 博山炉

张盛墓出土1件白釉博山炉，高15、盘径12、底径6.2厘米（图三九）。熏炉自上而下被

1. 张盛墓出土白釉烛台　2. 安阳桥村隋墓出土烛台（M1：60）　3. 安阳桥村隋墓出土烛台（M1：79）

图三七　隋墓出土烛台

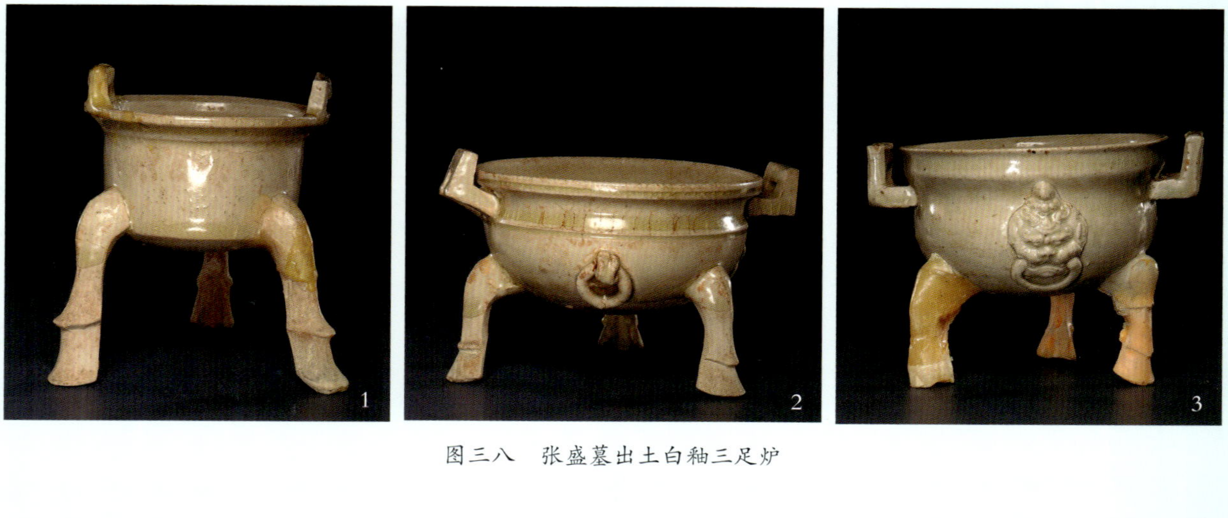

图三八　张盛墓出土白釉三足炉

凸弦纹分为3个装饰带，每个装饰带都浮雕花纹，上层、中层均为花瓣，下层为仰莲。此为传统博山炉造型的延续。魏晋南北朝时期，支柱下面常是平底托盘，而张盛墓这件增加了柄形底足，又增加了博山炉的高度。

3. 笼式镂雕熏笼

张盛墓出土1件彩绘陶捧熏炉侍女俑（图四〇）。此类笼式熏笼的炉腹上半部有镂雕，腹部容量较大，推测有取暖、熏衣的功能。

除了前文介绍的河南安阳桥村隋墓，很多墓葬亦有出土，例如尉迟运及贺拔氏合葬墓（隋仁寿元年，601年）出土的白瓷熏炉、李静训墓（隋大业四年，608年）出土的青釉熏炉、骠骑将军李椿及夫人刘氏墓（隋大业六年，610年）出土的绿釉熏炉、隋丰宁公主杨静徽和驸马韦圆照合葬墓（隋大业六年，610年始建）出土的绿釉熏炉等[37]。其质地除了陶瓷，还有石质等，说明这种笼式熏香器很受欢迎。

4. 柄香炉

张盛墓出土1件手持柄香炉的陶僧俑，这件柄香炉由高足杯式炉身、长柄以及长柄末端的底座三部分构成（图四一）。

冯慧统计了《中国石窟》丛书壁画中手持柄香炉的图像，将柄香炉出现的场面归纳为礼敬、供养、导引、日常所持（亦为礼敬）四种。此外，王静娴认为，柄香炉亦有超度的功能，长柄香炉是构筑西方极乐净土之无量宝香的一个载体，是佛经中“异香来迎”的具象化表现，同时也是佛教世俗化的一种体现，具有较强的宗教含义[38]。

十三　体育类

1. 围棋盘

张盛墓出土1件白釉围棋盘，高4、边长10厘米，属于纵横各19道围棋（图四二）。两汉时期，围棋的形制和规则基本确定，在文人士大夫中极为流行。河北望都县一号东汉墓出土了纵横各17道石棋盘。棋盘上纵横线道的数量从少向多发展，发展到19道之后固定下来，并一直延续至今。

2. 双陆棋盘

张盛墓出土1件白釉双陆棋盘，高1.8、长10.5、宽5厘米。平面长方形，两条长边中点各有6个凹圆点（图四三）。双陆源于印度，曹魏时经西域传入中原，盛于南北朝、隋唐以及宋元时期。双陆是一种博具，其道具分别有枰（棋局）、马（棋子）和骰子三种，另有筹计算输赢[39]。

3. 弹棋局

张盛墓出土1件白釉弹棋局，高6、长9、宽9厘米。四角攒尖形顶，直壁，底座出四足，足间若壸门（图四四）。扬之水认为，这件大小若棋盘、底座式样与围棋盘相近、中央高高坟起、四面为光滑陡

图三九　张盛墓出土白釉博山炉

图四〇　张盛墓出土彩绘陶捧熏炉侍女俑（局部）

图四一　张盛墓出土手持柄香炉的陶僧俑（局部）

图四二　张盛墓出土白釉围棋盘

图四三　张盛墓出土白釉双陆棋盘

图四四　张盛墓出土白釉弹棋局

图四五　张盛墓出土彩绘陶伎乐俑

坡的器物，是仿真的“弹棋局”，是博弈之具[40]。

麴庆墓出土了1件极为类似的明器，高4、边长11厘米，四角攒尖屋顶状，底座是四角直角形，其形状更像亭类建筑。

十四　乐器类——琵琶、笛、筚篥、竖箜篌、排箫、钹

张盛墓出土8件跪坐的彩绘陶伎乐俑，高17～19厘米（图四五）。除了一人击掌和乐，其余7人分别持曲项四弦琵琶、直项五弦琵琶（前排）和笛、筚（觱）篥、竖箜篌、排箫、钹（后排）。此为坐部伎乐俑的演奏场景，姿态各异，形象生动。

结　语

张盛墓室内的家具涵盖起居、陈设、饮食、娱乐以及出行的各个方面，主要有以下几个方面。第一，同一种用途的家具款式多样，应有尽有，极大地满足了墓主人追求极致生活体验的内在需求。第二，同一种用途的家具装饰多种多样，避免了审美的单调乏味，从侧面反映出墓主人紧跟社会风尚。第三，传统的低矮型倚靠用具与新兴的垂足高坐类家具同时使用，低矮型家具向高坐型家具过渡；传统的床榻等家具和部分器物均出现了不断增高的趋势，以适应室内空间变高的需要。第四，张盛墓随葬瓷器里，只有3件盏是青釉，其他都是白釉（白胎透明釉），釉色白中泛青或白中闪黄，部分已接近标准白瓷。而且，白瓷随葬品涵盖饮食、起居、收纳、盛储、照明、熏香、家具等方方面面。可以说，张盛墓出土的白瓷代表了中国白瓷起源阶段的生产水平。

总之，这些随葬品是张盛夫妇起居习惯、室内陈设、出行、娱乐等物质生活、精神生活的缩影，透过这些明器，我们可以管窥公元6世纪隋朝的日常生活，感受从秦汉文明向更加辉煌的隋唐文明过渡时期的社会变迁和文化风貌。

注释：

[1] 安阳市文物工作队：《河南安阳市两座隋墓发掘报告》，《考古》1992年第1期，第36页；安阳市文物考古研究所编著：《抟土为金：安阳相州窑及相州窑瓷器考古新发现》，中州古籍出版社，2018年；河南省文物局编著：《安阳北朝墓葬》，科学出版社，2013年，第38页，彩版五〇：1；湖南省博物馆：《长沙两晋南朝隋墓发掘报告》，《考古学报》1959年第3期。

[2] 《晋书》，中华书局，2000年，第1530页。

[3] 《南齐书》卷五七《魏虏传》，中华书局，1972年，第985 ~ 986页。

[4] 安阳市文物工作队：《河南安阳市两座隋墓发掘报告》，《考古》1992年第1期，第44 ~ 45页；安阳市文物考古研究所、河南省文物考古研究院：《河南安阳隋代麹庆夫妻合葬墓的发掘》，《考古学报》2023年第3期；南京博物院：《南京童家山南朝墓清理简报》，《考古》1985年第1期。

[5] 山西省大同市博物馆、山西省文物工作委员会:《山西大同石家寨北魏司马金龙墓》，《文物》1972年第3期。

[6] 易水：《漫话屏风——家具谈往之一》，《文物》1979年第11期。

[7] 南京博物院：《南京富贵山东晋墓发掘报告》，《考古》1966年第4期。

[8] 华东文物工作队:《南京幕府山六朝墓清理简报》,《文物参考资料》1956年第6期。

[9] 罗宗真：《江苏宜兴晋墓发掘报告——兼论出土的青瓷器》，《考古学报》1957年第12期。

[10] 辽宁省博物馆文物队、朝阳地区博物馆文物队、朝阳县文化馆：《朝阳袁台子东晋壁画墓》，《文物》1984年第6期。

[11] 阮国林：《谈南京六朝墓葬中的帷帐座》，《文物》1991年第2期。

[12] 南京博物院、南京市文物保管委员会：《南京栖霞山甘家巷六朝墓群》，《考古》1976年第5期。

[13] 何介钧、文道义：《湖南长沙牛角塘唐墓》，《考古》1964年第12期。

[14] 周世荣：《长沙赤峰山3、4号墓》，《文物》1960年第2期。

[15] 山东省博物馆:《山东嘉祥英山一号隋墓清理简报——隋代墓室壁画的首次发现》，《文物》1981年第4期。

[16] 安徽省文物考古研究所、马鞍山市文化局：《安徽马鞍山东吴朱然墓发掘简报》，《文物》1986年第3期，第6页。

[17] 安徽省文物工作队:《安徽马鞍山东晋墓清理》,《考古》1980年第6期,第570页。

[18] 南京大学历史系考古组：《南京大学北园东晋墓》，《文物》1973年第4期。

[19] 刘连香：《美国波士顿美术馆藏中国道教造像》，《中原文物》2013年第2期，第59页。

[20] 南京市博物馆:《南京象山5号、6号、7号墓清理简报》，《文物》1972年第11期。

[21] 奈良国立博物馆：《第六十回“正仓院展”目录》，株式会社大伸社，2008年，第33页。

[22] 孙机:《唐李寿石椁线刻〈侍女图〉〈乐舞图〉散记(上)》,《文物》1996年第5期。

[23] 天水市博物馆：《天水市发现隋唐屏风石棺床墓》，《考古》1992 年第 1 期，第 52 ~ 53 页。
[24] 韩生编著：《法门寺文物图饰》，文物出版社，2009 年，第 366 页。
[25] 甘肃省博物馆：《武威磨咀子三座汉墓发掘简报》，《文物》1972 年第 12 期。
[26] 沈从文编著：《中国古代服饰研究》，香港商务印书馆，1981 年，第 12 页。
[27] 张晓霞：《从"棋子方褥"看北朝织物框格纹的西来之源》，《南京艺术学院学报》2013 年第 3 期。
[28] 黄山美术社编：《昆仑之西：平山郁夫藏丝路文物精粹》，上海书画出版社，2019 年，第 137 页。
[29] 夏名采：《益都北齐石室墓线刻画像》，《文物》1985 年第 10 期。
[30] 韩生编著：《法门寺文物图饰》，文物出版社，2009 年，第 151 ~ 168 页；苏州市文物保管委员会：《苏州虎丘云岩寺塔发现文物内容简报》，《文物参考资料》1957 年第 11 期。
[31] 南京博物院、山东省文物管理处：《沂南古画像石墓发掘报告》，文化部文物管理局出版，1956 年，第 22 页。
[32] 湖南省博物馆、中国科学院考古研究所：《长沙马王堆一号汉墓》，文物出版社，1973 年，第 88 ~ 93 页。
[33] 南京博物院：《南京富贵山东晋墓发掘报告》，《考古》1966 年第 4 期。
[34] 赵永平、王兰庆、陈银凤：《河北省正定县出土隋代舍利石函》，《文物》1995 年第 3 期，第 92 页；冉万里：《古印度舍利容器集锦及初步研究》，《西部考古》第 11 辑，科学出版社，2016 年。
[35] 邢宏玉：《浅析古代储钱器》，载《河南文物考古论集（二）》，中州古籍出版社，2000 年，第 283 页。
[36] 安阳市文物考古研究所：《河南安阳市置度村八号隋墓发掘简报》，《考古》2010 年第 4 期。
[37] 中国社会科学院考古研究所编著：《唐长安城郊隋唐墓》，文物出版社，1980 年，第 15 页；陕西省考古研究所：《西安东郊隋李椿夫妇墓清理简报》，《考古与文物》1986 年第 3 期；戴应新：《隋丰宁公主和韦圆照合葬墓》，《故宫文物月刊》1998 年第 9 期。
[38] 冯慧：《中日所见晋唐时期的长柄香炉》，《考古与文物》2016 年第 5 期；王静娴、常青：《敦煌藏经洞〈引路菩萨图〉及手持长柄香炉的宗教意义》，《石窟寺研究》第 13 辑，科学出版社，2022 年。
[39] 蔡杰：《隋张盛墓出土双陆棋盘考辨》，《博物院》2020 年第 6 期。
[40 扬之水：《古器丛书考三则》，《东方艺术》1997 年第 5 期，第 41 页。

张盛墓出土陶瓷器的无损分析

金锐（河南大学历史文化学院）
张得水、朱宏秋、王琼（河南博物院）

一 引言

张盛墓位于河南省安阳市，是1959年由考古研究所安阳发掘队进行系统考古发掘的重要发现。该墓建于隋开皇十五年（595年），为砖筑单室墓，其墓室布局合理，随葬品丰富多样，共计192件，涵盖了各类俑、瓷器及生活用具模型，生动展现了隋代高超的手工艺水平和丰富的生活场景。其中，随葬品中的俑类尤为引人注目，包括侍吏俑、武士俑、镇墓兽、仪仗俑、伎乐俑、舞俑、胡俑、仆侍俑及罕见的僧俑等，形态各异，栩栩如生，为研究隋代社会文化提供了宝贵的实物资料[1]。

在瓷器方面，张盛墓出土了大量的白瓷，种类繁多，例如象首壶、贴花铺首衔环壶等，这些白瓷在工艺上展现了高超的技艺，装饰题材丰富，写实性强。其釉色多为白中泛青或白中闪黄，带有若干青瓷的特征，尽管釉色不够纯净，但部分作品已接近白瓷标准。此外，墓中也出土了少量青瓷，如绿釉青瓷碗，展示了隋代青瓷的生产水平。这些瓷器的发现为研究青瓷与白瓷的过渡关系提供了重要实物资料，也揭示了白瓷与青瓷在技术上的紧密联系[2]。

关于张盛墓出土瓷器的产地，学术界存在不同看法。最初，发掘者认为这些瓷器产自河北磁县贾壁窑，但有学者对此提出异议。随着安阳相州窑的发掘，更多证据表明张盛墓中的瓷器可能是由安阳相州窑烧制的。相州窑位于安阳市北郊，出土的部分瓷器标本与张盛墓中的瓷器在胎釉、造型和装饰上高度相似[3]。

鉴于张盛墓在白瓷研究中的重要地位，本文拟对其出土的白瓷和青瓷进行深入分析，旨在探讨其工艺特点，寻找青瓷向白瓷过渡的证据，并追溯白瓷的发展过程。同时，通过对白瓷色度的研究，为确定白瓷色度的量化数据提供支撑。

值得注意的是，张盛墓中的俑类大多施彩绘，人物俑多呈现黑发朱唇，衣裙色彩丰富。然而，历经千年，彩绘表面多有剥落和褪色，亟待保护与深入研究。彩绘陶俑作为古代墓葬文化的重要组成部分，不仅承载着丰富的历史信息，还体现了当时社会的艺术审美、宗教信仰及制作工艺水平。因此，本研究还计划采用便携式拉曼光谱分析与便携式X荧光光谱分析技术，对张盛墓出土的彩绘陶俑表面颜料进行科学鉴定，以明确其成分与结构，为后续的保护修复工作奠定坚实的科学基础。

综上所述，本研究通过对张盛墓出土瓷器和彩绘陶俑的深入分析，旨在深化我们对隋代瓷器生产状况的认识，为研究中国白瓷的起源和发展提供线索和依据。同时，通过对张盛墓出土的青瓷和白瓷的比较研究，探寻早期白瓷与青瓷的关系问题，并且为后续的文物保护与修复工作提供科学支持。

二 样品情况

分析的陶瓷器均为河南博物院馆藏文物，兼顾科学研究和藏品保护需求，本次工作地点在河南博物院，测试均为原位无损分析。此次分析陶瓷器共20件，其中白釉瓷器9件、青釉瓷器2件、涩胎白陶器4件、彩绘陶俑5件，详情见表一。

为了进一步探讨张盛墓出土瓷器的工艺特点及产地归属，本研究特选取15件馆藏安阳窑出土的瓷片标本（详见表二）进行比较分析。安阳窑是隋代重要的青瓷窑址，位于河南安阳市北郊。1974年发掘，发现了丰富的窑具、瓷器、装饰品等遗物，揭示了安阳窑在隋代青瓷生产中的重要地位[4]。

表一　分析的陶瓷器的基本信息

编号	名称	描述
1171	白釉器盖	盖面弧形，有凹弦纹装饰，盖内口沿凸起，为子口，套合在罐口内，宝珠纽，纽部残缺。盖面施釉，内露胎
1173	白釉器盖	盖面弧形，有凹弦纹装饰，盖内口沿凸起，为子口，套合在罐口内，宝珠纽，纽部残缺。盖面施釉，内露胎
1193	白釉鼎式炉	敞口，圆腹或直腹，圜底，双立耳方折附在颈部，3足修复，腹部贴塑兽面铺首衔环。通体施釉，炉身外底部露胎，积釉处呈青黄色
1194	白釉鼎式炉	鼎式炉，敞口，近直腹，圜底，双立耳立于口沿，3足修复。通体施釉，炉身外底部露胎，积釉处呈青黄色
1195	白釉三足洗	直腹壁，平底，仿兽腿兽蹄形足。外腹壁装饰数道凹弦纹，贴塑3组小环套大圆环，足修复。通体施釉，釉面有开片，外底中部露胎
1210	白釉圆盒	子口，似为承盖，外壁中部装饰一周凹弦纹，深圈足。通体施釉，积釉处显青色，有开片，圈足内露胎
3018	白釉双陆棋盘	平放时如一件浅腹的直壁长方形小盘子，即棋盘，也为棋枰。内底较长边的内沿，分别均匀排列12个小圆坑，标志着12条路。中部还有一个刻划的半圆形，半圆形的中部戳一个小点，将12个小圆坑一分为二，左右各6个，即双陆（六）。盘底部有两个条形托。通体施釉，盘外底部及条形托露胎
8666	涩胎圆盒状器	直壁，平底，口底相若。通体涩胎无釉，胎体可见旋胚痕迹
8668	涩胎动物	通体涩胎无釉，形似狗
1188	青釉小瓷碗	通体施青釉，下腹部及外底露胎，垂釉现象明显
1190	青釉小瓷碗	窄口沿平折，敞口，斜腹，平底。通体施青釉，下腹部及外底露胎，垂釉现象明显

续表

编号	名称	描述
1172	白釉罐	卷唇，侈口，短粗颈，圆溜肩，鼓腹，平底。通体施釉，下腹部及外底部露胎
1162	白釉四环足盘	盘为圆式，口沿极浅，盘心平坦，盘内有 3 圈双凹弦纹、7 个大致平均分布的支烧痕迹。盘底承以 4 个粗泥条圆环形足，每个圆环再以泥条固定在盘底。通体施釉，釉色不匀净，盘面有较多爆釉痕迹，盘底中部露胎
1436	彩绘陶牛	红胎。站姿。昂首，双目圆睁，嘴紧闭，喉部皮肤下垂，尾下垂贴于左臀部，四肢柱立于长方形底板之上。牛身上以红彩绘出牛鞍
1387	彩绘陶托挟轼侍女俑	白胎。站姿。头发上梳盘于头顶，脑后插梳。长圆脸，面带微笑。上身穿窄长袖交领紧身襦，外系齐胸背带长裙，胸前系长绦带垂至膝部，足部微露。双手托一挟轼于胸前，挟轼之两足皆残。俑黑发，襦裙略见红、黄彩残迹
1375	彩绘陶捧烛盘侍女俑	白胎。站姿。头发上梳盘于头顶，脑后插梳。长圆脸，面带微笑。上身穿窄长袖交领紧身襦，外系齐胸背带长裙，胸前系长绦带垂至膝部，足部微露。双手捧一烛盘于胸前。俑黑发朱唇，襦施橙黄彩，裙施红彩
1371	彩绘陶提瓶侍女俑	白胎。站姿。头略左倾，头发上梳盘于头顶，脑后插梳。长圆脸，面带微笑。上身穿窄长袖交领紧身襦，外系齐胸背带长裙，胸前系长绦带垂至膝部，足部微露。左手提一瓶于身侧，右手置于胸前。俑黑发朱唇，襦裙施红、黄彩
1374	彩绘陶捧烛盘侍女俑	白胎。站姿。头略左倾，头发上梳盘于头顶，脑后插梳。长圆脸，面带微笑。上身穿窄长袖交领紧身襦，外系齐胸背带长裙，胸前系长绦带垂至膝部，足部微露。双手捧一烛盘于胸前。俑黑发朱唇，裙施红彩
2440	白陶念珠	白胎。由 95 枚念珠组成，其中 93 枚为圆形念珠，中央穿孔；两端的 2 枚为莲藕节形念珠。
2932	陶马镫	灰白胎。上部为直柄，顶部有近方形镫孔，下部为弧顶平底的镫环

表二　安阳窑瓷片标本的基本信息

编号	名称	描述
74AYYC1	白瓷片	钵口腹部残件，白釉略泛黄
74AYYC2	白瓷片	弦纹钵口腹底残件，白釉
74AYYC3	白瓷片	男立俑腰腹部残件，白釉
74AYYC4	白瓷片	碗口腹底部残件，白釉
74AYYC5	白瓷片	残件太小，器形不可辨，白釉
74AYYC6	青瓷片	碗残件，直腹，平底，青黄釉

续表

编号	名称	描述
74AYYC7	青瓷片	碗残件，厚唇，斜腹，平底，青黄釉
74AYYC8	青瓷片	碗残件，直腹，平底，青黄釉
74AYYC9	青瓷片	模印莲瓣残件，青绿色釉
74AYYC10	青瓷片	钵残件，敛口，青绿色釉
74AYYC11	青瓷片	罐腹部底部残件，青绿色釉
74AYYC12	青瓷片	碗残件，青绿色釉
74AYYC13	青瓷片	碗残件，青黄釉
74AYYC14	青瓷片	高足盘残件，圈足，青黄釉
74AYYC15	青瓷片	高足盘残件，圈足，青黄釉

三 分析方法

1．便携式X荧光光谱分析

成分分析使用美国 Thermo Fisher Scientific 生产的 Niton XL3t 950 型便携式 X 荧光光谱仪。该仪器配备有高性能的硅漂移探测器，最大管电压 50KV，最大管电流 200uA，最大输出功率 2W，探测窗口直径为 8mm，元素分析范围为：Mg ~ U。该设备具备土壤、矿石、合金等多种测定模式。

针对本研究对象，我们选定了矿石和土壤测定模式。两种模式的选择并非基于样品的外在形态，而是依据样品中目标元素的含量特征。具体而言，矿石模式检测专注陶瓷样品中含量高于 1% 的常量元素，土壤模式则专注于含量低于 1% 的微量元素分析。这一设置确保了数据的全面性和准确性。在检测过程中，设定检测时间为 90 秒，以充分收集 X 射线荧光信号。数据采集完成后，利用 Niton Data Transfer 5.2 软件对原始数据进行处理。对检测得到的各元素氧化物含量进行归一化处理。

鉴于本研究中的陶瓷样品均为博物馆的珍贵馆藏，无法进行破坏性取样且难以搬运至实验室，便携式 X 射线荧光光谱仪的无损、原位分析特性显得尤为重要。该技术不仅保护了文物本体，还显著提高了研究效率。

多年来，学界已对便携式 X 射线荧光光谱仪（pXRF）的数据可靠性进行了广泛验证，尽管其精度尚不及 ICP-MS 等高端分析设备，但 pXRF 在便携性、无损性、高效性及现场分析能力方面的独特优势，使其在众多研究场景中不可或缺[5]。在本研究中，主量元素的分析结果将为陶瓷器的工艺研究提供关键信息，微量元素的分析则用于探索陶瓷器的产地特征。

2．便携式分光测色仪

检测使用杭州彩谱科技公司生产的 CS-600A 分光测色仪，测量波长范围 400nm ~ 700nm，测量波长间隔 10nm，反射率测量范围 0% ~ 200%，分辨率 0.01%，照明光源 CLEDs(全波段均衡 Led 光源)。实验选用测量口径为 Φ8mm。每个点测试时间约 2s，每个样品测试 3 次，计算平均值。

3．便携式显微拉曼光谱分析

物质鉴定分析使用 HORIBAJobinYvon 公司生产的 HORIBAHE 便携式显微拉曼光谱仪，该设备光谱范围 150-3300cm^{-1}，光谱分辨率 3cm^{-1}。本次选用 785nm 激发光，物镜放大倍数为 50 倍。获得拉曼谱图后使用 KnowItAll 软件进行谱图解析。

四 结果与讨论

1. 胎体成分分析

部分瓷器样品表面存在着不平整、胎体部位釉层剥落且有少量残留等问题，导致这些瓷器胎体的成分数据存在较大误差，因此对这部分数据予以排除。陶瓷器胎体的主要成分如表三所示，彩绘俑表面的主要成分详见表四。

表三 陶瓷器样品胎体主量成分（wt%）

样品号	名 称	Al_2O_3	MgO	SiO_2	P_2O_5	K_2O	CaO	TiO_2	Fe_2O_3
1173	白釉器盖	21.81	0.53	70.24	0.27	2.10	1.89	1.76	1.40
1194	白釉鼎式炉	21.02	0.59	72.27	0.22	2.55	0.90	1.35	1.08
1195	白釉三足洗	19.74	0.62	73.03	0.22	2.63	1.33	1.34	1.10
3018	白釉双陆棋盘	23.24	1.15	69.99	0.18	2.03	0.74	1.52	1.16
8666	涩胎圆盒状器	19.78	0.58	72.46	0.27	2.40	1.94	1.32	1.25
8668	涩胎动物	15.91	0.93	71.56	0.61	3.04	4.55	1.43	1.96
1188	青釉小瓷碗	19.58	0.80	67.64	0.22	2.35	6.23	1.31	1.88
1190	青釉小瓷碗	21.20	0.50	67.86	0.16	2.18	4.88	1.37	1.86
74AYYC1	白釉瓷片	19.10	0.70	71.64	0.31	2.10	2.68	1.39	2.08
74AYYC2	白釉瓷片	21.73	0.91	71.05	0.16	2.30	1.41	1.30	1.14
74AYYC3	白釉瓷片	19.62	1.70	70.24	0.21	2.44	3.11	1.22	1.46
74AYYC4	白釉瓷片	21.54	0.45	70.78	0.28	1.93	2.39	1.48	1.16
74AYYC5	白釉瓷片	20.26	0.52	72.54	0.13	1.77	2.24	1.39	1.15
74AYYC6	青瓷片	20.30	0.00	72.31	0.17	2.14	1.80	1.49	1.78
74AYYC7	青瓷片	19.61	0.00	73.90	0.13	2.08	1.25	1.35	1.67
74AYYC8	青瓷片	17.85	0.00	71.55	0.29	2.32	4.05	1.52	2.42
74AYYC9	青瓷片	19.69	0.62	73.34	0.14	1.80	1.21	1.37	1.85
74AYYC10	青瓷片	23.91	0.82	65.84	0.11	1.92	3.81	1.50	2.09
74AYYC11	青瓷片	20.61	0.84	71.87	0.09	2.13	1.20	1.42	1.83

续表

样品号	名 称	Al_2O_3	MgO	SiO_2	P_2O_5	K_2O	CaO	TiO_2	Fe_2O_3
74AYYC12	青瓷片	22.44	0.61	69.17	0.22	2.09	2.31	1.44	1.73
74AYYC13	青瓷片	20.85	0.56	71.58	0.16	1.99	1.97	1.33	1.57
74AYYC14	青瓷片	22.44	1.37	68.03	0.13	2.14	2.33	1.50	2.07
74AYYC15	青瓷片	18.67	0.00	70.36	0.17	2.13	5.07	1.40	2.20
2440	白陶念珠	20.47	0.00	74.43	0.21	1.14	0.65	0.75	2.35
2932	陶马镫	17.06	0.00	73.45	0.34	2.11	3.34	1.19	2.51

表三详细列出了陶瓷器样品胎体的主要成分，其中 SiO_2 的含量介于 65.84% ~ 74.43% 之间，Al_2O_3 的含量介于 15.91% ~ 23.91% 之间。然而，仅凭这些数据并不能断定胎料具有“高硅低铝”的特点。这是因为 pXRF 检测技术在检测轻元素（如 Na、Mg、Al 等）时存在一些固有问题，如特征能量小、穿透力弱以及荧光产额低，导致测试结果中这些元素的含量往往偏低[5]。尽管如此，由于 pXRF 检测的成分相对稳定，我们仍然可以通过主要成分来判断不同样品胎料之间的关系。使用 Al_2O_3 和 SiO_2、Fe_2O_3 和

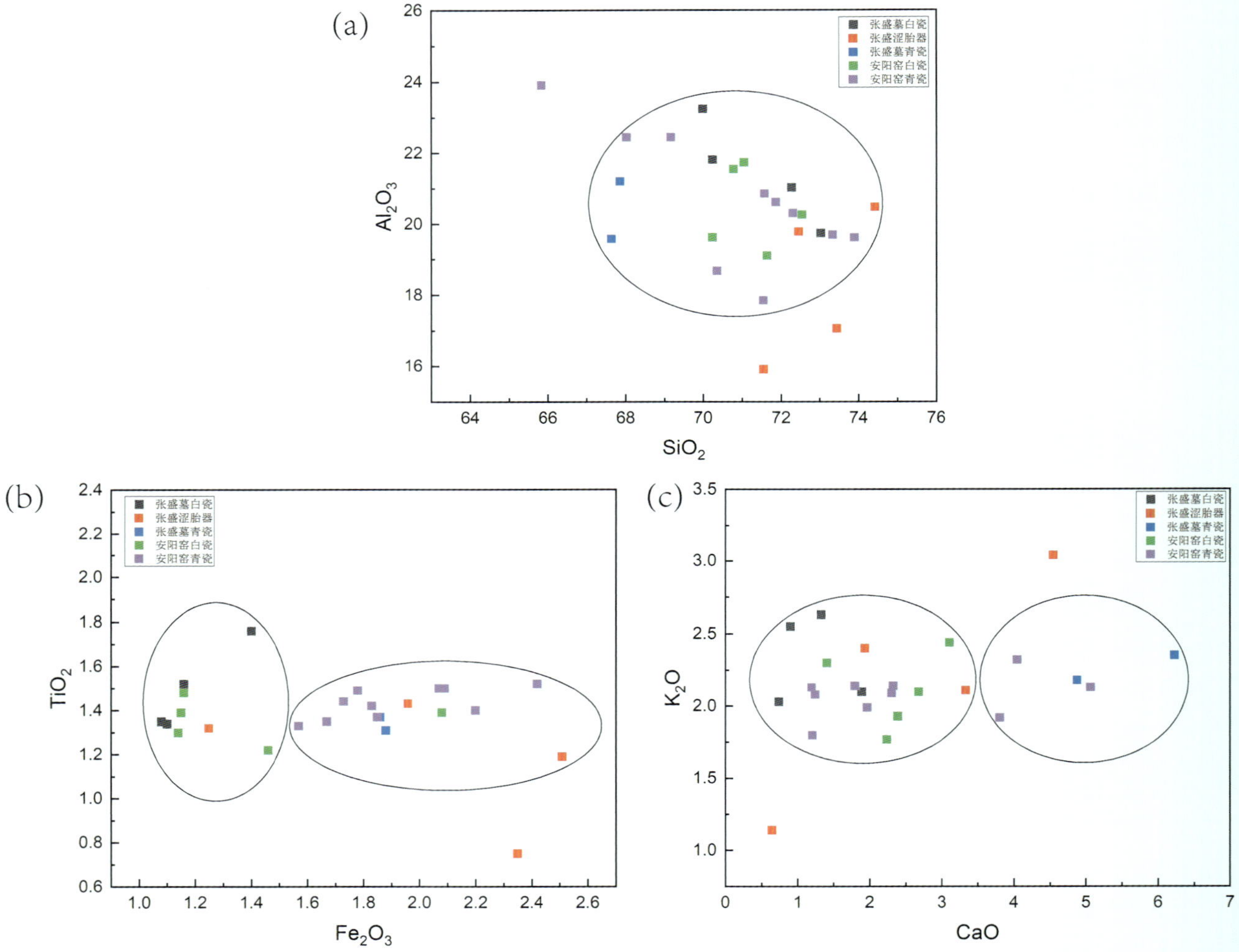

图一　张盛墓、安阳窑陶瓷器胎体的主量成分散点图

TiO_2、CaO 和 K_2O 制作散点图，如图一所示。

由图一（a）可知，张盛墓白瓷、青瓷、涩胎器、安阳窑白瓷、青瓷胎体的 SiO_2 和 Al_2O_3 含量呈现相似特征，这说明，张盛墓陶瓷器、安阳瓷器使用的胎体原料相似。值得注意的是，相比较而言，涩胎圆盒状器（8666）、陶马镫（2932）胎体表现为高硅低铝特点。由图一（b）可知，TiO_2 含量在狭窄区间内 1.19% ~ 1.76%，Fe_2O_3 含量可将白瓷和青瓷分开，张盛墓和安阳窑白瓷表现为低铁特征。Fe_2O_3 和 TiO_2 是胎体的显色成分，随着含量升高，在还原气氛下烧成的胎体颜色会由白色转变成青灰色乃至黑色[6]。胎体中的 Fe_2O_3 和 TiO_2 属于杂质，白瓷和青瓷胎体 Fe_2O_3 含量差异，说明工匠有意识地选择铁杂质较低的原料作为白瓷胎体的原料，或者对制作白瓷的胎体原料进行淘洗处理。值得注意的是，白陶念铢（2440）表现为低钛高铁特征。由图一（c）可知，K_2O 含量在狭窄区间内 1.177% ~ 2.63%，CaO 含量以 3.5% 为界限，可分为高钙和低钙区，张盛墓白瓷、安阳窑白瓷和部分青瓷在低钙区，特别是张盛墓白瓷和青瓷 Ca 含量差异较大，再次说明青瓷与白瓷的胎体原料有一定区别。工匠为了让胎体颜色显白，会选择杂质较低的黏土作为胎体原料，或者对胎原料进行淘洗处理[7]。涩胎动物（8668）表现为高钾高钙特点，白陶念珠（2440）则表现为低钾低钙特点。

从三张散点图来看，涩胎器与瓷器胎体都表现出些许差异，涩胎器均为白色器，可能涩胎器显示的是原生黏土，瓷器黏土则经过处理。对瓷器胎体和釉微量元素进行了主成分分析（principal component analysis），结果也显示张盛墓的白瓷胎料与安阳窑胎料相近，而张盛墓涩胎器胎原料有别于瓷器。产地问题将另撰文讨论。

pXRF 胎体成分分析与 ICP-MS、INAA、EDXRF 等大型设备成分结果有较大出入，但相对含量高低仍可进行分组分类。从分类结果来看，判断胎体原料的关系问题不大。

表四列出了彩绘俑表面的主要成分。由于彩绘俑表面有彩，其成分不能完全代表胎体成分，而是彩绘俑表层的分析结果。整体来看，S 含量很高，这可能是因为 SKα 谱峰能级为 2.308Kev，PbMα 谱峰能级为 2.345Kev，两谱峰发生重叠。受仪器能谱分辨率限制，仪器无法剥离识别，所以高 S 含量可能是由于 SKα 谱峰和 PbMα 谱峰加权引起的。但 Pb 和 S 的含量说明，颜料可能包含铅丹 Pb_3O_4、铅黄

表四　彩绘俑表面主量成分（wt%）

样品号	名　称	测试部位	Al_2O_3	MgO	SiO_2	P_2O_5	SO_3	K_2O	CaO	TiO_2	Fe_2O_3	PbO
1387	彩绘陶托挟轼侍女俑	裙上	7.67	0.00	57.25	0.52	15.78	1.90	12.52	0.58	3.65	0.12
1387	彩绘陶托挟轼侍女俑	裙上红彩	8.74	0.00	38.40	3.78	38.42	1.52	4.59	0.74	1.55	2.26
1375	彩绘陶捧烛盘侍女俑	裙上红彩	6.56	1.49	28.15	3.84	44.60	1.90	6.58	1.13	1.55	4.20
1375	彩绘陶捧烛盘侍女俑	右臂黄彩	17.45	1.02	61.55	0.55	9.69	1.94	3.51	1.33	2.80	0.15
1371	彩绘陶提瓶侍女俑	右臂红彩	5.22	1.24	31.68	2.88	37.38	0.95	2.96	0.34	1.27	16.08
1374	彩绘陶捧烛盘侍女俑	裙上红彩	3.47	2.03	14.66	6.12	59.91	0.68	4.32	0.18	0.98	7.66
1436	彩绘陶牛	腹部	9.32	1.63	53.22	0.44	16.49	2.45	8.68	0.80	6.96	0.02
1387	彩绘陶托挟轼侍女俑	裙上	16.01	0.84	58.50	0.32	13.88	2.26	4.90	1.36	1.84	0.09
1375	彩绘陶捧烛盘侍女俑	头部	4.08	1.97	20.12	3.13	49.20	2.01	7.72	1.03	1.62	9.12
1371	彩绘陶提瓶侍女俑	裙上	15.17	1.33	57.03	0.54	14.81	2.21	5.54	1.32	1.93	0.11
1374	彩绘陶捧烛盘侍女俑	侧身	11.48	1.05	48.06	1.91	25.57	1.85	5.59	1.21	1.97	1.32

表五　瓷器釉面主量成分（wt%）

样品号	名　称	Al_2O_3	MgO	SiO_2	P_2O_5	K_2O	CaO	TiO_2	MnO	Fe_2O_3
1171	白釉器盖	9.13	1.79	64.38	0.45	1.58	20.82	0.52	0.08	1.26
1173	白釉器盖	11.21	1.55	68.18	0.46	1.54	15.43	0.53	0.05	1.06
1193	白釉鼎式炉	11.09	1.21	70.62	0.51	1.51	13.23	0.58	0.03	1.23
1194	白釉鼎式炉	11.50	0.92	67.86	0.25	1.61	16.31	0.51	0.14	0.91
1195	白釉三足洗	9.81	0.91	66.63	0.23	1.42	19.37	0.38	0.18	1.08
1210	白釉圆盒	10.41	1.14	64.80	0.36	1.76	19.52	0.64	0.07	1.30
3018	白釉双陆棋盘	10.84	1.49	66.48	0.47	1.10	18.17	0.48	0.04	0.94
1188	青釉小瓷碗	8.60	0.00	67.27	0.25	1.82	18.86	0.53	0.03	2.63
1190	青釉小瓷碗	9.38	0.63	66.96	0.28	1.62	18.15	0.57	0.02	2.38
1172	白釉罐	12.55	1.86	65.82	0.50	1.54	16.05	0.59	0.06	1.04
1162	白釉四环足盘	11.89	0.63	68.13	0.55	1.34	15.99	0.55	0.07	0.87
1162	白釉四环足盘	10.21	2.09	68.26	0.40	1.64	15.28	0.61	0.06	1.45
74AYYC1	白釉瓷片	8.20	0.00	61.67	0.94	1.88	23.93	0.78	0.08	2.53
74AYYC2	白釉瓷片	11.18	2.46	67.97	0.32	1.51	14.86	0.50	0.06	1.15
74AYYC3	白釉瓷片	11.51	1.87	67.20	0.17	2.23	15.29	0.48	0.08	1.16
74AYYC4	白釉瓷片	10.81	2.25	66.32	0.22	1.31	17.82	0.35	0.11	0.82
74AYYC5	白釉瓷片	9.84	1.42	68.08	0.27	1.37	17.77	0.36	0.10	0.80
74AYYC6	青瓷片	11.84	1.44	66.91	0.46	1.68	15.02	0.69	0.04	1.91
74AYYC7	青瓷片	8.34	1.75	69.04	0.79	2.13	15.59	0.50	0.04	1.82
74AYYC8	青瓷片	9.54	1.30	66.52	0.59	1.39	18.35	0.58	0.03	1.71
74AYYC9	青瓷片	9.62	1.84	72.85	0.15	2.08	10.78	0.53	0.09	2.06
74AYYC10	青瓷片	11.00	1.36	71.70	0.42	1.95	9.74	0.59	0.05	3.19
74AYYC11	青瓷片	11.61	0.00	67.80	0.35	2.69	12.89	1.14	0.00	3.52
74AYYC12	青瓷片	12.70	1.08	67.37	0.46	1.70	13.75	0.75	0.04	2.15
74AYYC13	青瓷片	15.79	1.21	68.32	0.18	1.98	9.98	0.88	0.02	1.64
74AYYC14	青瓷片	12.18	1.71	65.68	0.29	1.82	15.14	0.81	0.02	2.36
74AYYC15	青瓷片	11.63	0.74	64.09	0.34	2.02	17.41	0.74	0.03	3.00

PbO、朱砂（HgS）等，后文将结合拉曼光谱进行进一步判断。

2. 釉面成分分析

表五展示了张盛墓瓷器与安阳窑瓷器釉面的主要化学成分。利用 Al_2O_3、SiO_2、Fe_2O_3、TiO_2、CaO、K_2O、P_2O_5 和 MnO 的数据，制作了如图二所示的散点图。

由图二（a）可知，张盛墓的白瓷与青瓷，以及安阳窑的白瓷与青瓷，其釉中的 SiO_2 和 Al_2O_3 含量呈现出相似的特征，这表明，张盛墓陶瓷器与安阳窑瓷器在制釉原料的选择上有相似性。张盛墓和安阳窑瓷器瓷釉中的主要助熔剂均是 CaO，其含量在 9.74% ~ 23.93% 之间，平均值为 16.13%。此外，釉中还含有一定量的 K_2O 和 MgO。由于 CaO 占据主导地位，因此张盛墓的白瓷、青瓷以及安阳窑的白瓷与青瓷，均归类为钙釉。由图二（b）可知，整体来看，张盛墓的白瓷与安阳窑的白瓷相较于安阳窑的青瓷，表现出高钙低钾的特点。一般而言，高含量的 CaO 可以提升釉的流动性和釉面的光泽度。然而，在施釉较厚的情况下，釉层在烧结和干燥过程中容易发生开裂，导致釉面出现开片现象，这与张盛墓白瓷表面多开片的特点相吻合。

Fe_2O_3 和 TiO_2 是影响釉面颜色的成分。青瓷釉面的颜色差异主要受窑内气氛的影响，窑内还原气氛的强弱变化导致釉中 Fe^{2+}/Fe^{3+} 比值的高低变化。而 Fe^{3+} 呈现深棕黄色，Fe^{2+} 呈现深绿色，两者的比值高低决定了釉色的黄绿程度强弱[8]。对于白瓷而言，需要降低釉中的铁、钛含量。由图二（c）可知，釉面中的 Fe_2O_3 和 TiO_2 呈现正相关分布，白瓷主要集中在低铁低钛区域，与青瓷的高铁、高钛特点形成

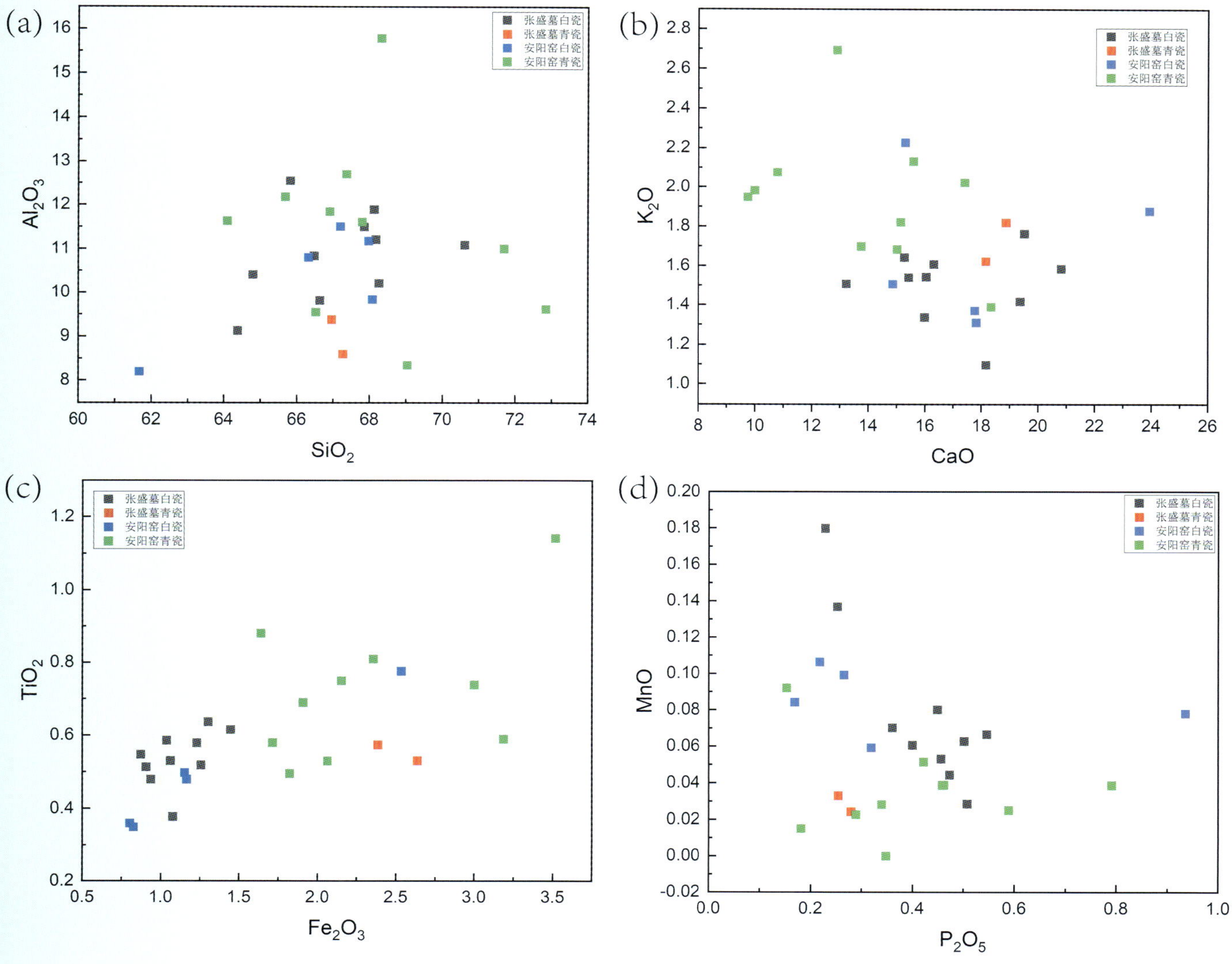

图二　张盛墓、安阳窑瓷器釉面主量成分散点图

鲜明对比。Fe_2O_3 和 TiO_2 被视为杂质，结合前文所述白瓷胎体也呈现低铁特点，推测当时的工匠对制瓷原料进行了筛选、淘洗、提炼等处理，从而降低了原料中的铁含量，使得胎体变白。同时，使用该原料配制的低铁釉料，其釉色变得浅淡而透明。张盛墓 10 件白瓷的釉面 Fe_2O_3 含量为 0.87% ~ 1.45%，平均含量为 1.11%，略高于后代定义的白瓷釉 Fe 含量低于 1% 的标准[9]。这对应了张盛墓早期白瓷的特点，很多白瓷器通体施透明釉，但积釉处呈青黄色。主要是釉中 Fe 含量依然相对较高，在还原气氛下显色为浅淡的青黄色，所以张盛墓白瓷釉面偏黄。对于透明釉而言，瓷器外观表现的颜色是自然光被釉层吸收和胎体反射后两种效果的叠加[10]。釉层较厚时，吸收的自然光较多，致使颜色比较暗，把 Fe 的着色特性显现出来，积釉处显示青瓷釉色。因此，施加较薄的釉层也是烧制白瓷的措施之一。

釉中的 P_2O_5、MnO 含量相较于胎体显著增加。由图二（d）可知，张盛墓与安阳窑的白瓷整体呈现出高锰高磷的特点。P、Mn 是草木灰所含的特有元素，这表明，瓷釉中掺入草木灰作为原料。白瓷的高锰和高磷特点，可能意味着白瓷釉料配方中加入了更多的草木灰型釉灰。

3. 色度分析

界定瓷器颜色主要有两种方法。一种是社会科学的颜色分类法，它主要依赖人眼对釉色深浅及浓淡的主观感受。这种方法缺乏统一标准，导致同一器物的颜色描述在不同出版物中常有差异。例如，对白瓷釉色的描述有“纯白釉”“白釉偏黄”“白里泛青”等多种说法。另一种方法是色度学，它基于光学、视觉生理和心理原理，能对颜色进行定量描述和控制。这种方法能更准确地描述釉色的多样性，并通过数据直观区分不同釉色。本文在瓷器色度学分析中选用的标准是 CIE1976L*a*b*。该标准用明度 L*，色度 a*、b* 表示颜色，具体数据见表六。为了直观比较张盛墓白瓷，表六还辑录了公开发表的邢窑、定窑白瓷的色度值[11]。

表六　**张盛墓、安阳窑、邢窑、定窑白瓷釉面色度值**

样品号	名 称	类 别	L*	a*	b*
1171	白釉器盖	张盛墓白瓷	70.79	2.47	16.50
1173	白釉器盖	张盛墓白瓷	70.40	2.36	16.87
1193	白釉鼎式炉	张盛墓白瓷	68.60	0.71	11.05
1194	白釉鼎式炉	张盛墓白瓷	64.27	-0.24	18.94
1195	白釉三足洗	张盛墓白瓷	68.44	0.71	13.90
1210	白釉圆盒	张盛墓白瓷	65.58	1.36	13.67
3018	白釉双陆棋盘	张盛墓白瓷	72.38	2.46	16.66
1172	白釉罐	张盛墓白瓷	67.82	1.47	13.03
74AYYC1	白釉瓷片	安阳窑白瓷	64.05	1.20	19.47
74AYYC2	白釉瓷片	安阳窑白瓷	65.66	-0.17	13.07
74AYYC3	白釉瓷片	安阳窑白瓷	64.45	-1.65	11.49
74AYYC4	白釉瓷片	安阳窑白瓷	70.11	0.82	13.42
74AYYC5	白釉瓷片	安阳窑白瓷	72.19	0.15	14.76

续表

样品号	名 称	类 别	L*	a*	b*
XYT-1	白釉瓷片	唐代邢窑白瓷	82.69	-3.29	5.23
XYT-2	白釉瓷片	唐代邢窑白瓷	83.13	-0.43	9.01
XYT-3	白釉瓷片	唐代邢窑白瓷	87.39	-2.57	5.45
XYT-4	白釉瓷片	唐代邢窑白瓷	83.33	-2.25	4.68
XYT-5	白釉瓷片	唐代邢窑白瓷	83.34	-0.92	8.24
XYJ-1	白釉瓷片	金代邢窑白瓷	71.47	0.36	10.37
XYJ-2	白釉瓷片	金代邢窑白瓷	71.88	-0.29	12.96
XYJ-3	白釉瓷片	金代邢窑白瓷	72.75	0.25	12.59
XYJ-4	白釉瓷片	金代邢窑白瓷	68.18	0.67	16.53
DYW-1	白釉瓷片	五代定窑白瓷	82.94	-0.61	11.63
DYW-2	白釉瓷片	五代定窑白瓷	85.39	-0.99	8.88
DYS-1	白釉瓷片	宋代定窑白瓷	89.81	-0.66	9.78
DYS-2	白釉瓷片	宋代定窑白瓷	82.16	-1.00	8.65
DYS-3	白釉瓷片	宋代定窑白瓷	81.23	-0.50	10.37
DYS-4	白釉瓷片	宋代定窑白瓷	82.24	-0.61	11.58
DYS-5	白釉瓷片	宋代定窑白瓷	83.83	-0.36	9.29
DYS-6	白釉瓷片	宋代定窑白瓷	84.77	-0.87	9.74
DYJ-1	白釉瓷片	金代定窑白瓷	81.70	-0.27	13.03
DYJ-2	白釉瓷片	金代定窑白瓷	76.25	-0.59	11.35
DYJ-3	白釉瓷片	金代定窑白瓷	77.12	-0.67	12.00
DYJ-4	白釉瓷片	金代定窑白瓷	78.11	-0.34	12.42
DYJ-5	白釉瓷片	金代定窑白瓷	74.88	-0.28	10.49
DYJ-6	白釉瓷片	金代定窑白瓷	74.15	-0.33	11.95
DYJ-7	白釉瓷片	金代定窑白瓷	72.49	-0.14	13.05
DYJ-8	白釉瓷片	金代定窑白瓷	78.90	-0.61	11.87
DYJ-9	白釉瓷片	金代定窑白瓷	71.89	-0.19	14.15
DYJ-10	白釉瓷片	金代定窑白瓷	82.19	-0.23	11.64
DYJ-11	白釉瓷片	金代定窑白瓷	82.34	-0.87	7.49
DYJ-12	白釉瓷片	金代定窑白瓷	86.98	-0.23	11.86

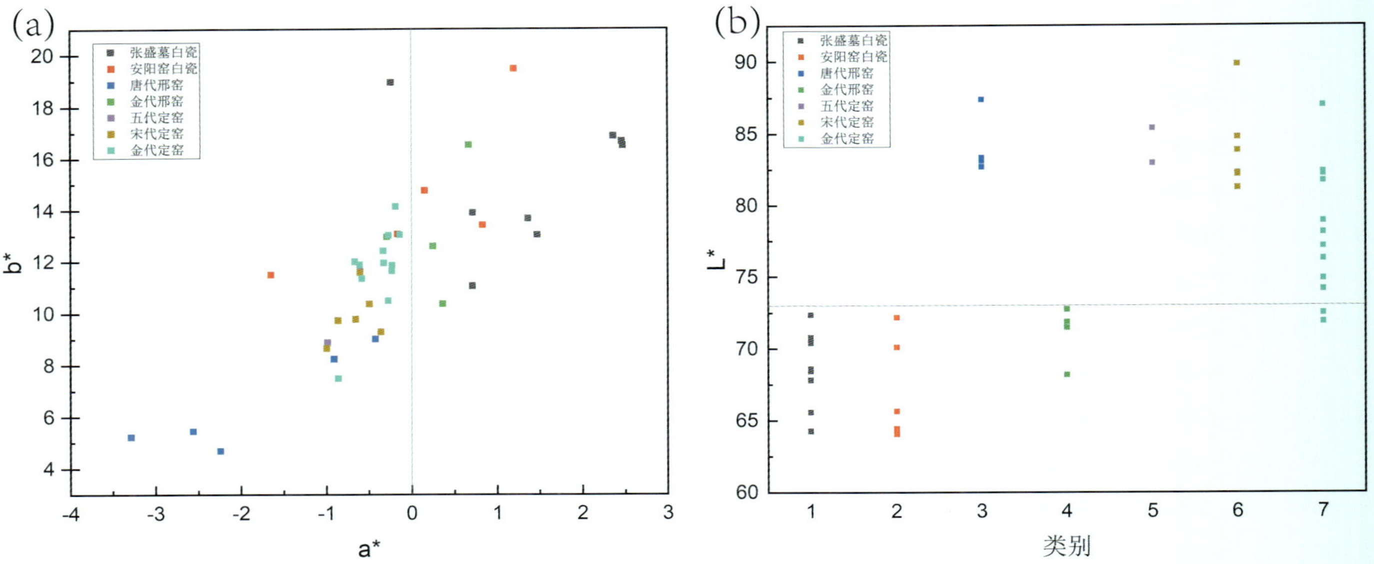

图三　张盛墓、安阳窑、邢窑、定窑白瓷釉面色度值散点图

在 CIELab 颜色空间中，颜色的明度感觉由纵坐标 L* 轴表示。具体来说，黑色位于最下端，对应明度 L*=0；而白色作为最亮的颜色，位于最上端，对应明度 L*=100。a* 轴与 b* 轴则共同用于表示彩色的特性，其中 a* 轴的正方向代表红色的变化，负方向则代表绿色的变化；相应地，b* 轴的正方向代表黄色的变化，而负方向则代表蓝色的变化。

利用 a*、b* 值制作散点图，以及类别结合 L* 值进行作图，如图三所示。从 a*、b* 值来看，张盛墓白瓷的釉面呈现出偏红黄色调。其 L* 值范围为 64.27 ~ 70.79，均值为 68.53，显示出颜色偏暗的特点，但器物整体色度保持一致。

在与安阳窑、定窑、邢窑的比较中，我们发现从 a*、b* 值来看，张盛墓白瓷和安阳窑白瓷的釉面色度分布离散程度较高，而绝大多数定窑和邢窑的白瓷色度则较为集中。这说明，张盛墓和安阳窑在早期工艺上对于白瓷外观色度的控制相对较低，不及后代。进一步比较，定窑和邢窑的 a* 绝对值更小，更接近中性色。它们的 b* 值也整体小于张盛墓白瓷，这表明定窑和邢窑的白度更高。从 L* 值来看，张盛墓、安阳窑以及金代邢窑的釉面亮度相对较暗，明显低于唐邢窑、五代、宋、金代定窑，表明早期白瓷釉面的外观质量低于后代的成熟白瓷。其中，金代邢窑的质量较唐代有所下降，这可能是因为中途断烧导致的工艺倒退。综合 L*、a*、b* 值来看，张盛墓白瓷的釉面色度与安阳窑以及金代邢窑的白瓷釉面相近。值得注意的是，金代邢窑的 a* 值更低，这应是因为其釉面中的 Fe_2O_3 含量更低。

4．拉曼光谱分析

使用便携拉曼光谱对张盛墓彩绘俑表面代表性的红黄色、红色、黑色彩绘颜料进行物相鉴定。图四（a）为彩绘陶提瓶侍女俑（1371）裙上红黄彩的拉曼光谱，其中拉曼特征峰 549.91cm^{-1}、359.99cm^{-1}、315.94cm^{-1}、231.07cm^{-1}，与铅丹的拉曼特征峰吻合，判断其为铅丹（Pb_3O_4）；拉曼特征峰 1320.64cm^{-1}、1571.29cm^{-1} 与炭黑特征峰吻合，判断其为炭黑；特征峰 980.08cm^{-1} 为硫酸铅（$PbSO_4$）特征峰。图四（c）为彩绘陶提瓶侍女俑（1371）头部黑彩的拉曼光谱，其拉曼特征峰 1359.5cm^{-1}、1581.55cm^{-1}，与炭黑的拉曼特征峰吻合，判断其为炭黑。图四（b）为彩绘陶牛（1436）鞍鞯红彩的拉曼光谱，其拉曼特征峰 234.20cm^{-1}、323.82cm^{-1}，与朱砂（HgS）的拉曼特征峰吻合，判断其为朱砂。

张盛墓彩绘俑颜料包括铅丹、朱砂、炭黑、硫酸铅。其中，铅丹、朱砂、炭黑为我国古代常用的颜料，在古代壁画、彩绘俑颜料中发现较多[12]。硫酸铅作为颜料则较为罕见，目前在巴中水宁寺摩崖石刻、广元千佛崖莲花洞、莫高窟隋朝第 401 窟、五代冯晖墓壁画等彩绘中被发现作为白色颜料使用[13]。

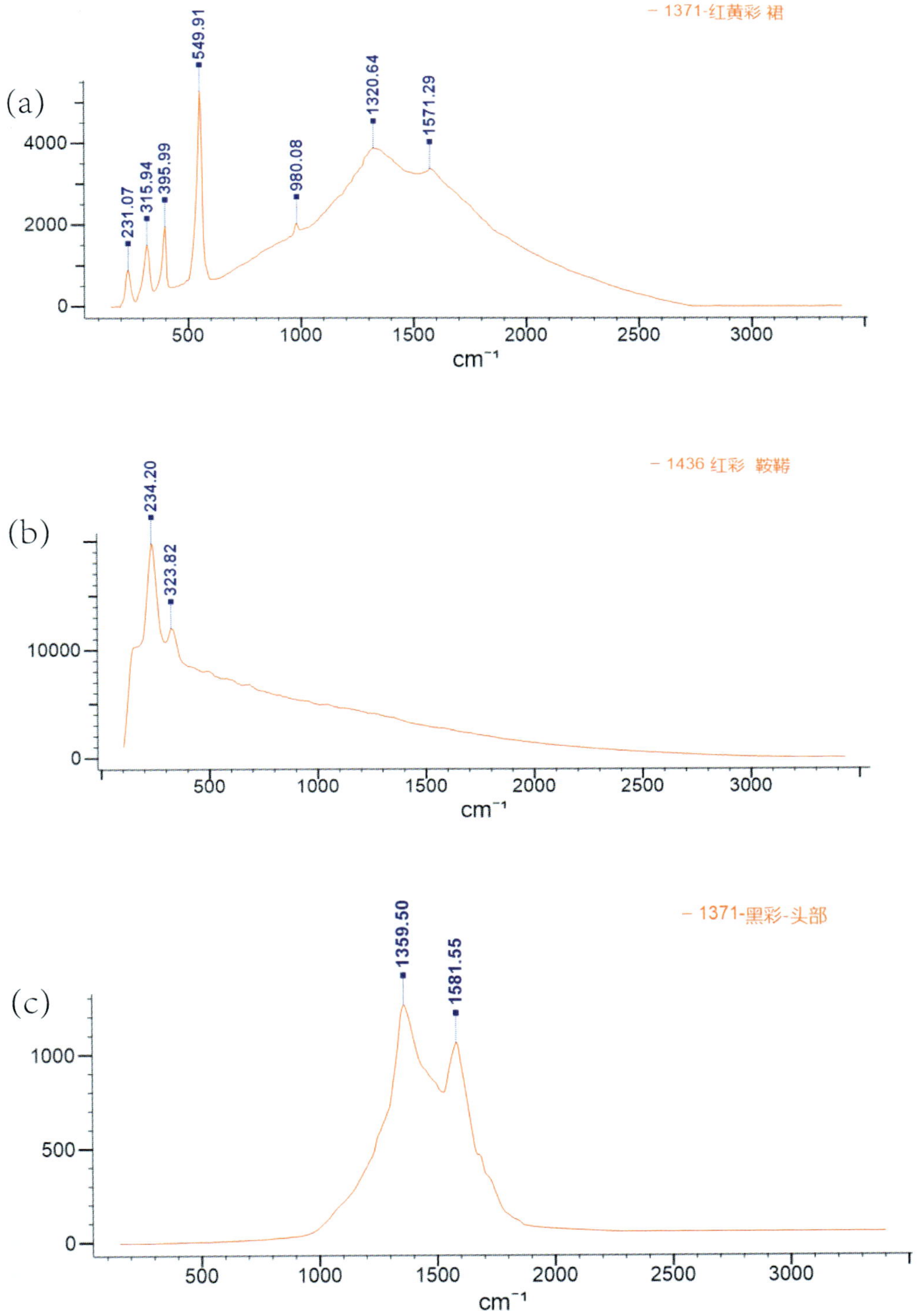

图四　张盛墓彩绘俑拉曼光谱图

五 结论

本文通过对张盛墓出土陶瓷器的无损分析，探讨了张盛墓早期白瓷的制作工艺、原料特征及其产地归属问题。利用便携式X荧光光谱分析、分光测色仪以及显微拉曼光谱技术，对陶瓷器的胎体、釉面成分及彩绘颜料进行了系统的研究。

研究结果表明，张盛墓出土的白瓷与青瓷在胎体和釉面成分上存在显著差异，白瓷胎体表现出低铁特征，釉面则富含草木灰成分，显示出独特的配方特点。釉面色度分析进一步揭示了张盛墓白瓷釉面偏红黄色的特点，且整体色度较为一致，但与后代定窑和邢窑白瓷相比，其外观质量仍显不足。通过与安阳窑及其他窑口陶瓷器的对比分析，本文认为，张盛墓陶瓷器与安阳窑在原料使用上存在密切联系，这为确定张盛墓陶瓷器的产地提供了重要依据。在彩绘俑颜料分析方面，确认了彩绘中使用的铅丹、朱砂、炭黑及罕见的硫酸铅等颜料成分。

综上所述，本文的研究成果不仅深化了对隋代早期白瓷制作工艺和原料特征的认识，为白瓷的起源与发展研究提供了新的视角和实证资料，对后续的文物保护与修复工作也具有重要的指导意义。

注释：

[1] 考古研究所安阳发掘队：《安阳隋张盛墓发掘记》，《考古》1959年第10期，第541 ~ 545页。

[2] 杨爱玲：《白瓷的起源与发展——从河南博物院藏白瓷谈起》，《中原文物》2002年第4期，第71 ~ 75页。

[3] 马世之：《关于隋代张盛墓出土文物的几个问题》，《中原文物》1983年第4期，第72 ~ 77页。

[4] 河南省博物馆、安阳地区文化局：《河南安阳隋代瓷窑址的试掘》，《文物》1977年第2期，第48 ~ 56页。

[5] 郭梦、傅家欣：《便携式X射线荧光光谱仪（pXRF）在古代陶器分析中的应用》，《西部考古》2023年第2期，第351 ~ 360页。

[6] 周文晖、赵静、潘征等:《平潭“大练岛Ⅰ号”沉船遗址出水青瓷胎釉性能测定分析》,《福建文博》2023年第3期，第72 ~ 81页。

[7] 李国桢、郭演仪：《历代定窑白瓷的研究》，《硅酸盐学报》1983年第3期，第306 ~ 313页。

[8] 丁银忠、赵兰、黄卫文等：《故宫博物院藏宋代官窑瓷器釉的颜色无损测定》，《故宫博物院院刊》2010年第5期。

[9] 李家治等：《中国科学技术史·陶瓷卷》，科学出版社，1998年。

[10] 朱铁权：《我国北方白瓷创烧时期的工艺相关研究》，中国科学技术大学博士学位论文，2007年。

[11] 杨谷旸、王欢欢：《邢窑与定窑白瓷的色度比较研究》，《文物鉴定与鉴赏》2021年第24期，第58 ~ 61页。

[12] 付文斌等：《永泰公主墓出土彩绘骑马俑的科技研究》，《文博》2022年第4期，第89 ~ 96页；荆海燕：《西安东郊唐墓出土彩绘陶俑的颜料检测分析》，《陶瓷学报》2022年第2期，第330 ~ 338页；蔡苗苗等：《唐慕容智墓出土陶质彩

绘文物颜料分析》，《陶瓷学报》2022 年第 3 期，第 492 ~ 500 页；张尚欣等：《秦陵陪葬坑出土百戏俑彩绘颜料的初步研究》，《文物保护与考古科学》2019 年第 3 期，第 115 ~ 121 页；范陶峰：《江苏仪征刘集联营西汉墓出土彩绘陶俑颜料分析》，《光散射学报》2020 年第 4 期，第 369 ~ 374 页。

[13] 费小路、刘静、王菊琳：《中国古代彩绘颜料和染料种类及检测方法的研究进展》，载《中国文物保护技术协会第五次学术年会论文集》，科学出版社，2008 年；周国信：《我国古代颜料漫谈（一）》，《涂料工业》1990 年第 4 期，第 43 ~ 48 页；贺翔等：《广元千佛崖石窟石刻彩妆颜料的分析》，《光谱学与光谱分析》2021 年第 3 期，第 967 ~ 972 页；王晓琪等：《冯晖墓壁画颜料的高分辨电镜和拉曼光谱分析》，《分析测试学报》2004 年第 3 期，第 1 ~ 4 页；孙凤等：《巴中水宁寺摩岩石刻的彩绘颜料分析》，《光谱学与光谱分析》2022 年第 2 期，第 505 ~ 511 页。

张盛墓出土白釉瓷器浅析

郭灿江

由于隋代时间较短，白釉瓷器生产也处在早期阶段，考古发掘出土的白釉瓷器相对较少，特别是有明确纪年的隋代墓葬出土白釉瓷器，更是少见。考古资料表明，除了陕西、河北等少数地区墓葬出土零散白釉瓷器，张盛墓出土的白釉瓷器可以说代表了隋代白釉瓷器的整体水平，不仅数量多，种类也齐全，既有大型雕塑瓷俑，也有许多日常生活娱乐用具和模型，基本反映了隋代白釉瓷器生产技术。本文从张盛墓出土白釉瓷器入手，结合陕西几个重要隋代墓葬出土的白釉瓷器与相关研究成果，对张盛墓出土白釉瓷器的特点和相关问题加以浅析。

一　张盛墓和陕西隋墓出土的白釉瓷器

现在陶瓷界把隋代白釉瓷分为粗白瓷和细白瓷两大类。粗白瓷胎质灰白，为了增加瓷器烧成后的白度，有的在施釉之前，在胎体先施一层化妆土，然后施一层透明的白釉，这类粗白瓷多为白中微微闪黄。细白瓷一般是胎质洁白，在胎釉之间存在施化妆土、不施化妆土两种情况，制作比粗白瓷精致。

张盛墓出土瓷器100余件，除3件青釉瓷碗外，其余均为白釉瓷器。这些白釉产品中，除镇墓兽、武士俑、文吏俑各2件大型瓷俑外，其余主要是生活用具和日用器物的模型。生活用具主要有壶、罐、瓶、盘、碗、钵、仓、盒、炉、镜架等盛器和陈设器，明器主要有案、椅、凳、凭几、箱、枕、烛台、熏炉、剪、棋盘等。除张盛墓外，出土白釉瓷器且见诸报道的隋代纪年墓集中在陕西西安地区。例如，隋开皇十年（590年）元威夫妇合葬墓[1]出土白釉瓷器6件（白釉碗2件、白釉杯3件、白釉钵1件）；隋大业元年（605年）李裕墓[2]出土白釉瓷器11件（白釉碗3件、白釉杯4件，还有白釉四系鸡首壶、白釉碟、白釉贴花盘、白釉辟雍砚各1件）；大业四年（608年）苏统师墓[3]出土白瓷器5件（白釉深腹杯、白釉盂、白釉长颈瓶、白釉四系罐、白釉辟雍砚各1件）；大业四年(608年)李静训墓[4]出土白釉瓷器17件，主要有白釉双龙柄传瓶、白釉龙柄鸡首壶、白釉小扁瓶、白釉小盆、白釉小罐、白釉小瓶等；隋大业六年(610年)郭家滩姬威墓[5]出土白釉束腰盖罐等。

从胎釉和烧造工艺看，西安地区隋代墓出土的白釉瓷器胎质洁白细腻，釉色匀净，器物表面分布着细小的冰裂纹开片，胎体表面多施一层化妆土，器物底部积釉处多泛青色，内、外器底没有支烧痕迹，器表多素面，仅李裕墓出土的白釉四系鸡首壶和贴花盘有贴塑装饰。其中，白釉四系鸡首壶的肩部有一周凸弦纹，粘贴双泥条四系，对应位置有鸡头流和双泥条螭首的柄。白釉贴花盘的内底中央贴塑一朵覆莲。这些白釉瓷器基本上都是容器，应是墓主人使用过的或者后人送去陪葬的，因此多数是精品，应属细白瓷。从墓志也可看出，墓主人大多是正三品官职或者皇亲权贵，而且多是死后数月甚至一年之后才下葬的。

据墓志记载，93 岁的张盛死于开皇十四年（594 年）元月，其与夫人合葬时间是开皇十五年十一月，相距近两年时间。所以，张盛墓出土的白釉瓷器应是后人从附近窑场依照张盛生前喜好专门定制的随葬品，基本涵盖了一个人的所有需求。

张盛墓出土白釉瓷器的一大特点是种类繁多，在世生活中的日常用器（罐、碗、盒、盘、炉、枕、剪刀等）、文体娱乐用品（围棋和双陆棋盘）、文武侍俑和镇墓兽等应有尽有。张盛墓出土的白釉瓷器，胎质也是细腻坚致，胎色灰白，釉色匀净，玻璃质感强，釉面有细碎开片。从墓志来看，张盛的最高官职是征虏将军和中散大夫，应为虚职和名誉称谓，其实职仅为前朝四品的积射将军和秦州五零县令，但仔细分析一下墓志，这些官职是在北魏景明年间（500 ~ 503 年）因勋而授，而张盛应是景明二年出生，刚出生就获授实职，这些官职的真实性令人怀疑。由此可见，张盛并不属于高官权贵，尽管墓中出土的一些精品与西安周边隋墓出土的细白瓷相比毫不逊色，但由于是定制产品，数量较多，所以，部分产品制作相对粗糙，白釉围棋盘一侧的壶门上方的装饰扉牙脱落，掉在下面横框上，没处理就烧制了。还有一些小件器物因没有施白色化妆土，釉色略显青黄色。总体来看，张盛墓出土白釉瓷器的质量逊色于西安周边高官权贵隋墓出土的白釉瓷器，而且多数为粗白瓷。

张盛墓出土瓷器的另一特点是装饰丰富多彩，其装饰工艺比西安周边出土的白釉瓷器更加复杂。西安周边出土的白釉瓷器除个别有贴塑装饰外，多为白釉素面；而张盛出土的白釉瓷器，无论是装饰

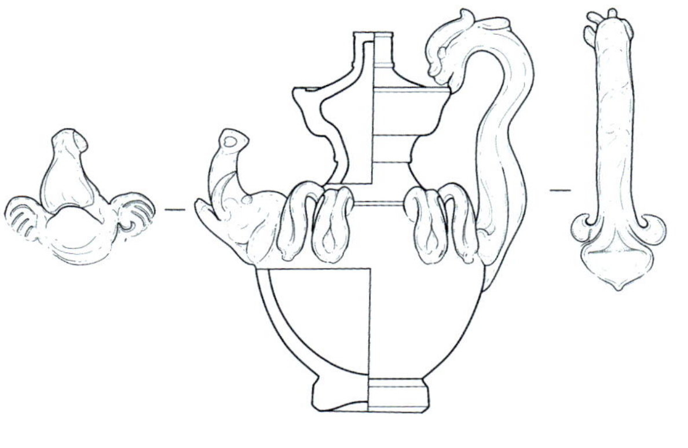

图一　张盛墓出土龙柄象首壶及局部

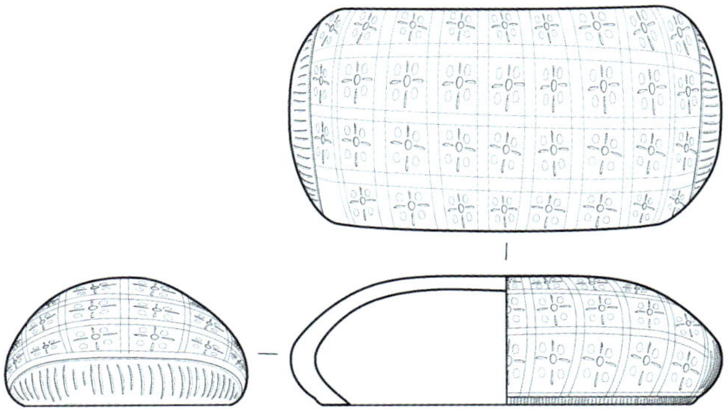

图二　张盛墓出土白釉暗花器

技法还是装饰纹样都多于前者。在胎装饰方面，张盛墓出土的白釉龙柄象首壶、铺首贴花壶、三足炉等运用了模印贴塑装饰技法（图一）。

在围棋盘、四环足盘、熏炉和几案上采用镂孔装饰。在一件馒头形器盖上，腹部刻划两道凹弦纹装饰，顶部刻划一周缠枝花叶的莲瓣装饰。在一件白釉暗花器的顶部的方格中有篦点纹装饰，下部四周刻划穗状装饰（图二）。

几个大型瓷俑的服饰和头饰均采用刻划技法。在装饰纹样上，莲花瓣纹样是装饰的主流，有仰莲、覆莲，有的装饰在器物的颈部，有的装饰在器物的底部。这些莲瓣装饰的大量使用，是受北朝佛教装饰艺术的影响。贴塑铺首装饰主要应用在壶、炉的腹部。

彩釉装饰则是张盛墓出土白釉瓷器的又一特点。人面镇墓兽的头顶饰黑釉，眼眉、眼珠、胡须饰褐釉，膝关节和脚趾上部饰褐釉。白釉黑彩侍吏俑的头顶饰黑釉，眼眉、眼珠、胡须饰褐釉，肩部的扣带饰、剑鞘局部以及鞋面装饰黑褐釉（图三）。白釉镇墓

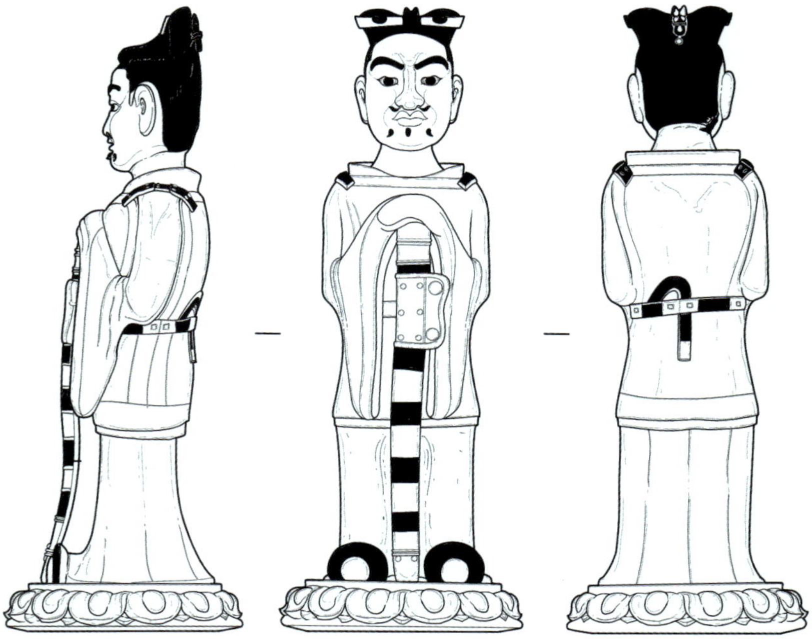

图三　张盛墓出土白釉黑彩侍吏俑

兽的耳部、眼珠、鼻尖处饰黑釉，膝关节和脚关节上部饰褐釉。围棋盘的天元和角星及双陆棋圆形的路和中间月牙纹样圆点装饰褐釉。另有一对白釉蹲兽，方底覆莲座。二兽皆上彩，出土时，莲座下的方形底座中间三层凸弦纹上涂有红彩。莲瓣上涂有黄、绿、黑等彩，现莲瓣仅存红、黑彩。白釉侍吏俑和镇墓兽的头部和身体关节广泛运用黑褐彩，这种做法是隋代白釉瓷器的一大发明，它不仅使俑体本身更为逼真，也为白瓷艺术开拓了广阔的前景。

二　张盛墓出土白釉瓷器的产地

《安阳隋张盛墓发掘记》一文认为，张盛墓出土了许多青瓷器（原文把张盛墓出土的白釉瓷器也归入青釉瓷器），其有绝对年代，而且是大批出现，说明当时相州一带的制瓷工艺已经很发达。“最近在磁县贾壁村所发现的隋代青瓷窑址，也正说明这一问题。很有可能，张盛墓中的瓷器即是贾壁的作品。”[6] 日本学者小林仁在《中国古陶瓷研究》第十五辑《白瓷的诞生》一文中，通过比对邢窑窑址出土一件白釉俑从腿部到台座之间的残片，认为张盛墓出土白瓷文吏俑造型与其近似，因而得出了张盛墓的白瓷俑很可能是邢窑生产的而不是相州窑的结论。

杨爱玲在《白瓷的起源与发展》一文中认为，不少瓷器专家推测张盛墓出土白瓷是河南安阳隋代相州窑所烧，只是证据不足，因为以前人们认为隋代相州窑只是一座烧制青瓷的窑址，没有白瓷。但是通过对安阳相州窑的考古调查和发掘，发现相州窑在烧青瓷的同时也烧白瓷。更能说明问题的是，张盛墓出土的白瓷在相州窑标本中，可以找到相似的器物。例如，相州窑出土一件白釉镇墓兽的面部残片，同样也是白釉微微泛青，胎较厚，胎色白而微微发黄，面部特征也基本一致，不同之处是张盛墓出土的白釉镇墓兽的面部有黑彩装饰。由此可见，张盛墓出土的白釉人面镇墓兽是安阳相州窑所烧。相州窑还出土碗、钵的残片，都是纯净的白釉，只在器物底部釉厚处白釉泛青，白净的胎的颜色以及胎的坚致程度等，都与张盛墓出土的白瓷类似。相州窑出土的一件白釉瓷碗标本，从口至底几乎全是白釉，只是在碗内底的聚釉处微微泛青色，由于施釉不到底，露胎处呈灰白色，明显地看出在胎的外面施一层化妆土。从釉色的洁白程度观察，含铁量要比北齐白釉低得多，釉层滋润光亮，玻璃质感较强，釉面布满细碎开片，与张盛墓出土的白瓷相似。由此可以断定，隋代张盛墓出土瓷器，无论是青瓷还是白瓷，均为安阳相州窑所烧[7]。

另外，为了解决中国白瓷起源问题，2006 ~ 2010年，河南省文物工作者先后对相州窑进行了三次主动性发掘，出土器物有碗、盘、盆、钵、瓮、四系罐、高足盘、高足杯、刻花瓶、刻花壶、器盖、如意云形装饰以及房屋、碓等明器，还有男侍俑头、武士俑、文吏俑、青瓷骆驼等瓷器、瓷片以及窑具等，并发现有沉淀池、瓷器坑、耐火土、道路等遗址。这三次出土白釉瓷器标本，进一步丰富了张盛墓出土白釉瓷器源于隋代相州窑的例证。目前，张盛墓出土白釉瓷器的生产窑场是相州窑这一观点已被学术界认可。

三　张盛墓出土白釉瓷器在隋代相州窑产生的基础

首先是文化基础。相州窑附近的邺城（古邺城遗址的主体在今河北省临漳县境内，南距安阳市中心 18 千米）是魏晋南北朝时期的北方政治、军事、经济、文化中心。特别是北魏分裂、东魏高欢执政时，除跟随的众多权贵高官，还迁移了大量洛阳民众到邺城。为了促进邺城文化的发展，东魏统治者还想通过水路，将立在洛阳太学的残存石经从洛阳运至齐都邺城，尽管途经河南孟州境内时遭遇黄河塌堤，石经沉入黄河损失过半，但也表明东魏政权对文化的重视。政治文化中心的形成，奠定了邺城周边丰厚的文化基础，这也是安阳一带北齐到隋代墓葬中出土陶瓷文物较多的重要原因。

其次是技术原因。1957 年，陶瓷专家发现了迄今最早的白釉瓷器生产地——巩义白河瓷窑址。2005 ~ 2008 年，河南省文物考古研究所和中国文化遗产研究院对白河窑址进行了考古发掘，从出土瓷器标本来看，北魏时期虽然以青釉瓷为主，但白釉瓷器已经出现。这一时期白釉瓷器主要有碗、杯，胎体细白，器壁厚薄均匀，器内满釉，器外施釉过腹，没有垂釉，釉色一般都是白中泛青。在窑址中发现了白釉瓷和青釉瓷叠烧标本，这说明，北魏时期窑炉有同窑烧造白瓷和青瓷的现象。东魏迁都邺城后，由于洛阳沦为东魏、西魏对峙的前线，而巩义白河窑距离洛阳较近，一些制瓷艺人可能随着迁邺人群来到邺城谋生，这也是安阳附近相州窑迅速发展的原因。

1972 年，河南安阳北齐武平六年（575 年）范粹墓出土瓷器 10 余件，其中白釉瓷器 5 件，有三系罐、四系罐、长颈瓶等。器物上半部施白釉，白釉泛淡淡的黄色，釉质细腻光亮，玻璃质感较强，釉面有细碎开片，这是目前我国发现的时代较早而且相对完整的白釉瓷器（尽管现在有学者认为这批“白釉瓷器”是釉陶，但认为是白釉瓷器的学者占多数）。这批白瓷的出土使我们清楚地看到了目前中国最早白瓷的面貌特征，其造型与同期青瓷大致相同，但已具有明显的白瓷特点。另外，这 5 件白釉瓷器中，2 件四系白釉瓷罐相对白一些，只是微微泛黄，其他 3 件白釉闪青色。无论是泛黄或闪青，都表现出胎釉中还存在着氧化铁呈色的干扰，说明对原料的淘洗还不够精细。但正是这泛青或泛黄的特点，说明了一个非常重要的问题，那就是白瓷是在青瓷的基础上改进工艺烧制而成，它与青瓷有着渊源关系。青瓷与白瓷的区别，仅在于原料中含铁量的不同。勤劳智慧的陶瓷工匠在长期的制瓷实践中，逐渐控制了胎釉中铁的含量，最终使白瓷诞生。

注释：

[1]　陕西省考古研究院、咸阳市文物考古研究所：《隋元威夫妇墓发掘简报》，《考古与文物》2012 年第 1 期。

[2]　陕西省考古研究院：《西安南郊隋李裕墓发掘简报》，《文物》2009 年第 7 期。

[3]　陕西省考古研究院：《西安南郊隋苏统师墓发掘简报》，《考古与文物》2010 年第 3 期。

[4]　唐金裕：《西安西郊隋李静训墓发掘简报》，《考古》1959 年第 9 期。

[5]　陕西省文物管理委员会：《西安郭家滩隋姬威墓清理简报》，《文物》1959 年第 8 期。

[6]　考古研究所安阳发掘队：《安阳隋张盛墓发掘记》，《考古》1959 年第 10 期。

[7]　杨爱玲：《白瓷的起源与发展——从河南博物院藏白瓷谈起》，《中原文物》2002 年第 4 期。

安阳隋墓出土俑像研究

张得水

581年，杨坚篡周自立，建立隋王朝，都长安，是为隋文帝。隋文帝开皇九年(589年)，隋灭陈，至此南北统一，结束了长期分裂割据的局面。618年，隋恭帝杨侑让位李渊，隋灭亡。虽然说隋王朝国祚短暂，历时仅38年，但由于国家政权统一，尤其是隋文帝顺应时代潮流，施行了一系列安定社会、发展生产力的政策，“大崇惠政，法令清简，躬履节俭”[1]，促进了当时社会经济的恢复和发展。“开皇十七年，户口滋盛，中外仓库，无不盈积。”[2]在经济得到一定程度的恢复之后，侈靡之风再兴，尤其到了隋炀帝时期，奢侈无度。反映在隋代的遗迹和遗物中，如隋大业四年（608年）西安的李静训墓，单室砖墓有一个长斜坡墓道，由6个天井、7个过洞、4个壁龛组成，全长63.8米，墓主人是一个只有9岁的小女孩，随葬品却相当豪华奢侈，出土的陶俑、瓷器、玻璃器、金银器、漆器、丝织品等各种装饰品数以百计，足见厚葬的风气之盛。

一　安阳隋墓出土俑像概述

据不完全统计，目前全国已发现并发掘隋墓600余座，其中有纪年的墓葬达100多座，主要集中在河南安阳、洛阳，陕西关中，山西东南，河北西部[3]。尤其是位于豫北地区的安阳，是发现隋墓最多的地区。

安阳隋墓的发现和发掘，始于1929年的殷墟考古发掘。当时的中央研究院历史语言研究所（以下简称“中研院史语所”）考古组在安阳小屯村北首次发现隋仁寿三年（603年）卜仁墓[4]，并在此后小屯村的12次发掘中，发现了大量隋唐时期墓葬。遗憾的是，这批资料并没有得到充分整理，也没有完整发表。1981年，中国社会科学院考古研究所安阳工作站将书刊上陆续发表的资料加以归纳，作为《安阳隋墓发掘报告》的附录。据附录介绍，12次考古发掘共发现隋唐时期的墓葬175座，其中大部分为隋墓[5]。从附录看，包括卜仁墓在内的14座墓发现陶俑，俑的数量不详，有一座编号为M243的墓中出有瓷俑。到了2005年，由石璋如编著的《中国考古报告集之二·小屯·第一本·遗址的发现与发掘·丙编·附录一：隋唐墓葬》一书出版（以下简称《小屯·隋唐墓葬》），该书报道了中研院史语所在小屯发掘的这批墓葬，统计数字为172座，其中隋墓157座。本文所用插图均引自《小屯·隋唐墓葬》。

新中国成立以后，随着安阳地区特别是殷墟考古发掘工作的恢复，又有大量隋墓被发现并发掘。据周伟、彭小丹统计，1956 ~ 2008 年间共发现并发掘 101 座隋墓。再加上新中国成立之前中研院史语所发掘的 157 座（据石璋如统计），共有 258 座安阳隋墓资料公布。此外，在配合安阳市基本建设以及南水北调中线工程的考古发掘中，中国社会科学院考古研究所、河南省文物考古研究院、安阳市文物考古研究所在安阳地区又发现了一批隋代墓葬，但资料均未发表，具体数据暂未统计[6]。

258 座已发掘且公布的安阳隋墓中，新中国成立前在小屯发掘的 157 座隋墓，当时发掘者对墓葬及出土俑像没有足够重视，甚至大量陶俑没有现场提取，报告中语焉不详，没有俑像的线图或照片。《小屯·隋唐墓葬》报告集中，仅对 YM243 出土的 2 件瓷俑做了介绍，并且附有正、背、侧面图。2 件瓷俑分别位于“丁”字形墓的墓室西南角和墓室口，其中一件瓷俑（YM243：5）高约 63 厘米，立于圆形台座上，面目端庄，嘴角留着向上弯翘的八字胡，下巴有一撮下垂的“山羊胡”，头戴小冠，衣着宽袖长衣，外罩裲裆铠，腰束带，双手藏于袖内，拄一七节仪剑立于胸前，腿着裤褶，双足着笏头靴（图一）。另一件瓷俑（YM243：6）高 64.5 厘米，衣着和仪剑与第一件相同，不同的是面带微笑，嘴角上的胡须较短而不上翘（图二）。“本来它们所站立的位置是普通墓中门军或镇墓兽的位置，或者它们的职责也在管理门禁。”[7] 尽管报告中没有对出土的其他俑像进行详细的描述，但报告者在墓葬记录中给出了墓葬的平面图，标注了棺椁、随葬品的具体位置，为我们研究俑像的摆放提供了重要参考。

新中国成立后发掘的安阳隋墓，有一部分资料尚未整理发表。如 1993 年 2 ~ 3 月，安阳市文物工作队在洹北胜利小区发现并发掘一处隋代大型家族墓，共发掘隋代墓葬 64 座，多为隋代中小型墓，个别铲形墓的墓室面积较大，随葬品也较丰富，共出土隋代文物 860 件，其中有部分为陶俑。这批资料目前现存安阳市文物考古研究院，尚未整理发表[8]。1993 年 6 月，林县文物管理所在林县县城西发掘一座隋代砖室墓，资料未发表。也有相当一部分隋墓没有随葬俑像，如 1975 年安阳市博物馆在活水村发掘清理的隋代韩邕墓，出土有瓷碗、罐、高足盘、瓷砚等，没有发现陶瓷类俑像[9]。新中国成立以来经考古发掘且正式发表的安阳隋墓，有 16 座墓随葬俑像。

1. 郑平墓。1956 年，河南省文物工作队在安阳县琪村发现并发掘隋代郑平墓。因有墓志发现，可知为开皇十六年（596 年）魏故镇远将军、成武县开国伯郑平的墓葬。该墓系村民挖井时发现，文物工作者到达现场时，随葬品已被村民取出。墓室平面为“南北长椭圆形”，墓内共出土 20 件陶俑，其中持盾武士俑 2 件、文官俑 4 件、男侍俑 11 件、女侍俑 2 件、风帽俑 1 件。另有 2 件陶骆驼[10]。

2. 张盛墓。1959 年 5 月，中国社会科学院考古研究所安阳发掘队在豫北纱厂附近发现并发掘隋代张盛墓。这是一座有明确纪年、由甬道和墓室等部分组成、平面呈“甲”字形的隋代砖室墓，也是出土隋代陶俑最多的一座墓葬。出土的陶瓷俑群品类多样，可以说是隋代陶瓷艺术的代表。在出土的 192 件随葬品中，有 95 件为俑类，其中包括侍吏俑（门吏俑）2 件、武士俑 2 件、镇墓兽 2 件、仪仗俑 35 件、伎乐俑 8 件、舞俑 5 件、仆侍俑 27 件、胡俑 2 件、僧俑 2 件、家畜家禽俑 9 件、牛俑 1 件。除侍吏俑、武士俑和镇墓兽为瓷质外，其他均为陶质。根据出土墓志记载，墓主张盛官佚四品，生前为隋代征虏将军、中散大夫，开皇十四年（594 年）死于相州安阳修仁乡。安阳张盛墓出土的陶俑以及大量的生活用具模型、瓷质生

图一 YM243 出土瓷俑（YM243 ：5）

图二 YM243 出土瓷俑（YM243 ：6）

活用具等，从一个侧面反映了隋代厚葬之风盛行，同时也成为隋代俑像的代表作，为研究隋代俑像提供了一批重要的实物资料[11]。

3 ~ 11. 1966 ~ 1975年，在殷墟发掘9座出土陶俑的隋墓。1966 ~ 1975年，中国社会科学院考古研究所安阳工作队在殷墟发掘29座隋墓[12]，墓葬平面呈铲形或刀形。29座隋墓中，有9座墓（M103、M105、M108、M201、M304、M401、M406、M407、M408）出土陶俑[13]，共随葬陶俑325件，可以辨认俑形并加以分类的有287件。9座墓分别位于小屯南地、马家坟、大司空村和梅园庄北地。每座墓中，多的随葬50余件，少的也有10多件。M108的46件是未经烧制的泥俑。镇墓俑为36件，其中镇墓兽18件，每墓2件，一为人面，一为兽面；武士俑18件，每墓2件。仪仗俑211件，包括牛及牛车9件、马9件、骆驼8件、胡俑9件、持盾武士俑9件、辫发俑3件、帷帽俑6件、风帽俑34件、小冠俑58件、幞头俑46件、女侍俑20件。另有僮仆女俑9件，包括磨粉俑、打水俑、烧火俑各3件。还有猪、羊、犬、鸡等家畜家禽31件。此外还有38件陶俑，因过于残破，无法分类。M306也随葬陶俑，包括镇墓俑、仪仗俑、僮仆俑、家畜家禽等，但因数字不详，报告中未列入[14]。

12. 宋循墓。1971年6月发掘，墓葬为砖室墓，形制结构不明。出土陶俑（包括陶动物）24件。因墓室长期积水，俑都泡在水中，大部分已身首分离，残缺不全。其中武士俑3件、套衣俑2件、侍俑13件、女俑1件，另有骆驼1件、狗4件。墓主为隋故骠骑将军、遂州使君宋循，葬于开皇九年（589年）[15]。

13. 梅元庄隋墓：1983年3月，安阳市文物工作队在梅元庄村西发掘清理一座隋墓，由墓道、甬道和墓室等部分组成，是平面呈“甲”字形的砖室墓。该墓没有确切纪年，墓主身份不明，根据墓葬形制和出土器物推测，埋葬时间约在隋文帝仁寿年间到隋末。出土器物89件，以陶俑居多，计70件（实际上有67件，报告将车轮3件也计入）。其中，镇墓兽1件、武士俑1件、骑马俑3件、胡俑5件、持盾武士俑5件、幞头俑10件、束发俑4件、风帽俑10件、小冠俑10件、女侍俑6件、磨粉俑1件、打水俑1件；其他为陶塑动物10件，包括马2件、骆驼1件、猪2件、羊2件、鸡2件、狗1件[16]。

14. 安阳桥隋墓。1986年10月，安阳市文物工作队在安阳桥北发掘清理一座隋墓，同样是一座由墓道、甬道和墓室等部分组成、平面呈“甲”字形的砖室墓。墓主身份不明，根据出土器物判断，年代属隋代较早时期。取回的161件随葬品，包括瓷器、陶俑、厨房明器、铁器等。墓中随葬陶俑37件，因部分陶俑火候低，胎质差，仅取出较好的17件。包括镇墓兽、驼俑、牛及牛车、武士俑、胡俑、小冠俑、风帽俑及兽俑等，其中陶镇墓兽2件、牛及牛车2件、骆驼1件、持盾武士俑2件、胡俑1件、小冠俑1件、风帽俑1件、狗2件、羊2件、猪2件、鸡1件。另有2件瓷俑，其中幞头俑1件、俯首俑1件[17]。

15. 置度村八号隋墓：2008年2月，安阳市文物考古研究所在龙安区置度村南发掘清理一座隋代墓葬（M8）。为带长斜坡墓道的单室砖墓，平面呈“甲”字形，由墓道、甬道和墓室等部分组成。随葬器较多，主要摆放在棺床前面，包括瓷、陶、泥质俑像。其中瓷俑19件，有女侍俑、伎乐俑等；陶俑27件，有镇墓兽、武士俑、文官俑、文吏俑、风帽俑、侍女俑、跪姿人物俑、掬盆俑以及牛、马、鸡、狗等动物形象。大量的泥俑已难以分辨[18]。

16. 麹庆夫妇合葬墓。2020年4月，安阳市文物考古研究所在龙安区抢救性清理发掘一座被毁坏的隋代砖石墓。墓葬是由墓道、甬道和墓室等部分组成的“甲”字形墓。除了雕刻精美、内涵丰富的墓门门额、门扇、屏风和石棺床，还出土大量的俑像。其中素烧瓷人物俑108件，已修复整理的有42件，包括女侍俑8件、男侍俑31件、武士俑2件、骑马俑1件。棺床和棺床下的66件瓷俑（残件）仍在清理中。另有瓷镇墓兽2件，还有用汉白玉制成的石武士俑2件[19]。

二　安阳隋墓出土俑像的题材和随葬组合

徐斐宏曾对安阳隋墓的墓葬形制进行了归纳总结，并将安阳隋墓按形制分为两类。一类是规模较大的“甲”字形砖室墓，墓主以前朝官吏为主；另一类是铲形或刀形土洞墓，墓主应为庶民阶层[20]。安阳隋墓出土的俑像大多集中在“甲”字形砖室墓中。铲形或刀形土洞墓中只有一部分随葬俑像，如1966 ~ 1975年在殷墟发掘的29座隋墓，只有9座墓随葬俑像。

安阳隋俑总体上继承了北齐邺城陶俑的面貌，随葬品大体分为四组：第一组为镇墓俑，包括镇墓兽、镇墓武士俑等；第二组为表现墓主出行场面的牛车及仪仗俑群；第三组为表现家居生活场景的男女仆侍俑、乐舞俑等；第四组为包括家畜、家禽在内的庖厨明器和家用器具模型。

镇墓类俑像包括镇墓兽、武士俑和门吏俑。隋墓中出土的镇墓俑类，其基本的组合为镇墓兽、镇墓武士俑各一对，有的还出现门吏俑。

1．镇墓兽

镇墓兽分为人面和兽面两种，均为成对配置，兽体蹲踞在三角形或方形托板上。在一座墓葬中，一般是一个人面配一个兽面，分立于墓室口两侧。从已发表的6座未被扰乱或能辨别位置的南北向"甲"字形墓来看，镇墓兽的摆放位置基本上是在墓室内靠近墓道口的左右侧，或者稍靠向里侧。1937年发掘的卜察墓、2008年发掘的置度村八号隋墓，出土镇墓兽均为一兽面、一人面，人面在东侧，兽面在西侧。梅元庄隋墓仅出1件人面镇墓兽，位置在墓口偏东；桥村隋墓有2件人面镇墓兽（疑有误），但只介绍一件人面兽，位于墓口东侧；麹庆夫妇合葬墓出土的2件镇墓兽，人面兽在墓口西侧，兽面兽则发现于淤土中，该墓早年被盗掘，因此有扰乱的可能；张盛墓因发掘时许多器物没于水中，位置不明。总体分析，镇墓兽应是被放置在靠近墓口的东西两侧，多数情况下是人面镇墓兽在东，兽面镇墓兽在西。

镇墓兽分为瓷质和陶质两种。张盛墓出土的一对镇墓兽，兽面、人面各1件，兽面镇墓兽高50厘米，人面镇墓兽高49厘米，均为白釉瓷质。其中兽面镇墓兽为兽面兽身，呈蹲狮状。龇牙，双目圆睁前视，两耳竖起，前额长出一对羊角，呈螺旋状向后弯曲。脑后有两小耳，飞云须。背有火焰形鬃毛，颈后部竖一冲天戟，前肢着地，后部蹲于底座之上。通身施白釉，眼珠、耳轮、鼻子及四肢关节处饰有黑色或褐色彩釉。人面镇墓兽为人面兽身，青白釉，头顶施黑釉。头顶有独角，大耳阔眉，瞋目，翘鼻，闭嘴，鼻下有上翘八字胡，嘴巴有3条短须，粗颈，上身后倾，兽爪，短尾，呈蹲坐状。脑后竖戟，脊背有火焰状鬃毛，前肢饰有带状鬃毛，两肩饰有条带状羽翅，前胸饰平行条带纹和点线纹，下方有长方形托板。2件镇墓兽均是在颈后部竖戟，与北齐和绍隆墓[21]、高润墓[22]、范粹墓[23]相似，由此可见相互之间的承袭关系。

1966～1975年在殷墟发掘的29座隋墓中，有9座墓出土陶质镇墓兽18件。每墓2件，高33～36厘米不等，人面、兽面各1件，均蹲坐于近似三角形的托板上，尾部贴身上翘，背部竖毛4簇或2簇。其中人面镇墓兽为人面兽身，高鼻深目，头戴黑色尖顶盔帽。兽面镇墓兽为兽面兽身，张口龇牙，头长两角，用墨绘出眉、眼、鼻、嘴和胸毛。梅元庄隋墓出土1件陶质人面镇墓兽，高34、长22厘米，人面深目高鼻，粗眉大耳，有胡须，头带盔，背有竖毛两簇，尾巴贴身上翘，背部涂黑彩，头部为红彩，蹲坐于近似三角形的托板上。安阳桥出土2件陶质镇墓兽，其中的人面镇墓兽高32.5厘米，深目高鼻，尾巴贴身上翘，背有竖毛4簇，通体涂红彩，蹲坐于托板之上。置度村隋墓出土2件陶质镇墓兽，人面兽高38厘米。头部残缺较重，背部有3撮弯曲向上的鬃毛，尾巴贴身上翘，身上残留有黑彩；兽面镇墓兽，兽面兽身，高38厘米，面似雄狮，有双角，两立耳，龇牙咧嘴，面目狰狞，背上有3撮弯曲向上的鬃毛，尾巴贴身上翘，身上残留有黑彩，蹲坐于托板之上。

2．镇墓武士俑

镇墓武士俑和一般的仪仗俑不同，一般是和镇墓兽组合，随葬在墓室门口及其附近，同样是成对出土。形体比仪仗俑、仆侍俑高大，身着铠甲，手持兵器，作护卫状。如1966～1975年在殷墟发掘的隋墓中，9座墓中均有2件镇墓兽、2件镇墓武士俑组合，形制基本相同。均为头戴黑色兜鍪，肩有披膊，身披明光铠，腰束带，下着裤，足穿靴。右手弯贴于腹侧，左手持一兽面长方盾[24]。报告中着重介绍的2件，高度分别为42.5、42.8厘米。《小屯·隋唐墓葬》的157座隋墓中，将此类俑称为"门军"，如YM327卜察墓，从图示可以看出，门军（镇墓武士俑）比一般的俑像的体量大得多（图三）。YM407在贴近墓口、镇墓兽的前方同样有两件门军（武士俑），形体高大（图四）。

置度隋墓出土的2件武士俑，出土时贴近墓口的两侧，形制及尺寸相同，高52厘米，立于方形底座上。俑头戴兜鍪，中间起棱，有椭圆形耳护和颈

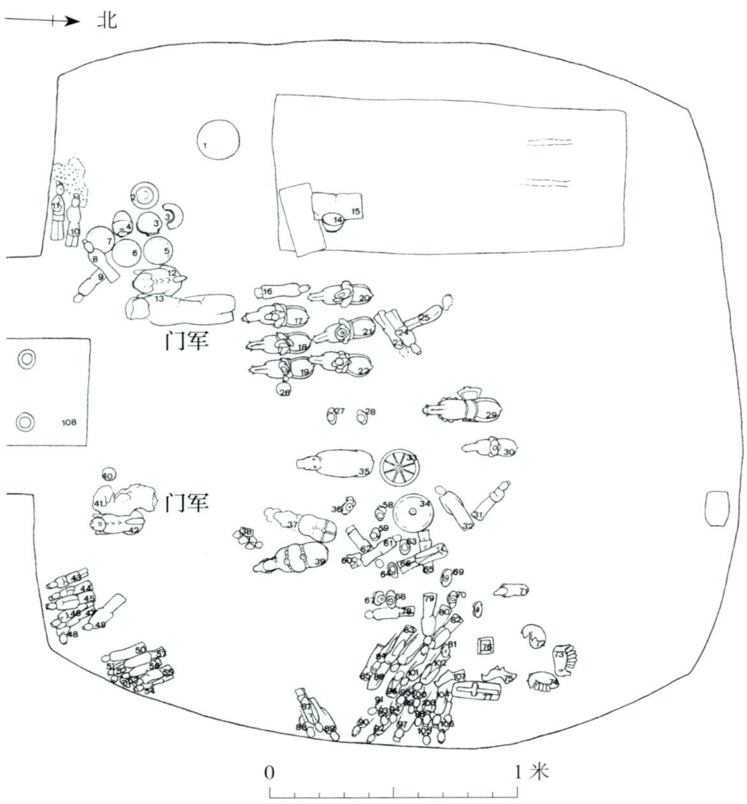

图三　YM327 平面图

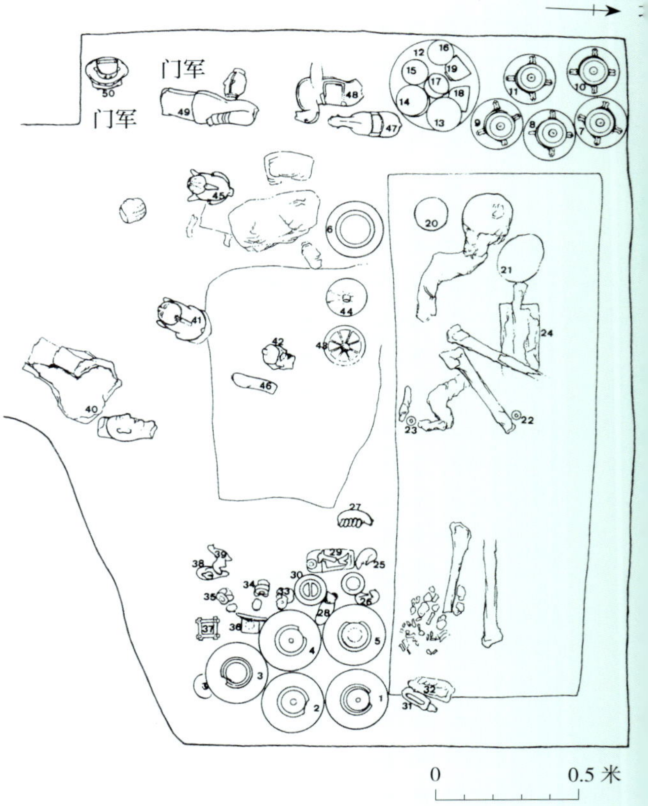

图四　YM407 平面图

护，蓄短虬髯，面目狞厉，外罩明光铠，肩披护膊，腰间束带，下身穿广口裤，脚穿圆头鞋，右手握拳，左手按持一蕉叶形盾。曾被盗扰的梅元庄隋墓，墓口位置发现一件武士俑，据报道仅剩腿部，残高 15.5 厘米，脚踩在空心圆台上，持长方盾，下着裤，足穿靴，形体硕大。安阳桥隋墓，从报告中的平面图能看出两件武士俑接近墓口位置，遗憾的是因为保存较差，没有取回。

张盛墓出土的 2 件白釉瓷质武士俑，出土时分别立于甬道的两个壁龛内。“头戴盔，上身着红甲，腰束带，下穿蓝色裤褶，脚穿靴，左手扶腰带，右手平握，原执武器，立于莲座之上。”[25] 俑的形象继承了北齐武士俑的风格，均头戴兜鍪，中脊起棱，前有冲角，两侧有耳护，身着明光铠，前胸后背各有两片椭圆形的护甲，腰间束带，肩有披膊，呈多层重叠状，腿裹甲裙，右手握拳伸直，左手所执之物已不存。从造型上看，武士俑所佩甲胄与东魏、北齐的武士俑相同，只是身体各部位比例不如东魏、北齐匀称，造型较呆板，也不如北齐武士俑那样雄健威严。张盛墓所出武士俑，既不同于北齐常见的武士俑按盾站立于山岩座之上，也不同于隋代常见的泥板座，而是立于莲座之上。手中无盾，面部表情并不像北齐像那样狞厉夸张，表现出武士俑在隋代的发展和变异。

3. 门吏俑

张盛墓出土 2 件瓷俑，它们不是出现于墓室内，而是分别发现于甬道两侧的耳室内，而且它和该墓中出土的镇墓兽、武士俑是仅有的几件瓷俑，由此推测它们也是用来镇墓的。2 件瓷俑均高 72 厘米，服饰相同，呈站立状，束发，戴蝴蝶状小冠，身着圆领广袖衣，外罩裲裆铠，腰束带，足蹬靴，双手供于胸前，拥剑立于覆莲器座上[26]。瓷俑通体施白釉，在冠、发、须、眉、眼、裲裆铠的皮襻连缀处以及腰部束带、履、仪剑等部位均用黑彩装饰。无独有偶，据《小屯・隋唐墓葬》介绍，在 YM243 墓室的入口处立有 2 件瓷俑（图五，另见图一、图二）。与张盛墓出土的瓷俑相比，衣着基本相同，手执仪剑也相同，唯所立的底座，一为覆莲器座，一为圈足台座。

置度村八号隋墓出土的 2 件陶文官俑，放置在甬道壁龛内，只保留了头部，身体应为泥质，出土时已坍塌成一堆泥土。从头像看，二俑形制相同，均头戴梁冠，神态平和，仅头部就高 21 厘米，估计整个俑像的高度应在 1 米以上。麴庆墓在甬道南部靠近墓门处东西两壁两个较大的壁龛内，各随葬一石像，原报告称之为持剑和持刀武士俑。2 件石像高度分别为 96 厘米和 93 厘米，形制近同，均为着幞头，内着圆领对襟紧身衣和长裤，外穿及膝袍服，脚穿圆头鞋，唇部施红彩。不同的是一俑双手拄剑，目视前方；另一俑双手拄环刀，双目微合。

以上这些俑像，徐斐宏统将其归纳为“门吏俑”，是安阳隋俑的新因素。主要有三个特点：一是均为形体高大的男性形象，完整尺寸均在 50 厘米以上，而一般的武士俑高 20 ~ 30 厘米；二是出土时的位置均在墓门附近或者靠近墓门的壁龛内；三是持有剑、刀类武器或仪仗器物；四是有陶、瓷、石、泥等不同质地。“门吏俑与镇墓兽、镇墓武士一起，构成了安阳隋代俑群中的镇墓组合。”[27]

4. 牛车及仪仗俑群

牛车及仪仗俑群是隋墓的重要题材之一，同时也是一个非常庞杂的组合。它力图呈现有着较高身份等级的贵族出行时的盛大场面，因此，在这个组合中，既有持盾的武士俑，又有随从的男女侍俑，还有胡俑以及墓主人出行时所用的牛、牛车、马和骆驼等。这种随葬形式，实际上就是魏晋以来以牛车、鞍马为中心的出行仪仗风格的延续。《旧唐书·舆服志》记载：“魏晋已降，迄于隋代，朝士又驾牛车。”[28] 在北朝墓葬壁画中，经常能看到贵族出行时侍卫、部曲、奴婢、伎乐等前呼后拥的仪仗场面，并且影响至后世隋唐。

这类俑像的组合，一般是紧随镇墓兽、镇墓武士俑之后，在中间的位置布置陶牛及牛车，牛车的周围则是各类仪仗俑。如《小屯·隋唐墓葬》中的卜察墓，虽然报告中对各类俑缺乏表述，但从平面图中仍可看出，镇墓兽、门吏俑之后中间位置是牛和车轮，牛车的右侧（西侧）是骑马俑，左侧（东侧）为各种仪仗俑。1966 ~ 1975 年在殷墟随葬俑像的 9 座隋墓中，大都有形体比一般动物俑高大的牛、马和骆驼，有牛车或代表牛车的车轮，它们均位于镇墓兽之后，装饰也较为华丽，其后有仪仗俑相随，构成了主人出行的仪仗。仪仗俑中，有胡俑、持盾武士俑、骑马俑、

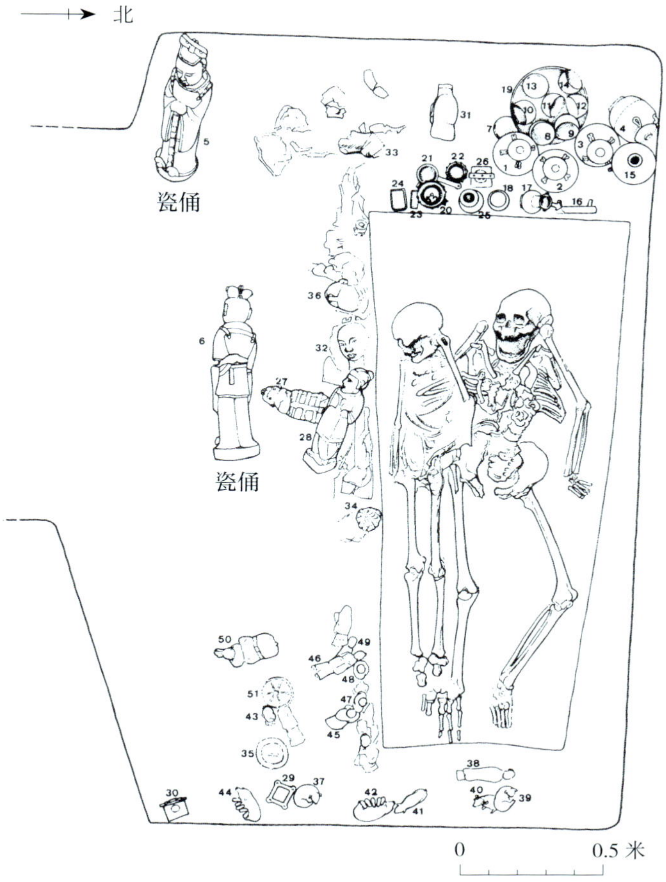

图五 YM243 平面图

文吏俑、男女侍俑等，根据发型男侍俑又分为辫发俑、帷帽俑、风帽俑、幞头俑、小冠俑等，女侍俑头梳低平髻。男女侍俑皆身穿交领或圆领宽袖及窄袖上衣，下着裳，或双手拱于胸前，或右手弯举胸前，或双手垂于腹侧。双手或右手有小孔，似原插有物，有的持盾，有的双手捧物或单手持物，形态不一[29]。

梅元庄隋墓早年被盗扰，随葬品个别有移动。整体来看，棺床居右，左侧的中间位置是牛车，牛车周围有陶马、骆驼和骑马俑，后面是数量众多的风帽俑、持盾武士俑、幞头俑等。安阳桥墓则是在镇墓武士俑之后紧随牛车，其后为各种仪仗俑群，只是镇墓兽放在较靠后的位置，可能与随葬品被扰乱有关。置度村八号隋墓没有发现牛车，但有陶牛位于墓口偏左，其左右为侍女俑、文官俑、文吏俑等。其中 3 件文吏俑头戴梁冠，身着右衽广袖长衣，腰束带，下穿广口裤，脚穿方头履；1 件陶风帽俑头戴风帽，身着套衣；5 件陶侍女俑头梳平髻，内穿紧身衣，前系带，外罩对襟短衣，下着长裙，脚穿方头履。

张盛墓由于器物是从水中打捞上来的，因此随葬品的排列位置并不清楚。《安阳隋张盛墓发掘记》是按俑类、生活器具类、日用器物的模型三类进行简要报告，其中俑类按侍吏俑、武士俑、镇墓兽、仪仗俑、伎乐俑、舞俑、仆侍俑、胡俑、僧俑、家畜家禽俑的顺序依次介绍。可以看出其中的牛车及仪仗俑群一组，有陶牛1件和残余的2件陶车轮。仪仗俑有35件，包括仪仗男俑25件、女俑10件。男俑着幞头，身穿窄袖圆领襴袍，腰束蹀躞带，脚穿乌皮靴，左手扶带，右手平握，原执有物。女俑黑发红唇，头梳双鬟髻，身着裤褶服，上穿交领右衽广袖褶衣，下为大口裤，腰束带，双手拱于胸前[30]。

总之，牛车及仪仗俑群造像丰富多彩，角色有胡人、武士、文吏、男女侍从等，是隋墓中随葬俑数量最多、最具代表性的一组俑像，用来表现墓主出行的威仪和富有。

5. 仆侍俑（僮仆俑）和伎乐俑群

在等级较高的隋墓中，尤其"甲"字形墓中，往往会随葬数量不等的仆侍俑（僮仆俑）和伎乐俑，营造出墓主人家居生活的场景。这些仆侍俑的形象，或者成组站立、手中持物，或者蹲踞劳作。置度村八号隋墓的墓室中部有19件瓷俑，其中瓷侍女俑12件，分别是徒手、捧物、捧几、捧熏炉、捧瓶、捧唾盂、捧笔架、捧砚、捧洗、捧碗、捧盆、捧衣等。张盛墓出土的27件仆侍俑，头梳盘桓髻，脑后插梳，上穿交领窄袖襦衫，长裙束于胸际，裙带下垂。大多数是绿衣红裙，也有穿褐衣或黄衣绿裙的。手中捧着瓶、盘、盆、碗、镜、洗、勺、果盒、巾等日用器物。蹲踞仆侍俑常与磨、井、器皿等庖厨明器放在一起，构成组合，表现劳作场景。例如，磨粉俑位于陶磨一侧，跪坐于地，双手捧一圆形筐箩；打水俑跪坐于陶井栏侧，双手置于膝前，作打水状；烧火俑双手置于膝前，坐于陶灶旁。

伎乐俑群往往出现在棺床前后，供墓主享乐。1966～1975年殷墟发掘的隋墓中，共有9件僮仆侍俑，分别出土于3座墓中，每墓均分别有1件磨粉俑、打水俑和烧火俑，而且埋葬的位置均在陶磨、陶井、陶灶邻近。磨粉俑位于陶磨南侧，打水俑位于陶井栏南侧，烧火俑位于陶灶北侧。置度村八号隋墓墓室西侧出土的1件陶俑，作蹲踞搁盆状，头梳双髻，内穿紧身衣，外罩对襟短衣，长裙坠地，与之临近的是1件陶磨。在墓室东侧有3件僮仆俑，头梳平髻，内穿紧身衣，长裙坠地，双手扶膝，作蹲踞状，与之临近的有陶灶、陶碓等。《小屯・隋唐墓葬》中，如YM247，虽没有对僮仆俑的具体介绍，从平面图中明显可以看出，2件坐俑位于墓室东侧，与之为伍的有陶案板、陶仓、陶灶、陶井以及陶猪、陶羊、陶兔等（图六）。同样，YM407在墓室东侧，有3件坐俑和一组庖厨明器集中一起。庖厨明器有井、灶、仓、案板以及猪、鸡、狗、羊等，3件坐俑也应是劳作的仆俑形象（见图四）。

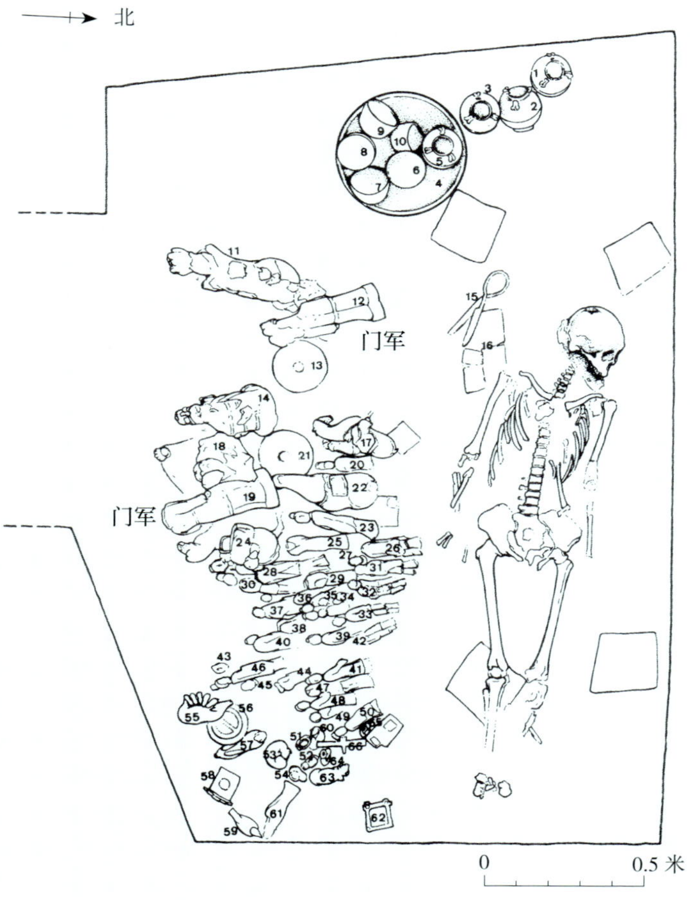

图六　YM247 平面图

麹庆墓出土有2件素烧瓷仆俑，和素烧的灶、碓、井等集中放于棺床内侧靠墓壁的位置。仆俑蹲坐，头发盘于头顶，发后插一圆梳，外穿交领右衽窄袖分体长衫，胸前系带，长裙及地，脚穿方头鞋，其中一件为执箕的形象。张盛墓中也有一件蹲踞执箕女仆俑的形象，它们是社会下层家仆形象的代表，是专门为贵族服务的。

除了这些描写社会下层庖厨劳作者形象的仆侍

俑，隋代还出现了整队的伎乐俑，以张盛墓的随葬品为代表。张盛墓出土一组8件伎乐俑，高17～19厘米，在陶质、造型、服饰上大体相同，全是头梳平髻，髻后发部插梳，黑发朱唇，长裙铺地，外着罩衣，双带下垂，其衣裙有绿、褐、红、黄诸色，异常艳丽。均为跽坐奏乐姿态，所持乐器有琵琶、五弦、竖箜篌、横笛、钹、排箫（十六管）、筚篥，还有一人未执乐器，作拍手状，以此来掌握节拍，指挥乐队。拍称为"抃"，见《旧唐书·音乐志》："拍板，长阔如手，厚寸余，以韦连之，击之代抃。"[31]唐代以后才以拍板代替抃手。另有舞俑5件，着长裙长袖，有的加一短衫，双袖挥舞，舞姿轻盈柔缓。置度村八号隋墓出土的7件伎乐俑，分别为吹排箫、弹箜篌、吹箫、吹笛、吹笙、持钹，另有一俑手持物已失，乐器不明。从出土位置看，伎乐俑位于棺床前，明显是为了娱乐墓主，为死者服务。

6. 动物俑群

隋代墓葬中出土的动物俑，除了以上介绍的仪仗俑群中的牛、马、骆驼以外，主要还是家畜、家禽，如陶猪、陶羊、陶鸡、陶犬等。每种动物又都有雌雄之分，其中母猪、牝羊、雌犬多表现为侧卧哺乳状。陶塑母猪腹下有六只或不等的小猪，与汉代以来常见的多子猪一脉相承，寓意六畜兴旺。

三　安阳隋墓出土俑像的时代特征

如前文所述，安阳地区是发现隋墓较多的地区，也是出土俑像较为集中的地区，这与东魏、北齐以来安阳所处的历史地位分不开。天平元年（534年），北魏分裂，高欢立元善见为孝静帝，是为东魏，并迁都邺城，至武定八年（550年）高洋（高欢次子）篡位，改国号为齐，仍都邺。邺城遗址即在今河北临漳县境内，当时的安阳就成为京畿地区。北周建德六年（577年），周武帝灭北齐，于邺置相州。大象二年（580年），杨坚平定相州总管尉迟迥的叛乱，"移相州于安阳，其邺城及邑居皆毁废之"[32]。由此可见，东魏、北齐乃至隋，安阳一直处在邺都文化的核心区域。而从文化传承来看，东魏、北齐在迁都邺城的同时，还迁去了洛阳工匠。据《隋史》载："初，齐亡后，衣冠士人多迁关内，唯技巧、商贩及乐户之家移实（相州）州郭。"[33]正如陈寅恪所言："洛阳文物人才虽经契胡之残毁，其遗烬再由高氏父子之收掇，更得以恢复炽盛于邺都。"[34]

隋王朝建立之后，隋文帝杨坚虽出身关陇贵族集团，却倾向于以北齐礼制取代北周礼制。开皇元年（581年）二月甲子即位当日，他就宣布要"易周氏官仪，依汉、魏之旧"[35]。由于北齐沿袭北魏晚期文化，北魏晚期又追承汉、魏、晋之制，所以隋朝基本上是直接继承北齐礼制。《隋书·礼仪志》记载："高祖命牛弘、辛彦之等采梁及北齐《仪注》，以为五礼云。"[36]这说明，开皇新礼是采纳北齐礼制而编撰。因此，河南安阳不仅是发现隋墓最多的地区，墓葬中所随葬的俑像也基本上保持了北齐的传统，二者有着明显的承继关系。正是由于隋政权沿袭了北齐的制度，安阳隋墓所出俑像也成为隋代俑像的主流风格。

隋墓中随葬俑像的组合，大体分为四组：第一组为镇墓俑，包括镇墓兽、镇墓武士俑等；第二组为表现墓主出行场面的牛车及仪仗俑群；第三组为表现家居生活场景的男女仆侍俑、乐舞俑等[37]；第四组为包括家畜、家禽在内的庖厨明器和家用器具模型。事实上，隋俑在继承前朝俑像的基础上也有明显变化。徐斐宏在总结隋俑面貌变化时指出，安阳隋代陶俑的种类比北齐时期明显减少，陶俑组合大为简化，陶俑的制作水平也下降了。与北齐陶俑相比，安阳隋代陶俑的尺寸缩小，人物刻画潦草，细节模糊。例如，风帽俑的五官、服饰模糊不清，远逊北齐同类产品[38]。又如1966～1975年殷墟发掘的隋墓，其仪仗俑有牛及牛车、马、骆驼、胡俑、持盾武士俑、风帽俑、帷帽俑、辫发俑、小冠俑、幞头俑等。梅元庄隋墓出土陶车轮、马、骆驼、骑马俑、胡俑、持盾武士俑、风帽俑、小冠俑、束发俑、幞头俑等。仪仗俑组合中，北魏以来经常出现的箭箙武士俑基本不见，武士形象仅剩下执盾武士俑。梅元庄隋墓出土2件骑马俑，马首披有面帘，但已没有马周身密布鱼鳞甲的甲骑具装；北齐流行的甲骑具装俑、甲装骑俑、甲装武士俑在隋墓中少见或不见。马上军乐队——骑马鼓吹乐俑群基本消失，同样，类似北齐和绍隆夫妇墓中一组9件头戴帷帽、右袒、左肩斜背行囊的立式鼓乐俑也不见于隋墓[39]。

当然，隋墓仪仗俑群也新出现了幞头俑、僧俑等。张盛墓出土的仪仗俑，男子均着幞头，头束幞巾，结交垂于脑后，身穿杏黄色长衣，圆领窄袖，腰束带，左手扶带，右手平握持物。张盛墓出土的两件白陶僧俑，剃发须，身披袈裟，足穿履，均站立于正方形板座之上。其中一人左手提净水瓶，右手执长烛灯于胸前；另一人左手屈于胸前，右手握物，物已失。以僧俑随葬，反映了墓主人生前笃信佛教，也反映出隋代安阳地区流行佛教。

表现家居生活场景的仆侍俑群和乐舞俑群，在隋墓中以张盛墓和置度村八号墓为代表。以女俑为主，包括持物俑、伎乐俑、劳动俑等，这成为隋墓俑像中的新气象。张盛墓出土 8 件女伎乐俑、9 件女仆侍俑，置度村隋墓出土 12 件瓷侍女俑、7 件女伎乐俑。俑群着力表现家居生活，烘托国家统一、安定祥和的氛围。

同时，部分典型随葬品的形制也发生变化。例如镇墓兽，“镇墓兽头顶冲天戟的样式消失，取而代之的是镇墓兽背部靠近颈部鬃毛演变为冲天戟的样式，之后冲天戟也消失而背部仅剩两撮鬃毛，人面镇墓兽面部形象苍老。张盛墓出土镇墓兽为瓷质，形体高大，背部三撮短鬃毛，冲天戟位于背部，尚属特例”。按盾武士俑最大的变化是“形体变得矮小，身体比例失调”[40]。

从整个人物俑像的造型来看，安阳隋墓出土的早期俑像的脸型较为瘦长，造型、服饰与安阳北齐俑接近。但到了晚期，不仅幞头俑数量增多而渐取代小冠俑，辫发俑和帷帽俑开始消失，俑的脸型也由早期的瘦长而变得丰腴起来。隋俑中虽仍然有披甲执盾的武士俑、鞍马和甲骑具装俑，但似乎已缺少那种临战气氛。这说明，随着时代和社会环境的变化，着力体现北朝实战状态的俑像逐步退化。例如，梅园庄隋墓出土的鞍马、甲骑具装俑的马腿简单做出上粗下细的形状，筋骨肌肉已不像北齐时代刻画得那样写实逼真。具装俑马的前裆与腹下缘平直，具装的表现不过是示意而已[41]。

女俑造型在服饰与发型上变化很大。张盛墓中的隋代女俑，三叠平髻，小袖长裙，裙腰高束，一般都在腰部以上，有的甚至系在腋下，并以丝带系扎，给人一种俏丽修长的感觉。裙摆上的双色彩绘，表示裙子为不同色调的褶裥，隋及初唐女子多为此装。男俑则基本保持了北朝的造型风格，尤其是武士、文吏、甲骑之类。

以安阳隋墓为代表的隋俑中的邺城风格，直接影响到了邺城之外的其他地区。如关中地区，“进入开皇末期和仁寿年间，北周样式基本淡出，为北齐样式所替代”[42]。比较典型的就是那种四肢匍匐于地的镇墓兽，演变为蹲坐状的人面和兽面镇墓兽；身材敦厚矮壮、头戴尖顶或圆顶兜鍪的武士俑演变为高大壮硕、身着明光铠、头戴平项兜鍪的样式。即便在鲜卑文化比较浓厚的山西地区，隋统一以后，开始趋同于中原风格，以往反映浓郁军事色彩的甲装武士俑、背盾武士俑等逐步消失。

四　安阳隋墓出土俑像的制作工艺

如前所述，安阳隋墓出土的俑像，从材质上可分为石、陶、泥、瓷四种，其中以烧制的陶俑为大宗，陶俑又分为素烧和彩绘两种。素烧，顾名思义就是以陶土或高岭土制胎烧成的素胎俑。彩绘俑是在素胎俑的基础上施一层白色化妆土，然后用矿物质颜料对俑体的各个部位进行细部描绘，并根据需要对身上的服饰添加色彩，使人物形象更鲜活，更具有艺术感染力。张盛墓出土的女乐俑和女侍俑，在服饰上有黄衣绿裙、褐衣绿裙、绿衣红裙或红绿相间的竖条裙等。俑像一般是模制而成，大型的、较为复杂的人物俑和动物俑，通过前后或左右合模而成。一些体量小的俑像采用单模制成。人物俑是头部和身体分别制作，俑头插在躯干上面留出的孔内。动物俑（如牛、马、骆驼等）均带有托板。制作过程一般是经过制模、练泥、制坯、入窑烧造、彩绘等步骤。

1966 ~ 1975 年安阳殷墟 9 座墓出土的隋俑都是细泥模制而成。俑范皆对模，人俑为前后合模；兽俑大多为左右对模，但猪、狗、羊为单模制成；武士俑的头部与身躯分别模制而后插合成形；镇墓兽、牛、马、骆驼的身躯与托板系分别制成后黏合而成的。俑经烧制后，外施白粉作地并加彩绘，也有少数（如 M108）未经烧造，直接在泥俑上施白粉及绘彩。一般人俑的面部施黄粉或红粉，然后用墨描绘出眉、眼、须、鬓发、冠帽、发髻、靴、鞋等，上衣施黄色或红色，下裳涂黄色或白色。武士俑和牛、马、骆驼均施黄红诸色，间或用墨绘出鞍鞯、障泥和其他装饰；

镇墓兽则用墨勾勒出胸毛及四肢，形象较为凶恶[43]。梅元庄70件隋俑和安阳桥37件隋俑，同样是细泥模制而成，外部多施白粉作地并加彩绘。有些是在手或身体某个部位留出小孔，便于插物。如安阳桥隋墓出土的持盾武士俑、胡俑、风帽俑等，均手中有孔，作持物状；陶牛的头部两侧有一对小孔，系插角之用。

安阳隋墓中最引人注目的是瓷俑的出现。张盛墓出土的2件镇墓兽、2件镇墓武士俑、2件门吏俑皆为瓷质。其中，2件白釉黑彩门吏俑的形制、大小、服饰基本相同，均为束发戴冠，上身着裲裆，下着裤褶，双手按剑立于覆莲座上，唯相貌、胡须略有差异。通体施白釉，釉色有些部位白中闪黄或白中泛青，釉面有开片；冠、发、须、眉、眼、裲裆铠的皮襻连缀处、腰部束带、履、仪剑等部位，均用黑彩装饰。2件镇墓兽一为兽面，一为人面。其中，兽面镇墓兽通体施白釉，眼珠、耳轮、鼻子及四肢关节处饰有黑色或褐色彩釉；人面镇墓兽通体施青白釉，头顶施黑釉，部分关节如腿、蹄部有褐色釉斑。2件镇墓武士俑头戴兜鍪，通体施白釉，釉厚处略呈青色，上身着明光铠，腰束带，下着裤褶，脚穿云头靴，左手扶腰带，右手平握，原执武器，立于莲座之上。《小屯·隋唐墓葬》YM243出土的2件门吏俑，形制和张盛墓近似，同样是束发戴冠，上身着裲裆，下着裤褶，不同的是全身施白釉，双身按剑（杖）立于圆形台座上。

除此之外，墓中随葬成组的瓷质侍俑和乐舞俑，已成为隋墓的一大亮点。比较有代表性的是置度村八号墓出土的19件瓷俑，其中侍女俑12、伎乐俑7件。胎体呈灰白色，均为模制而成，通体施豆青色釉。麹庆墓出土282件素烧瓷器，其中俑像类有110件之多。已经修复的有44件，包括镇墓兽2件、武士俑2件、男侍俑31件、女侍俑8件、骑马俑1件。均为模制而成，并在器物表面根据俑像的特征涂有不同的颜色。如镇墓兽体表涂红彩或黑彩，武士俑面部略涂深红彩，骑马俑的马鞍桥和障泥涂成黑色。男女侍俑均为黑发红唇，女俑着红色襦裙、黑色广袖衫，男侍俑穿杏黄色长衣，系黑色腰带[44]。

系列瓷俑的发现，是安阳地区有别于其他地方的特色之一，因为在其他地方（包括京城长安）并未发现用瓷俑随葬的现象，这说明，当时的安阳一带制瓷工艺相当发达，并影响到当时的埋葬习俗。有研究认为，张盛墓出土瓷器（无论是青瓷或是白瓷）均为安阳相州窑所烧[45]。河南安阳及其附近的地区是隋瓷的产地之一。安阳张盛墓、置度村八号墓中的随葬品中不仅有大量青瓷、白瓷，还有介于陶与瓷之间、胎质细腻、釉色纯净的瓷俑和陶俑，可见陶瓷业在这一地区很兴盛。

除了陶、瓷、石质俑像之外，隋墓中还有大量未经烧制的泥俑。如殷墟M108就有46件未经烧制的泥俑，置度村八号墓也有大量泥俑。据《小屯·隋唐墓葬》报道，多座隋墓出土泥俑，如YM243、YM247、YM248、YM249、YM253、YM257等，基本上都是和陶俑、陶瓷器皿同出。但因泥质极松酥，极易破碎，因此发掘时均没有取回。

总之，安阳隋墓出土的俑像，直接沿袭了北齐风格并有所发展，又因安阳地区在隋代的特殊的历史背景和区位而成为当时俑像的主流，进而影响到京城长安及其他地区。

注释：

[1] 《隋书》卷一《高祖纪上》，中华书局，1973年，第3页。

[2] 《隋书》卷二十四《食货志》，中华书局，1973年，第672页。

[3] 杨瑾：《隋代墓葬出土胡人类型与文化渊源初探》，《考古与文物》2019年第6期。

[4] 申秦雁：《论中原地区隋墓的形制》，《文博》1993年第2期。

[5] 中国社会科学院考古研究所安阳工作队：《安阳隋墓发掘报告》，《考古学报》1981年第3期。

[6] 周伟、彭小丹：《河南安阳地区隋墓的发现与研究简述》，《中国文物报》2013年9月13日第6版。
[7] 石璋如编著：《中国考古报告集之二·小屯·第一本·遗址的发现与发掘·丙编·附录一：隋唐墓葬》，“中央”研究院历史语言研究所，2005年，第398页。
[8] 贾玉俊：《安阳市发现隋代大型家族墓地》，《华夏考古》1994年第2期。
[9] 安阳市博物馆：《安阳活水村隋墓清理简报》《中原文物》1986年第3期。
[10] 周到：《河南安阳琪村发现隋墓》，《考古通讯》1956年第6期。
[11] 考古研究所安阳发掘队：《安阳隋张盛墓发掘记》，《考古》1959年第10期。
[12] 沈丽华：《邺城地区六世纪墓葬的考古学研究》，《考古学报》2017年第1期。
[13] 中国社会科学院考古研究所安阳工作队：《安阳隋墓发掘报告》，《考古学报》1981年第3期。
[14] 中国社会科学院考古研究所安阳工作队：《安阳隋墓发掘报告》，《考古学报》1981年第3期。
[15] 安阳县文教局：《河南安阳隋墓清理简记》，《考古》1973年第4期。
[16] 安阳市文物工作队：《河南安阳市两座隋墓发掘报告》，《考古》1992年第1期。
[17] 安阳市文物工作队：《河南安阳市两座隋墓发掘报告》，《考古》1992年第1期。
[18] 安阳市文物考古研究所：《河南安阳市置度村八号隋墓发掘简报》，《考古》2010年第4期。
[19] 安阳市文物考古研究所、河南省文物考古研究院：《河南安阳隋代麹庆夫妻合葬墓的发掘》，《考古学报》2023年第3期。
[20] 徐裴宏：《试论安阳隋墓》，《中原文物》2023年第2期。
[21] 河南省文物研究所、安阳县文管会：《安阳北齐和绍隆夫妇合葬墓清理简报》，《中原文物》1987年第1期。
[22] 磁县文化馆：《河北磁县北齐高润墓》，《考古》1979年第3期。
[23] 河南省博物馆：《河南安阳北齐范粹墓发掘简报》，《文物》1972年第1期。
[24] 中国社会科学院考古研究所安阳工作队：《安阳隋墓发掘报告》，《考古学报》1981年第3期。
[25] 考古研究所安阳发掘队：《安阳隋张盛墓发掘记》，《考古》1959年第10期。
[26] 申文喜：《略论安阳隋墓出土的瓷俑》，《安阳师范学院学报》2011年第3期。
[27] 徐斐宏：《论安阳隋墓》，《中原文物》2023年第2期。
[28] 《旧唐书》卷四十五《舆服志》，中华书局，1975年，第1949页。
[29] 中国社会科学院考古研究所安阳工作队：《安阳隋墓发掘报告》，《考古学报》1981年第3期。
[30] 考古研究所安阳发掘队：《安阳隋张盛墓发掘记》，《考古》1959年第10期。
[31] 《旧唐书》卷二十九《音乐志》，中华书局，1975年，第1075页。
[32] 《周书》卷八《静帝纪》，中华书局，1971年，第133页。
[33] 《隋书》卷七十三《梁彦光传》，中华书局，1973年，第1675页。
[34] 陈寅恪：《隋唐制度渊源略论稿》，上海古籍出版社，1982年，第43页。
[35] 《隋书》卷一《高祖帝纪上》，中华书局，1973年，第13页。
[36] 《隋书》卷六《礼仪志一》，中华书局，1973年，第107页。

[37] 申文喜：《略论安阳隋墓出土的瓷俑》，《安阳师范学院学报》2011年第3期。

[38] 徐裴宏：《试论安阳隋墓》，《中原文物》2023年第2期。

[39] 河南省文物研究所、安阳县文管会：《安阳北齐和绍隆夫妇合葬墓清理简报》，《中原文物》1987年第1期。

[40] 沈丽华：《邺城地区六世纪墓葬的考古学研究》，《考古学报》2017年第1期。

[41] 安阳市文物工作队：《河南安阳市两座隋墓发掘报告》，《考古》1992年第1期。

[42] 张全民：《略论关中地区隋墓陶俑的演变》，《文物》2018年第1期。

[43] 中国社会科学院考古研究所安阳工作队：《安阳隋墓发掘报告》，《考古学报》1981年第3期。

[44] 安阳市文物考古研究所、河南省文物考古研究院：《河南安阳隋代麹庆夫妻合葬墓的发掘》，《考古学报》2023年第3期。

[45] 杨爱玲：《白瓷的起源与发展——从河南博物院藏白瓷谈起》，《中原文物》2002年第4期。

隋代张盛墓出土乐舞俑艺术分析

袁佳音

1959 年，在安阳市北郊豫北纱厂附近发现一座隋代砖室墓。墓主人名张盛，南阳白水人，生于北魏，隋开皇十四年（594 年）卒于相州。他出身于官宦世家，官至征虏将军、中散大夫。张盛墓出土的各类随葬品达 192 件，以瓷器和陶俑为主，其中有 8 件伎乐俑和 5 件舞俑，对于研究隋代音乐、舞蹈尤为重要，也为研究坐部伎、立部伎的产生时间提供了实物资料（图一）。

一　张盛墓乐俑所持乐器介绍与分析

乐俑共 8 件，高 17 ~ 19 厘米，白陶胎，模制，绘彩，造型和服饰大致相同，均为跽坐，装束亦相同。头梳平髻，脑后插梳，长裙系于胸前，双带下垂，衣裙原有绿、黑、朱彩，出土后均已脱落。乐俑所持乐器有筚篥、横笛、箜篌、排箫、钹、四弦曲项琵琶、五弦直项琵琶等。另有一俑正在击掌，可能是抃手[1]。

墓葬中许多器物都没于水中，因此它们的排列位置不很清楚[2]。8 个乐俑作为乐队的列席顺序我们无从探究，可以先根据乐器的发声方法以及中原与西域乐器进行分类陈述。

1. 弹拨乐器

（1）琵琶

两位演奏琵琶的女乐俑嘴角微微上扬，或低头下视或抬头平视，均斜抱琵琶，右手拿木拨作弹拨状，左手握琵琶颈。其中一乐俑弹奏的是四弦曲项琵琶（图二），另一乐俑弹奏的是五弦直项琵琶（图三）。直项琵琶在我国出现得较早，云冈石窟、龙门石窟

图一　张盛墓出土伎乐俑

的北魏浮雕以及敦煌北魏壁画中，都可以找到这种乐器图像。曲项琵琶在南北朝时从中亚地区传入，是一种在马上弹奏的乐器。当时称作“胡琵琶”。

曲项琵琶为半梨形音箱，四弦四柱；五弦琵琶与四弦曲项琵琶的形制相似，但为直项，音箱相对较小。最早对琵琶的记载出自东汉刘熙《释名·释乐器》。汉魏以来，琵琶从波斯经西域传入，南北朝时进入中原。随着与外来音乐的频繁交流、乐舞音乐的兴盛，琵琶也迎来了大发展。到了隋代，四弦曲项琵琶已成为主要演奏乐器，无论是宫廷宴乐还是民间活动，都有琵琶相伴。演奏时通常为下斜横抱，即琴头偏下，我们在安阳北朝范粹墓出土的黄釉扁壶上，也可以看到这种琵琶演奏方式（图四）。

演奏曲项琵琶的乐俑，右手握一个长方形物体弹拨琴弦。据史书记载，长方形物体是木拨子，出自中国北方。古代演奏琵琶，多以这种木拨子弹奏。五弦直项琵琶乐俑在演奏时，右手呈半握态，大拇指与其他四指分开，虽然手握之物已经不清晰，但也应是手握拨子演奏。随着历史发展，到了现代，琵琶的演奏技法已经由横抱改为竖抱，由手指轮奏代替了用拨子演奏。

（2）箜篌

又称“竖头箜篌”“胡箜篌”，大约东汉灵帝时期从西域传入中原。据《隋书·音乐志》记载：“今曲项琵琶、竖头箜篌之徒，并出自西域，非华夏旧器。”隋代九部乐中，箜篌种类包括小箜篌、竖箜篌、凤首箜篌、卧箜篌[3]。其中卧箜篌平弹似瑟，源自本土[4]；小箜篌、竖箜篌、凤首箜篌都属于竖弹箜篌类别，发声方法一致，但是形制大小不同。

早在东汉时期，竖箜篌就随着“丝绸之路”上的商贾往来，由波斯（今伊朗）经西域传入我国中原。据《后汉书·五行志》载：“（东汉）灵帝好胡服……胡空侯（箜篌）、胡笛、胡舞，京都贵戚皆竞为之。”据此可知，竖箜篌至少有近两千年的历史。竖箜篌有曲形共鸣槽，并有脚柱和肋木。有20多条琴弦的箜篌，在中国乐坛上盛行于东晋至唐宋两代。宋人吴自牧《梦粱录》卷三写道：“高三尺许，形如半边木梳，黑漆镂花金装画台座，张二十五弦，一人跪而交手臂之。”这是大型的竖箜篌。

还有一种比较小的竖箜篌，隋唐时期多用于西凉乐、龟兹乐、安国乐、疏勒乐、高丽乐和天竺乐中。云冈石窟的北魏奏乐浮雕、敦煌的隋代乐队壁画、成都的五代前蜀皇帝王建墓的浮雕、巩义石窟寺的北魏浮雕上，都可以看到竖抱于怀中、用双手演奏的角形箜篌，其上有八柱。张盛墓出土的伎乐俑手中所拿箜篌，与这种小箜篌十分相似（图五）。

图二　彩绘陶弹四弦曲项琵琶乐俑

图三　彩绘陶弹五弦直项琵琶乐俑

图四　安阳北朝范粹墓出土黄釉扁壶

图五　彩绘陶弹箜篌乐俑

图六　彩绘陶吹排箫乐俑

图七　彩绘陶吹筚篥乐俑

巩义石窟寺北魏浮雕上的箜篌形制，与隋代张盛墓陶俑弹奏的箜篌形制十分相似，说明在河南地区，箜篌的传入由来已久。

2. 吹管乐器

（1）排箫

排箫起源于先秦时期，《诗经·周颂·有瞽》中有“箫管齐举”之句。两汉至隋唐时期，排箫发展到巅峰，成为乐队中的重要乐器。河南鹿邑长子口墓出土的商末周初的骨排箫，由13管组成；出土于河南南阳淅川下寺的石排箫，也是由13管组成。隋张盛墓出土的乐伎俑，手持排箫为17管（图六），这说明，排箫的管数和音域有所发展。

（2）筚篥

张盛墓出土1件彩绘陶吹筚篥伎乐俑（图七）。筚篥又名“觱篥”，属于竖吹类乐器，木管子上有9个按指孔，管的顶口安插芦哨。筚篥原是龟兹乐器，随着龟兹乐传入中原。筚篥的音色高亢清脆，哀婉悲凉。

（3）笛

笛是横吹的竹管乐器（图八）。马王堆三号汉墓出土“篴”（笛）2件，均为6孔。据《旧唐书·音乐志》记载，梁胡吹歌云：“快马不须鞭，反插杨柳枝。下马吹横笛，愁杀路傍儿。”这表明，横笛在当时是较为普遍的一种乐器。

3. 打击乐器

（1）铜钹

张盛墓出土1件双手执乐器铜钹的女俑（图九）。钹属于打击乐器。《旧唐书·音乐志》云：“铜拔（钹），亦谓之铜盘，出西戎及南蛮。其圆数寸，隐起若浮沤，贯之以韦皮，相击以和乐也。”南北朝时期，钹在中原地区十分盛行。

（2）抃手

张盛墓出土一乐俑，手中无乐器，双手置于胸前做拍手状（图一〇）。从乐队组合来看，8位乐手只有铙钹一件打击乐器，而且铙钹的余音较长，作为节奏性乐器，统领乐队的作用是有限的。根据该乐俑的手的姿势以及唐以后才用拍板代替抃手的说法，笔者猜测，这个乐俑可能是抃手，但是有待将来出土更确凿的文物来证明。

上述陶乐俑使用的8件乐器中，有3件弹拨乐器（四弦曲项琵琶、五弦直项琵琶、箜篌），它们均源自西域，汉代传入中原，在隋代达官贵族中仍然盛行。另有吹管乐器3件（筚篥、排箫、笛），其中筚篥和笛是从西域传入的乐器，排箫是本土乐器，这说明在隋代，西域乐器与中原本土乐器已经搭配使用。除此之外，还有打击乐器铙钹和抃手。张盛墓出土的彩绘陶乐俑，为研究隋代乐队的声部配比、复原隋代音乐提供了重要的实物资料。

二　张盛墓乐俑所呈现的音乐状态

1. 隋代七部乐与九部乐

南北朝长期的战乱冲突，为北方少数民族与中原地区进行文化交流提供了客观条件，进而奠定了隋代音乐、舞蹈的基础。隋代继承了魏晋南北朝以来的音乐文化成果，建立起七部乐、九部乐[5]。

图八　彩绘陶吹横笛乐俑

图九　彩绘陶持钹乐俑

图一〇　彩绘陶击掌乐俑

隋文帝开皇初年颁布法令，确立以燕乐为主要音乐，并且成立专门的音乐训练和表演机构——太常寺。隋代宫廷采用七部乐，即《国伎》《清商伎》《高丽伎》《天竺伎》《安国伎》《龟兹伎》《文康伎》。

隋炀帝精通音律，他将北方各少数民族的民间乐歌加以改造，同时对本朝原有的诗歌乐舞进行改进。大业二年（606年），隋炀帝在七部乐的基础上增加《康国伎》《疏勒伎》，形成九部乐，并将《清商伎》列为首部，改《国伎》为《西凉伎》。

七部乐、九部乐在《隋书·音乐志》均有介绍，这些乐部每部都包含舞蹈，来自不同地区与民族。表演呈现多种形式，主要是歌曲、解曲和舞曲。其中，有音乐、有歌词的是歌曲，解曲可能只有音乐，舞曲是配合舞蹈的乐曲。现将九部乐介绍如下。

《国伎》是西凉乐，泛指凉州（今甘肃一带）的音乐。西凉乐部分要素来自龟兹乐和中原汉族音乐。歌曲有《永世乐》，舞曲有《于阗佛曲》。

《清商伎》，据《新唐书·礼乐志》记载，“清商伎者，隋清乐也。有编钟、编磬、独弦琴、击琴、瑟、奏琵琶、卧箜篌、筑、筝、节鼓皆一；笙、笛、箫、篪、方响、跋膝皆二。歌二人，吹叶一人，舞者四人，并习《巴渝舞》”。

《高丽伎》采用高丽乐曲，配以14种乐器，由18人演奏。

《天竺伎》的舞曲以《天曲》最为著名，歌曲则是《沙石疆》，使用的乐器有琵琶、凤首箜篌、五弦、毛员鼓、都昙鼓、铜钹等9种，由12个乐工演奏。

《安国伎》源自安国音乐，歌曲以《附萨单时》、解曲以《居和祇》最著名。乐器有箜篌、琵琶、五弦、笛、箫、筚篥、双筚篥、正鼓、和鼓、铜钹10种，由12个人演奏。《安国伎》从西域传入中原，节奏鲜明，曲调欢快，流行于宫廷和民间。

《龟兹伎》的乐器有竖箜篌、琵琶、五弦、箫、筚篥、毛员鼓、腰鼓、鸡娄鼓、都昙鼓、贝等多种，乐工近30人。

《文康伎》在七部乐和九部乐都作为压轴之作。其舞曲有《散花》，行曲有《单交路》。乐器有箫、腰鼓、铃等7种乐器，由20人演奏。

《康国伎》乐曲使用的乐器多种多样，大概有加鼓、铜钹、笛、正鼓4种，由4名乐工演奏。

《疏勒伎》中，舞曲有《远服》，解曲有《盐曲》，歌曲有《亢利死让乐》。乐器有竖箜篌、腰鼓、五弦、鸡娄鼓、琵琶等10种，乐工12人[6]。

张盛是隋代贵族，他卒于隋文帝开皇十四年（594年），因此，张盛墓中的乐俑应该是七部乐的演奏形态。从乐俑手中所执的乐器来看，与《安国伎》的乐器类型最相似。《安国伎》乐器有箜篌、琵琶、五弦、笛、箫、筚篥、双筚篥、正鼓、和鼓、铜钹，而张盛墓的乐俑所执乐器有箜篌、四弦琵琶、五弦琵琶、笛、排箫、筚篥、铜钹。因此，这组乐俑演奏的可能是《安国伎》。

2. 坐部伎出现的时间

许多文献记载，坐部伎的设置始于唐玄宗时期，但

从张盛墓出土陶伎乐俑来看，隋代已经具备唐代坐部伎的基本特征，如声乐坐奏、以琵琶为主的管弦乐队。由此推测，隋代可能就已出现坐部伎，唐玄宗时完善了这一设置，并且形成了比较规范的礼乐制度。张盛墓这套坐部伎俑的发现，不仅补充了文献记载，而且形象地展示了坐部伎的排列组合情况[7]。

三　舞俑形态分析

隋唐时期的乐舞是将传承下来的乐舞与少数民族乐舞融合而成。张盛墓出土的5件舞俑均呈站立状，姿态不一。其发型与乐俑相似，均为宽而扁的盘桓髻，上着窄袖衫，下身长裙高束于胸际，长裙之外又束短裙，足穿笏头履。女俑们挥舞长袖翩翩起舞，其动作具有轻柔舒缓的特点。

张盛墓出土的5件舞俑（图一一），1件舞俑的双袖长至手腕；2件舞俑的右袖长至手腕，左袖为长袖；另2件舞俑的双袖均为长袖。从姿态来看，1件舞俑双手环握于胸前；其余4件舞俑均为右手抬至肩前，左手垂袖，但是左手臂的姿态稍有不同。张盛墓舞俑外形纤瘦，裙摆曳地，下肢动作幅度较小，神情温婉，气质典雅。

隋代流行汉魏时期的“四舞”，即巾、拂、鞞、铎。其中，巾舞的动作特点是双袖舞动。张盛墓出土陶舞俑的舞姿与巾舞相近，具有中国传统舞蹈“长袖善舞”的特点[8]。

综上所述，从张盛出土的乐舞俑来看，隋代乐舞明显受到外来文化的影响，这从侧面反映了中原地区与西北少数民族的交流。外来音乐的大量传入以及与汉族音乐的广泛融合，使隋朝的燕乐发展到一个新高度，也为唐代十部乐的确立奠定了基础。

图一一　张盛墓出土彩绘陶乐舞俑

注释：

[1]　《中国音乐文物大系》总编辑部编：《中国音乐文物大系·河南卷》，大象出版社，1996年。

[2]　考古研究所安阳发掘队：《安阳隋张盛墓发掘记》，《考古》1959年第10期。

[3]　孙继南、周柱铨：《中国音乐通史简编》，山东教育出版社，1993年，第78页。

[4]　孙继南、周柱铨：《中国音乐通史简编》，山东教育出版社，1993年，第62页。

[5]　孙继南、周柱铨：《中国音乐通史简编》，山东教育出版社，1993年，第73页。

[6]　王可：《隋代琵琶音乐探赜》，郑州大学硕士学位论文，2016年。

[7]　化夏：《隋代的室内乐团——彩绘陶坐部伎俑》，《文物天地》2017年第7期。

[8]　张英群：《安阳隋代张盛墓出土的舞乐俑试探》，《中原文物》1983年第4期。

张盛墓出土陶俑服饰研究

徐蕊

1959年5月在安阳豫北纱厂附近发掘的隋开皇十五年（595年）张盛墓，共出土人俑83件（其中女俑50件、男俑33件），包括男侍吏俑2件、男武士俑2件、男仪仗俑25件、女俑10件、女伎乐俑8件、女舞俑1件（原简报记5件）、侍女俑31件（原简报记27件）、胡俑2件、僧俑2件。这些俑造型生动，服饰刻绘清晰，出土年代明确，是研究隋代服饰的珍贵材料。

一　张盛墓俑服饰的基本形式

1．男子服饰

（1）瓷侍吏俑

2件。束发，头戴冠，服裤褶，外加罩裲裆铠，腰束带，足蹬翘头履。

（2）瓷武士俑

2件。头戴兜鍪，兜鍪圆顶，后有顿项，侧有护耳。上穿圆领窄袖和长度及膝的衫，外加明光铠，双肩有披膊，腰部束带。下着大口裤，膝下加有缚带，足蹬尖头靴。

（3）陶仪仗俑

25件。头戴幞头，二带系于脑后，两脚垂下；二带反系于额前，两脚下垂。身着圆领襕袍，腰系蹀躞带，于背后系扎，足蹬靴（图一）。

（4）陶胡俑

2件。身穿短襕袍，衣领外翻，腰束蹀躞带，下着裤，足蹬靴，裤束于靴中（图二）。

（5）陶僧俑

2件，一大一小。均身披袈裟，上涂有黄、绿、红、

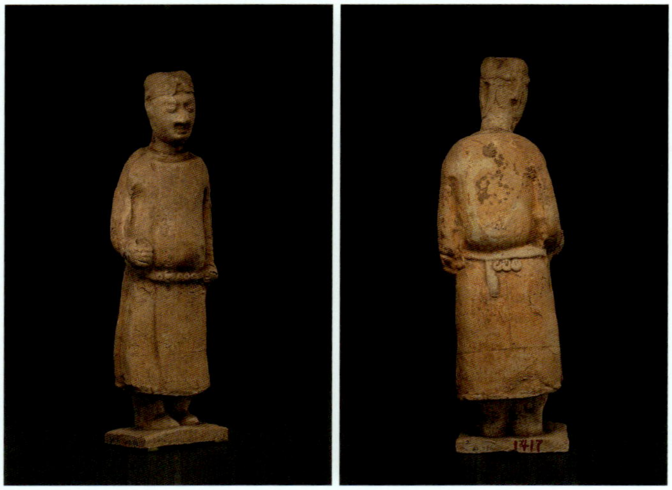

图一　张盛墓出土陶仪仗俑

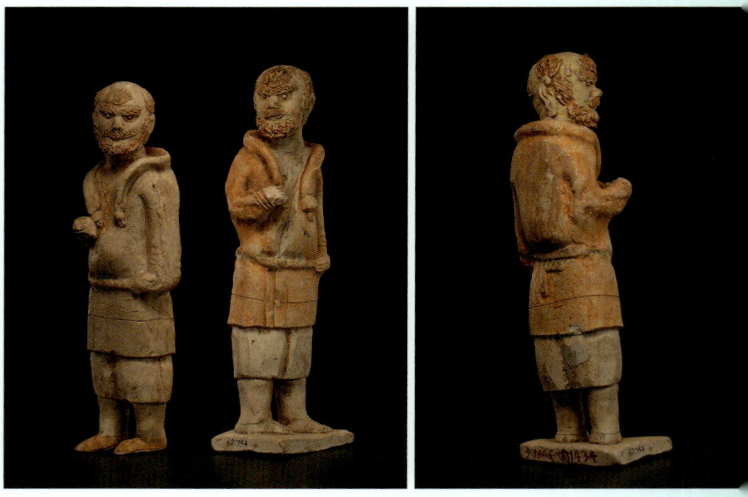

图二　张盛墓出土陶胡俑

图三　张盛墓出土陶僧俑

黑色，足着靴（图三）。大俑高约 22 厘米，右手执物；小俑高约 16 厘米，左手执杯状器，右手执净瓶。

2. 女子服饰

（1）陶侍女俑

31 件。发型和服饰相同，头顶盘扁髻，发髻根部插小齿梳一个。上穿右衽衣，下着双背带长裙，裙扎右衽衣外。长裙左右肩部各有一宽吊带，衣裙在胸部上方以宽带系扎在短襦外，束带下垂至膝部。裙背部左后方有垂带坠饰，似为压边所用。足穿翘头履。从衣着色彩看，上衣短襦有原色、红色、黄色等，下裙摆呈红色与原色、黄色与原色间色。侍女分别手执杯、瓶、盆、烛盘、壶、托盘、铲、箕等不同物品（图四）。

图四　张盛墓出土陶侍女俑

（2）陶女俑

10 件。发髻从后脑分左右两边上梳至两鬓处，然后挽髻。上身着右衽宽袖襦，普遍留有红色印迹，襦长至大腿部，腰带于背后系扎。下身着裤褶，裤褶腰部有带，结于腹部，于前腿处露出裤褶的系带，下垂过膝（图五）。

图五　张盛墓出土陶女俑

（3）陶女坐部伎乐俑

8 件，分别是弹竖箜篌、弹四弦琵琶、弹五弦琵琶、吹觱（筚）篥、吹横笛、吹排箫、击钹、击掌俑。女伎乐俑与侍女俑的发式相同，皆头梳扁髻，脑后插小梳子。伎乐俑上身内穿右衽小衣，小衣外围双层长裙，内裙较长拖地，外层长及腰部，胸前正中系带，垂长带，长裙施以间色彩绘。足穿翘头履（图六）。

图六　张盛墓出土吹横笛陶伎乐俑

图七　张盛墓出土陶女舞俑

（4）陶女舞俑

1件。其发髻与侍女俑和伎乐俑相同，整体塑造得更精细。头顶扁髻，后插小梳子以作装饰。上身内穿右衽小衣，小衣长袖，小衣外围双层长裙，内裙长至拖地，外层长及腰部，胸前正中系带，垂长带，长裙施以间色彩绘（图七）。

3. 陶靴和履

3双，为两双陶靴和1双陶履（图八）。

二　张盛墓服饰的几个突出特点

1. 侍女俑多穿长袖

31件侍女俑的衣袖分为3型。

Ⅰ型　21件。长袖不露手，包括托盘俑2件、捧烛盘俑6件、挟隐囊俑2件、彩绘俑2件，还有捧壶俑、捧香熏俑、持瓶俑、持巾俑、挟绣墩俑、托板俑、捧几俑、捧瓶俑、持铲俑各1件（图九）。

Ⅱ型　5件。衣袖长至手腕处，露出手，包括捧杯侍女俑、持物侍女俑、持盆侍女俑、持箕侍女俑（图一〇）。

Ⅲ型　5件。只露出一只手，另一长袖不露手。包括提瓶女俑、侍女俑等（图一一）。

31件侍女俑中，着长袖的侍女俑占绝大多数，共26件，而且多是持有或捧有物品。由此推测，张盛墓的侍女俑可能均为长窄袖，只在需要时将长袖撸至手腕处，因此，露出手的袖口处均刻出褶皱。

2. 特殊的舞乐俑双层裙

《安阳隋张盛墓发掘记》中记有5件彩绘陶女俑，将其列为舞俑。仔细观察这5件俑的服饰，其中4件与侍女俑的服饰一样，均为内着右衽衣，外着背带长裙（图一二）；只有1件彩绘女俑的着装与伎乐俑相同，内着右衽衣，外着双层长裙，内裙长至拖地，外裙长及腰部，足穿笏头履（图一三）。故笔者认为，后1件彩绘女俑为舞俑，其他4件应归入侍女俑。

关于舞乐俑的双层裙，在发掘简报和一些资料中将其描述为“短衫”，但仔细观察，舞乐俑所着服装并不是在长裙外加一短衫。从舞乐俑的背面可以看出，裙子是系扎在上衣外面的。外层的小片并没有连接袖子，应是与裙子一体的（图一三：右、图一四）。

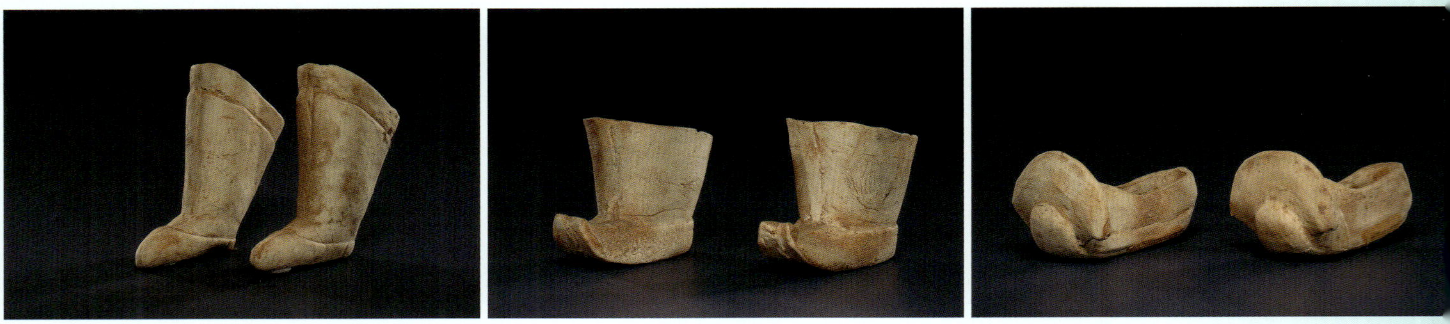

图八　张盛墓出土陶靴和履

图九　张盛墓出土Ⅰ型陶侍女俑

图一〇　张盛墓出土Ⅱ型陶侍女俑

图一一　张盛墓出土Ⅲ型陶侍女俑

图一二　张盛墓出土陶女舞俑（侍女俑？）

图一三　张盛墓出土陶女舞俑

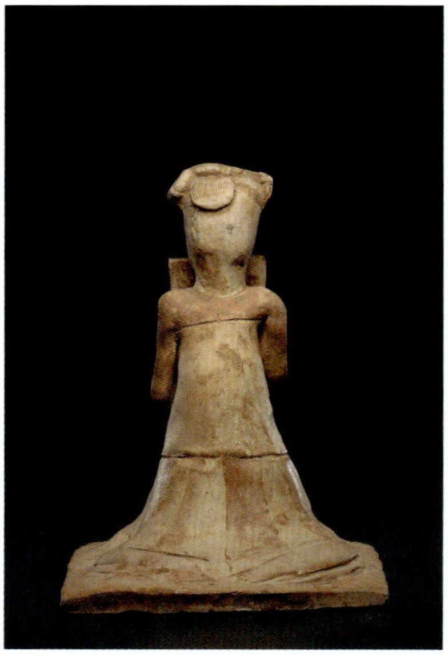

图一四　张盛墓出土彩绘陶吹排箫伎乐俑

图一五　张盛墓出土穿着背带裙的陶侍女俑

图一六　张盛墓出土陶仪仗俑所戴幞头

图一七　张盛墓出土陶仪仗俑腰部的蹀躞带

3. 背带裙

北朝时期已经出现背带裙，如山西太原北齐娄睿（叡）墓[1]、太原北齐张海翼墓[2]，山东临淄北朝崔氏墓[4]等，出土的侍女俑中就有穿背带裙的。背带裙的出现应与裲裆的出现和发展有密切关系。相较娄睿墓的背带裙侍女俑，张盛墓女俑背带裙的背带更短，裙身更高，裙身卡在腋窝处（图一五）。

4. 幞头

张盛墓出土的仪仗俑头戴幞头，由此可以看出当时幞头的造型以及结扎方法。这时的幞头，前面系结后留出很少的两脚，脑后的两脚垂至颈上（图一六）。

5. 蹀躞带

张盛墓出土的仪仗俑，腰部蹀躞带刻画清晰，形象地展示了隋代蹀躞带的样式和系结方法（图一七）。蹀躞是指腰带上垂下来的系物之带，蹀躞系在环上。宋人沈括《梦溪笔谈》卷一：“带衣所垂蹀躞，盖欲佩带弓剑、帉帨、算囊、刀砺之类。自后虽去蹀躞，而犹存其环，环所以衔蹀躞，如马之鞦根，即今之带銙也。”

三　从张盛墓服饰看隋代服饰源流关系

将张盛墓出土的陶瓷俑与安阳北朝墓陶俑[4]相比，可以看出，隋代多继承北朝的服饰。例如，瓷武士俑和侍吏俑、陶女仪仗俑、陶胡俑等服饰与北朝墓陶俑服饰基本相同。武士俑头戴兜鍪，身穿明光铠，肩有披膊，腰系蹀躞带；侍吏俑头戴小冠，身穿裤褶服，上为广袖衫，外穿裲裆，腰束蹀躞带，下穿宽腿裤，脚穿笏头履；女仪仗俑也穿着裤褶服。

尽管存在承继关系，隋张盛墓与北朝墓的服饰的区别非常明显。例如，安阳北朝墓常见的风帽配长袍、左衽服装等典型的鲜卑族服饰，在隋代张盛墓均已不见。与此同时，新出现的服饰元素有男侍吏俑所戴幞头、女伎乐俑和女舞俑的更高束胸的背带裙、双层裙等。特别是女子梳扁平髻，脑后插梳，这种发式在安阳北朝墓中没有发现。事实上，这些服饰自隋代出现，一直沿用至唐代。

张盛墓与安阳地区其他隋墓相比，陶瓷俑的服饰大体相同，但张盛墓的伎乐俑和舞俑的服装和发式在其他隋墓中鲜见。总之，张盛墓的服饰资料丰富，很好地体现了隋代服饰处于从北朝服饰向唐代服饰过渡的特点。

注释：

[1] 山西省考古研究所、太原市文物考古研究所编：《北齐东安王娄睿墓》，文物出版社，2006 年。

[2] 李爱国：《太原北齐张海翼墓》，《文物》2003 年第 10 期。

[3] 山东省文物考古研究所：《临淄北朝崔氏墓》，《考古学报》1984 年第 2 期。

[4] 河南省文物局编著：《安阳北朝墓葬》，科学出版社，2013 年；河南省博物馆：《河南安阳北齐范粹墓发掘简报》，《文物》1972 年第 1 期；河南省文物研究所、安阳县文管会：《安阳北齐和绍隆夫妇合葬墓清理简报》，《中原文物》1987 年第 1 期。

张盛墓出土僧俑与隋代佛教

1959年5月，在安阳豫北纱厂附近发掘了一座隋开皇十五年（595年）墓葬，据墓志可知墓主人为张盛及其夫人王氏。张盛正史无传。张盛，字永兴，南阳白水人，官拜征虏将军、中散大夫，隋开皇十四年正月十五日卒于相州安阳修仁乡，年九十三。夫人王氏卒于开皇六年（586年），乃于开皇十五年与张盛合葬于相州安阳城北五里白素乡[1]。

张盛墓出土随葬品极为丰富，其中以俑类与瓷器为大宗，在墓中所出的各种俑群中，发现了较为罕见的僧俑，并且伴出若干佛教用具。

一　张盛墓出土僧俑及佛教用具

1. 陶僧俑及所示佛具

（1）陶僧俑

两件僧俑一大一小。其中大僧俑高22厘米，直立于方形板上，身披僧衣，上涂黄、绿、红、黑色彩，双足着靴，左手虚拢于胸前，右手持物，物已残。小僧俑高16厘米，同样立于方形板之上，身着僧衣，体稍前倾，右手平执手炉，左手下垂斜提净瓶。两件僧俑均剃去须发，脸带微笑，面目祥和（图一）。

俑是代替活人殉葬的产物，至迟在春秋战国时期已经出现，形象主要有奴仆、乐舞、士兵、仪仗等，在事死如事生的观念影响下，常伴有生活生产用具、镇墓俑（兽）等。随葬的俑大多反映了当时社会风貌与生活习俗，张盛墓中所出陶僧俑亦是当时佛教流行、蓄养家僧制度的真实写照。

图一　张盛墓出土僧俑

（2）僧衣

佛与僧的着装一般泛称“法衣”。阿难尊者根据佛的指示，模拟水田的阡陌，将布料加工成长短不同的“割截条”，连缀缝制成佛衣。据佛经记载，佛为了找到不浪费财力的僧人的着装，亲自在寒夜的初夜、中夜、后夜三个时段，次第取三衣作御寒试验，从而悟出三衣恰好适宜生存需要的结论，即由内而外的第一衣安陀会，第二衣郁多罗僧，第三衣僧伽梨。三衣的“割截条”均为单数，单为阳数，寓意生长，每一“割截条”中的长短条比喻圣法增加而凡情减少。由内而外，圣法逐渐增加，所以从安陀会至僧伽梨，“割截条”的数量越来越多。以“条”数为区分，一般僧伽梨为9条，郁多罗僧为7条，安陀会为5条[2]。

佛衣和僧衣在印度并无差别，但在中国汉地，佛衣与僧衣明显不同，特别从北魏开始，僧衣的本土化改革更为彻底，有领有袖、裁剪的汉服逐渐取代部分三衣，最终形成了只有外层的僧伽梨基本保留印度传统的长方形和袒右肩、右衣角搭左肩的披覆形式。

张盛墓所出陶僧俑所披僧衣，是印度佛衣进一步汉化后的成熟形式，其所刻画出的“割截条”数量为 5 条，根据这个数量，僧俑所着似应为安陀会，但从其长短条比例来看，僧俑的刻画并没有严格按照制度所示，既不是安陀会每“条”中包含一个长条和一个短条，也与欝多罗僧的每条中包括两个长条和一个短条不尽吻合，更与僧伽梨的长短条比例相去甚远，甚至没有体现出长短条的区别，仅是等距草草刻画。又据僧俑所表现出的披着方式为通体披着，衣量应为较大的欝多罗僧或僧伽梨，推测陶僧俑的着装为安陀会的可能性要小于僧伽梨。抑或僧衣本土化的另一产物，即将欝多罗僧改为有领有袖的连体衣——直裰。俑背面亦有钩纽用来固定僧衣，防止衣服滑落。张盛墓所出陶僧俑既表现出北朝时期僧衣本土化期的不确定性，又反映出当时制俑较为粗陋（图二）。

图二　张盛墓僧俑僧衣背面

图三　张盛墓出土陶僧俑所执手炉

我们现在一般称僧衣所着之装为“袈裟”，这一称谓大约自唐代始，作为三衣的别名。也有学者认为，“袈裟”更倾向于专指僧伽梨。

根据发掘简报，张盛墓所出僧俑的僧衣上涂有黄、绿、红、黑色，与《大宋僧史略·服章法式》中所载“汉魏之世，出家者多着赤布僧伽梨”内容相吻合。《魏书·释老志》中亦记：“汉世沙门皆衣赤布，后乃易以杂色。”北朝时，僧衣规制通行为黑色。有学者认为，所谓“杂色”，可能是赤色与黑色僧衣过渡时期的情况，不可确考。又据《大宋僧史略·服章法式》所记，大约至北周明帝之时，“忌闻黑色之谶，悉屏黑色。着黄色衣，起于周也。”随着北周版图的不断扩大，僧衣流行黄色衣的范围随之渐广。僧衣最外有赤色袈裟。张盛墓所出陶僧俑亦反映了当时的僧衣色彩。

（3）手炉

佛教香供养的用具是香炉，常与用来盛放各种香料的香宝子配套使用。手炉的发展与熏炉密切相关，根据形态和安置情况可分为两类：一类是座式香炉，常置于佛前；另一类是手炉，多为礼佛、念诵佛经时手执使用。从佛教造像中的手持物来看，手炉多为弟子、供养人或僧人所持。在造像中，手炉旁边常有香宝子，用以存放香料。在考古发掘中，手炉与香宝子常常伴出。例如，河南洛阳唐代神会和尚塔基地宫中，同出手炉与香宝子。古代文献对于手炉和香宝子的使用有明确记载。《释氏要览》卷中“手炉”条：“《略》云：前有十六师子白象，于二兽头上别起莲华台以为炉，后有师子蹲踞，顶上有九龙绕承金华，华内有金台宝子盛香。佛说法时常执此炉。”[3]

宝子与香炉配合放置始于隋，摆放位置也相对固定，多置于佛座之前的香案上，中间香炉，两边宝子。但也有资料表明，在进香或其他佛事中，手炉与香宝子不是必须搭配使用的，在敦煌石窟、安西榆林窟的壁画中，亦常见仅持手炉而不用香宝子的图像。

张盛墓所见陶俑，左手持手炉（图三），右手执净瓶，亦未见持有香宝子。

4. 净瓶

又称“军持”“军迟”，是装香水的瓶子，或用于供养佛菩萨，或是滴洒香水于塔寺道场，或是在佛诞节时洗浴释迦牟尼圣像。《南海寄归内法传》记载，军持有二，若瓷瓦者是净用，若铜铁者是触用。“水分净触，瓶有二枚，净者咸用瓦瓷，触者任兼铜铁。净拟非时饮用，触乃便利所需。净则净手方持，必须安着净处，触乃触手随执，可于触处置之。”[4]

据目前所见考古资料和造像所见，此类佛具出现于北朝，其后流行，并对当时的日常生活用器造型产生了深刻影响。从形制上看，主要分为带流和不带流两种。

带流净瓶常见于考古实物资料，洛阳神会和尚塔基地宫、登封法王寺二号塔的塔基地宫等地均有出土。带流净瓶亦见于文献记载。《南海寄归内法传》中记：“唯斯净并重，及新净器所盛之水，非时合饮，余器盛者名为时水，中前受饮即是无愆，若于午后饮便有过。其作瓶法，盖须连口，顶出尖台可高两指，上通小穴，粗如铜箸，饮水可在此中。傍边则别开圆孔，拥口令上竖高两指，孔如钱许，添水宜于此处，可受二三升，小成无用。斯之二穴恐虫尘入，或可着盖，或以竹木，或将布叶而裹塞之。”

不带流净瓶。顾名思义，瓶不带流口，颈长腹圆。有研究认为，持不带流净瓶者的身份多为菩萨，也有个别弟子手持此类净瓶。

不带流净瓶有不同的持法，兼具时代特征。从持握姿势来看，有横持、竖持、勾持、斜持等。隋代多见竖持、斜持形象[5]。张盛墓所出陶俑持不带流净瓶，即为斜持状，四指满握于瓶颈一侧，拇指在另一侧与之相拈，这与横持相近，只是净瓶在身体一侧斜向[6]，而非竖向（图四）。

图四　张盛墓出土僧俑所执净瓶

2. 佛念珠

张盛墓出土佛念珠 3 串。佛念珠的珠子均为陶胎，除两枚为尖形外，其余均为圆形。也有学者认为，这两枚非圆形佛珠形状为莲藕节形[7]。3 串佛念珠中，一串为 96 粒，另两串的珠子数量均为 95 粒（图五）。

图五　张盛墓出土陶佛珠

佛珠是佛教信仰者使用的一种随行法器，有念诵记数、收摄身心、庇护、除障等功用，其名源于持念佛法僧三宝之名，或有说法为“佛珠”谐音“弗诛”，含有时刻劝诫众人不要诛杀生命之意[8]。

佛珠起源于印度，其梵语构成中有“鬘”意，为挂在身上起到美化作用的花环，或以丝缀花结成花团样，以为装饰。目前所见汉文佛经中，东晋时译作《佛说木槵子经》中最早出现了有关佛珠的描述：“佛告王曰，若欲灭烦恼障、报障者，当贯木槵子一百八，以常自随。”木槵子的果核类近圆球形，广泛种植于印度，最早被选为佛珠的材料[9]。

根据《金刚顶瑜伽念珠经》所记："珠表菩萨之胜果，于中间绝为断漏，绳线贯串表观音，母珠以表无量数。" 又据《陀罗尼集经》："作是相珠一百八颗。造成珠已。又作一金珠以为母珠。又更别作十颗银珠。以充记子。此即名为三宝法相悉充圆备。能令行者掐是珠时，常得三宝加被护念。"佛珠的构成有母珠、子珠、穿绳和记子，以母珠代表佛宝，贯空佛珠的珠绳代表法宝，子珠代表僧宝。一串佛珠具备了圆满的佛、法、僧三宝，使用者掐诵念珠时，即得到三宝的加持护念[10]。

3. 白釉瓷熏炉

张盛墓出土的瓷熏炉高 15 厘米，除底部未见釉色外，通体施白釉。底部为盘形座，盘中为一香炉造型器物，中上部留有小孔，器身饰双层仰莲花瓣装饰图形、一层覆莲花瓣装饰图形（图六）。

熏炉是古时专门用来熏香和取暖的一种器具，多以炉的形式出现，故而得名。晋隋之后，外来香料大量进入，"南海诸香皆至矣"[11]。时至隋唐，随着对外贸易的繁荣和物质文明的发展进步，人们对熏香的研究和利用更加精细化、系统化。宫廷中用焚香来显示庄严和礼遇，并写进制度。《新唐书·仪卫志》记载："朝日，殿上设黼扆、蹑席、熏炉、香案。"熏炉在用香制度大盛的影响下，不仅数量众多，使用广泛，造型也趋向多元化，制作更加考究，外观更加华美，形制丰富。使用方式有摆放的，有悬挂的，还有在熏炉之上加置熏笼，以便熏衣、熏被。

佛教用香更是盛行。香在梵语中称"健达"，古印度传说中有香神，即"乾闼婆"，不食酒肉，唯求以香味为食，以资阴身，又自其阴身出香，故名香神。以后被引为佛教护法的八部众之一。佛教中用香主要有以下几个目的。一是以香为佛使，进行供养。据《贤愚经》卷六载，佛陀当年住在祇园时，有长者富奇那建造了一座旃檀堂，准备礼请佛陀。他手持香炉，遥望祇园，焚香礼敬。香烟袅袅，飘往祇园，徐徐降落在佛陀头顶上，形成一顶"香云盖"。佛陀知悉，即赴富奇那的旃檀堂。根据这个传说，"香"是弟子把信心通达于佛的媒介，故经上称"香为佛使"，这也是佛教中以香敬佛的缘起[12]。二是行香以促解脱。《贤愚经》卷七载，昔有贪婪之人，蓄金七瓶，掘地深藏。后病死变为毒蛇，犹守金瓶。经漫长岁月，心生厌倦，呼行人捐金一瓶，供僧作福。行人担蛇至一寺，遵嘱行香僧前，僧为蛇说法，蛇因之而喜，复献出六瓶金施僧，蛇因此而命终生忉利天。此为"行香"之初起。中国"行香"始于晋代道安法师。原为法会仪式，指法师升座说法时，向他燃香礼敬。亦做戒定慧解脱知见的五分香，以为供佛。从南北朝开始，朝廷即举办"行香"法会。以至隋唐，"行香"尤盛。张盛墓所出白釉瓷熏炉，正是隋代佛教盛行、信徒借熏炉焚香以达于佛的生动体现。

4. 瓷钵

张盛墓出土瓷钵 1 件，高 5.2 厘米，平底圈足，鼓腹敛口，腹部有菱形花纹，口沿有一周弦纹，内外均施白釉，釉体有冰片裂纹（图七）[13]。

钵是重要的佛具。《释氏要览》记载："钵，云钵多罗，此云应器，今略云钵也，又呼钵盂，即华梵兼名也。钵者，乃是三根人资身要急之物。"[14]一般在佛教造像中，执钵者多为药师佛。考古所见钵有玻璃、金、银、陶、瓷等多种材质，多为敛口，

图六　张盛墓出土白釉瓷熏炉

图七　张盛墓出土白釉瓷钵

图八　张盛墓出土侍吏俑的莲瓣纹底座

图九　张盛墓出土白釉瓷舍利容器

图一〇　张盛墓出土僧俑手部残缺处

斜直腹，小平底、尖圆底或圜底。造像中所见钵的形制则更为夸张，近球形，以区别于碗等其他器物。

张盛其人笃信佛教，故其墓中既随葬鲜见的陶僧俑，又伴出一些极具代表性的佛教用具。此外，同出的侍吏俑、瓷蹲兽上均可见覆莲或者莲瓣造型，亦可见其时佛教之盛（图八）。

5. 白釉佛舍利容器

舍利是佛教中备受珍视的宝物。存放舍利的容器一般小而精巧，大多材质珍贵，有金、银、玻璃、陶瓷、石、骨、木等，以小型的函、塔、盒、瓶、壶等形式多见。如唐代法门寺地宫秘龛所出的多重宝函，银质鎏金，满镶珍珠宝石，放有释迦牟尼的真身舍利和影骨。

张盛墓出土的白釉佛舍利容器，高 7.3、直径 5.5 厘米。整体呈束腰筒形，上部有盖，盖隆起，盖中央有桃形纽，器内空腔。盖面及外壁装饰瓦楞状凸弦纹，外施白釉不过底，内壁涩胎（图九）。

二　陶僧俑所执失物考

张盛墓所出大僧陶俑，可看出其左手虚拢于胸前，右手原有持物，现物已残。僧众常执之物有提篮、净瓶、拂子、杨柳枝、莲花、莲苞、麈尾、满瓶或摩尼宝珠等。

大僧俑的右手所持之物已残，呈向上举状（图一〇）。其所举之物，首先可以排除提篮；若为拂子、麈尾、满瓶，又与人物面部的距离不协调，也应排除。手执摩尼宝珠的例子并不多见，今所见摩尼宝珠多以火焰和宝珠相结合的形式出现，宝珠周围有燃烧的火焰，下方托以莲座，组合图形的形体一般较大，不是手执之物，也不在考虑之列。杨柳枝、莲花、莲苞三者的形态与尺寸均符合张盛墓僧俑的手部姿势，可作备选。北朝时期，黄河以北一带的造像多为手持莲苞，可为佐证。另据现有姿态，亦有单手立掌的可能。

三　门僧制度和隋唐僧尼的葬制

张盛墓所出僧俑是迄今所知随葬品中最早出现的僧人形象。从隋唐直至宋代，门僧制度盛行，世家豪族可以在家中供养僧人，为其生前做功德，死后修佛事。这一习俗均有实物及文献证明。

1965 年，在福建省福州市北郊莲花峰南麓发掘清理一座五代十国时期的双室砖室墓，根据墓志可知，左室墓主人为后梁南平王刘隐之女、闽国第三代君主王延钧之妻刘华。闽国是五代十国中的十国之一，先后定都于长乐（今福建福州）、建州（今福建建瓯）。后唐长兴四年（933 年），王审知次子王延钧称帝，国号大闽，建都长乐。之后闽国内乱，永隆五年（943 年）二月，王延钧弟王延政称帝，国号大殷，其后又复国号为闽，不久即为南唐所灭。从王审知据闽至王延钧称帝的近 40 年间，所辖境内较为安定，加之重视海外通商贸易，闽国在经济文化上均有长足发展。王延钧统治期间，广建佛寺，佛教盛极一时，其妻刘华也是“留心佛典”。刘华墓出土戴僧帽执物俑 2 件，阔脸慈目，面容祥和，头戴圆顶帽，帽后沿上折，状如和尚帽。两手叠置胸前作执物状，穿方领向右开襟外衣，束带，外衣长仅过膝，两侧不开衩，露出内衣角，下露长裤卷，着圆头鞋[15]。

2008 年，河南荥阳槐西村宋墓出土一幅《夫妇对坐僧人作法图》，绘有 4 位僧人为墓主人夫妇击钹作法[6]。僧人作法成为北宋墓室壁画的题材之一，表明佛事活动已成为北宋时期普通市井生活的一部分，与时人生活息息相关。

考古出土的僧俑实物甚少，但文献中亦有相关记载，可证此风。南宋楼钥《攻愧集》卷七十五跋赵时可家藏三物记云：“金蚕为墟墓中物无疑。尝见虞世南家墓历，古多族葬，记一墓域有数十冢，在某州县，又记松柏若干株，石羊、石马、石沙门等若干，又云金蚕若干。”文中所记“石沙门”，即为石刻的僧俑，置于墓地，与随葬之僧俑的目的一致，习俗概同[17]。由此可见，隋唐时期，用和尚之类明器随葬并非罕见之事。

古代的寺院和僧侣既有属于国家的也有属于地方的，还有属于私人的。所谓私人的寺、僧，就是属于某一家建的寺院，是私度或家中供养的僧人。《旧唐书·姚崇传》记载：“先是中宗时公主外戚皆奏请度人为僧尼，亦有出私财造寺者。”《唐大诏令集》卷一一三记载，开元十九年（731 年）七月颁布“不许私度僧尼及住兰若敕”：“或妄托生缘，辄在俗家居止，即宜一切禁断。”这反映出唐代僧尼多私度，且往往妄托彼此注定的因缘，寄居一般人的家中，受其供养，僧尼和主人结成一种“人缘”。《唐会要》卷四十九杂录类记有开元二年（714 年）七月十三敕文：“如闻百官家多以僧尼道士为门徒往还，妻女等亦无避忌。或诡讬禅观，祸福妄陈，事涉左道，深戾大猷。自今以后，百官家不得辄容僧等至家缘吉凶，要须设斋者，于州县陈牒寺观，然后依数听去。”

上述记载说明，豪门大家与和尚道士结下了如同家人、门下士之类的紧密关系，具体称呼为门师、门僧、家僧等，他们寄生于官僚势要之家，为主人做功德、修佛事，还兼做其他事务[18]。因为门僧制度，主人生前驱使家僧（门僧）为自己效劳，死后亦用僧俑随葬，希望永远为自己一身一家做功德佛事，祈求宏福大愿。这是门僧制度在丧葬中的具体反映。张盛墓所出陶僧俑，为探讨佛教在我国的传播和发展以及隋代的门僧制度，增添了实物例证。

四　隋代佛教

汉武帝“凿空”西域后，佛教经大月氏传入华夏。史载东汉明帝时期，佛教传入中国，初时附庸于鬼神方术，被认为是道术的支流，流行于民间，对中国社会产生了深远的影响，并且成为中国文化不可分割的一部分。

东汉以降，中国北方的传教僧人主要是来自西域的胡人和印度僧人。在 3 ~ 6 世纪的佛教传播过程中，北方游牧民族和来自西域等地的所谓“胡人”发挥了独特的作用，在 4 世纪北方佛教的发展过程中更加明显。东晋至南北朝，北方少数民族进入中原，其南下之后造成社会动荡，进一步迫使北方人民寻求一种寄托和安慰，客观上也为佛教的发展提供了社会基础[19]。

魏晋南北朝时期，时衰世乱，政治局势的动荡不安导致社会风气颓丧，世人不是倾向现实、追求奢靡的生活，便是逃避现实、追慕高远的境界。南北朝时期的佛教是中国佛教承前启后的重要时期，继承了十六国、东晋时期对“格义佛教”的“清理”，在准确诠释佛教“真义”的基础上有所创发，直接推动隋唐佛教进入繁荣期。

隋朝建立后，大一统之势初定，政治上的统一为南北融合创造了有利条件。隋朝虽短，但隋文帝与隋炀帝俱信佛教。文帝在关、洛之地大兴寺庙，翻译经典，三次诏天下高僧至京；炀帝在洛阳、江都弘扬佛教，置备经典。隋朝因此成为本土佛教的黄金时代，上承南北朝之百家争鸣，下启唐朝之宗派繁荣。隋朝佛教内部出现理论与修行并重的要求[20]，已脱离对印度佛教的依附，开始创立如天台宗、三论宗等为代表的本土化宗派，进入到极具特色的中国化佛教新阶段，打开了以中国为中心向四邻诸国传播辐射的新格局[21]。佛教的鼎盛时代——隋唐时期，以博厚雄浑之势呼啸而来。

注释：

[1] 考古研究所安阳发掘队：《安阳隋张盛墓发掘记》，《考古》1959年第10期。

[2] 陈悦新：《佛衣与僧衣：古代造像着装法式解读》，《美成在久》2017年第2期；陈悦新：《佛衣与僧衣概念考辨》，《故宫博物院院刊》2009年第2期。

[3] 冉万里：《略论长安地区佛教造像中所见的佛教用具》，载《西部考古》（第三辑），三秦出版社，2008年。

[4] 冉万里：《略论长安地区佛教造像中所见的佛教用具》，载《西部考古》（第三辑），三秦出版社，2008年。

[5] 冉万里：《略论长安地区佛教造像中所见的佛教用具》，载《西部考古》（第三辑），三秦出版社，2008年。

[6] 冉万里：《略论长安地区佛教造像中所见的佛教用具》，载《西部考古》（第三辑），三秦出版社，2008年。

[7] 董亚梅：《安阳隋张盛墓出土佛教用具考》，《中原文物》2019年第4期。

[8] 唐明丽：《佛珠的构成要素、制作仪轨及宗教功用》，西北大学硕士学位论文，2018年。

[9] 唐明丽：《佛珠的构成要素、制作仪轨及宗教功用》，西北大学硕士学位论文，2018年。

[10] 唐明丽：《佛珠的构成要素、制作仪轨及宗教功用》，西北大学硕士学位论文，2018年。

[11] 向祎：《先秦至秦汉时期焚香之风与香具——兼谈五凤熏炉的命名》，《中原文物》2013年第6期。

[12] 温金玉：《香光庄严》，《中国宗教》2014年第1期。

[13] 董亚梅：《安阳隋张盛墓出土佛教用具考》，《中原文物》2019年第4期。

[14] 冉万里：《略论长安地区佛教造像中所见的佛教用具》，载《西部考古》（第三辑），三秦出版社，2008年。

[15] 福建省博物馆：《五代闽国刘华墓发掘报告》，《文物》1975年第1期。

[16] 黄剑波：《五代十国壁画研究——以墓室壁画为观察中心》，上海大学出版社，2021年。

[17] 刘铭恕：《隋唐时代的僧俑和佛教的门僧制》，《中原文物》1985年第1期。

[18] 刘铭恕：《隋唐时代的僧俑和佛教的门僧制》，《中原文物》1985年第1期。

[19] 尚永琪：《北朝胡人与佛教的传播》，《吉林大学社会科学学报》2006年第2期；杜继文：《佛教在中国文化发展中的地位和意义》，载杜继文《中国佛教与中国文化》，宗教文化出版社，2003年。

[20] 熊江宁：《辉煌鼎盛：隋唐五代时期佛教》，大象出版社，2013年。

[21] 华方田：《隋文帝与隋代佛教的复兴》，《佛教文化》2003年第1期。

附录：张盛墓研究成果

（向祎整理）

专著：

河南博物院　河南古代陶塑艺术 [M]. 郑州：大象出版社 .2005.

论文：

考古研究所安阳发掘队　安阳隋张盛墓发掘记 [J]. 考古，1959（10）.
钱柏泉　镜台小说 [J]. 考古，1961（2）.
智雁　隋代瓷器的发展 [J]. 文物，1977（2）.
邱百明　从安阳隋墓中出土的围棋盘谈围棋 [J]. 中原文物，1981（3）.
马世之　关于隋代张盛墓出土文物的几个问题 [J]. 中原文物，1983（4）.
张英群　安阳隋代张盛墓出土的舞乐俑试探 [J]. 中原文物，1983（4）.
王学敏　唐“坐部伎”和“立部伎”考略 [J]. 中原文物，1983（4）.
史志　白瓷围棋盘 [J]. 史学月刊，1984（6）.
刘铭恕　隋唐时代的僧俑和佛教的门僧制 [J]. 中原文物，1985（1）.
史志　陶僧俑 [J]. 史学月刊，1985（5）.
史志　陶磨与执箕女俑 [J]. 史学月刊，1986（6）.
王永平　隋唐文物中的围棋 [J]. 文物季刊，1994（4）.
朱爱芹　安阳隋墓出土青瓷探析 [J]. 华夏考古，1997（2）.
杨爱玲　白瓷的起源与发展——从河南博物院藏白瓷谈起 [J]. 中原文物，2002（4）
周高亮　河南地区出土早期白瓷研究 [D]. 吉林大学，2006.
陈灿平　洛阳地区隋唐墓葬分期初步研究 [D]. 西北大学，2006.
滕亚秋　隋代白瓷研究综述 [J]. 阴山学刊，2009（5）.
栾兆鹏　中国古代白瓷起源问题研究综述 [M]// 耕耘录：吉林省博物院学术文集（2003-2010）.2010.
申文喜　略论安阳隋墓出土的瓷俑 [J]. 安阳师范学院学报，2011（3）.
晓梦　彩绘坐部伎陶乐俑——笙歌一曲侧耳听 [J]. 乐器，2011（10）.
王静　中国古代镜架与镜台述略 [J]. 南方文物，2012（2）.
朱宏秋，宋兴　古代制瓷业 河南领风骚 [J]. 中国拍卖，2013（11）.
石文嘉　隋代墓葬所见隋代农业生产和地区差异 [J]. 农业考古，2014（3）.
王璐　隋代出土文物赏析 [J]. 寻根，2014（3）.
顾永杰，史晓雷　河南博物院藏早期粮食加工器具研究 [J]. 文物鉴定与鉴赏，2014（9）.
张嵩　中原地区隋墓源流研究 [D]. 郑州大学，2015.
邵丹，金玉红　从张盛墓出土的随葬品看隋代粮食加工技术 [J]. 农业考古，2016（4）.
刘晓伟　北朝墓葬音乐文化研究 [D]. 中央民族大学，2016.
化夏　隋代的室内乐团——彩绘陶坐部伎俑 [J]. 文物天地，2017（7）.
王昕晗　中原地区出土隋唐时期乐舞俑研究 [D]. 西北大学，2017.
司秀林　隋代墓葬出土彩绘乐伎俑 [J]. 东方收藏，2019（21）.
高雪薇　河南地区隋代至明代纪年墓出土瓷器研究 [D]. 中国社会科学院研究生院，2018.
董亚梅　安阳隋张盛墓出土佛教用具考 [J]. 中原文物，2019（4）.
蔡杰　隋张盛墓出土双陆棋盘考辨 [J]. 博物院，2020（6）.
高楠　音乐中的国家宝藏——河南张盛墓隋代乐舞俑 [J]. 琴童，2021（4）.
席晓梅　张盛墓乐舞俑的舞蹈动态呈现探究 [J]. 尚舞，2022（21）.

安陽隋張盛墓